소셜
벤처로
가는 길

소셜벤처로 가는 길

사회적 가치와 경제적 가치를 모두 잡기 위한 6가지 제안

초판 1쇄 인쇄　2021년 6월 8일
초판 1쇄 발행　2021년 6월 15일

—

지은이　김태영·김남호·이경황·류영재·윤남희·도현명
펴낸이　이방원
편　집　송원빈·김명희·안효희·정조연·정우경·최선희·조상희
디자인　양혜진·손경화·박혜옥　　**영　업**　최성수

—

펴낸곳　세창미디어
　　　　신고번호 제2013-000003호　**주소** 03736 서울시 서대문구 경기대로 58 경기빌딩 602호
　　　　전화 02-723-8660　**팩스** 02-720-4579　**이메일** edit@sechangpub.co.kr　**홈페이지** http://www.sechangpub.co.kr
　　　　블로그 blog.naver.com/scpc1992　**페이스북** fb.me/Sechangofficial　**인스타그램** @sechang_official

—

ISBN　978-89-5586-682-7　14320
　　　　978-89-5586-681-0　(세트)

포스텍 기업시민연구소 연구총서
시리즈 01

기업시민연구소

Social
Venture

소셜
벤처로
가는 길

김태영 · 김남호 · 이경황 · 류영재 · 윤남희 · 도현명

세창미디어 MEDIA

머리말

오늘날 한국사회에서 소셜벤처는 어디로 가고 있는가? 소셜벤처는 본래의 의미대로 사회적 가치와 경제적 가치를 증대하여 소기의 목적을 달성하고 있는가? 보다 높은 도약을 위해 소셜벤처는 무엇을 어떻게 해야 하는가? 지난 10년 동안 소셜벤처 분야는 괄목할 만한 성장을 이루었다. 중소벤처기업부에서 발표한 「2019년 소셜벤처 실태조사 결과」에 따르면 2019년 국내 소셜벤처는 거의 1,000여 개에 이르고 참여 인력도 꾸준히 증가하고 있다. 이런 외형적 성장에도 불구하고 소셜벤처 업계는 다양한 도전에 직면하고 있다. 아직 평균자산 규모도 작고, 영업이익도 낮으며 소셜벤처의 업력도 어리다. 그렇다면, 앞으로 어떻게 성장하면 좋을까? 갈 길이 멀다고, 무조건 항해를 떠날 수는 없다. 열심히만 해서는 원하는 목표에 도달할 수 없을지도 모른다. 오히려 잘못된 방향은 자원의 낭비를 초래할 수도 있다.

우리가 현장에서 함께 일하는 다양한 소셜벤처의 종사자들은 다음과 같은 생각을 하는 경우가 많았다.

"소셜벤처는 사회적 가치와 경제적 가치 양쪽을 달성해야 하는데, 한쪽을 신경 쓰면 다른 쪽이 잘 안되는 경우가 많다."

"현재 사회문제 해결과 제품개발에 너무 신경을 쓰다 보니 소셜벤처의 마케팅 및 브랜드는 그리 깊게 생각할 기회가 없었다."

"사회문제를 푸는 기술혁신이 수익까지 내려면 무엇을 해야 하는지 모르겠다."

"ESG는 큰 기업에게만 해당되는 거 같다. 우리 같은 소셜벤처와는 거리가 멀다."

"사회적 가치 측정은 방법도 다양하고 좀 어려워 보인다."

"대기업이 우리 같은 소셜벤처와 협력을 할 이유가 있나? 진정성도 없고 별 효과가 없다."

이 책은 전략, 마케팅, 기술혁신, 재무, 측정 및 협업에 이르기까지 소셜벤처에 종사하거나 관심이 있는 모든 분들이 한번쯤 생각해 보아야 할 이와 같은 이슈들을 정리하였다. 이는 소셜벤처가 이제까지 열심히 온 길을 되돌아보고 앞으로 나아갈 길을 모색해 보는 과정이며, 또한 필자들이 현장에서 직접 경험하면서 느낀 문제점들에 대한 고민의 해법을 찾는 과정이기도 하다.

이 책은 모두 여섯 개의 주제로 구성되어 있다.

첫째, 소셜벤처란 무엇인가? 이 글은 소셜벤처 분야에 널리 퍼져 있는 소셜벤처의 개념을 소셜벤처의 전략적 관점에서 점검한다. 이를 위해 사회적 가치와 경제적 가치의 인과관계에 대한 기존의 논의를 검토하고 현재 소셜벤처의 모습을 점검한다. 나아가, 소셜벤처가 사회적 가치-고객가치-경제적 가치로 이어지는 순차적 인과성을 통해 완성되는 과정임을 알려 준다.

둘째, 소셜벤처는 브랜드 커뮤니케이션을 어떻게 이해해야 하는가? 이 글은 사회적 가치를, 고객에게 전달하는 고객가치로 만드는 소셜벤처의 브랜드 커뮤니케이션에 대해 살펴본다. 즉 브랜드의 목적을 설정하고 브랜드 관점을 수립하여 챌린저 브랜드 포지셔닝을 통해 완성되는 소셜벤처의 마케팅 전략 프로세스를 제시한다. 이 글은 '독립적이고 도덕적이며, 강렬한 목적과 관점에 기반한 브랜드 마케팅의 성공 시대'에 왜 소셜벤처가 주인공이 되는지를 알려 준다.

셋째, 소셜벤처에서 기술혁신은 어떻게 이루어지는가? 이 글은 사회적 가치와 경제적 가치를 이어 주는 기술혁신의 역할에 대해 다룬다. 기존의 제도와 기술하에서는 해결할 수 없는, 사회구조적으로 지속되는 사회문제는 기술혁신을 통해 해결의 실마리를 찾을 수 있다. 사회문제를 해결하는 기술개발 과정, 기술혁신의 진화, 비즈니스 모델 설립 등 다양한 기술혁신을 세 가지 소셜벤처의 예시를 통해 제시한다.

넷째, 소셜벤처는 ESG 경영 흐름에 어떻게 대응해야 하는가? 이 글은 소셜벤처와 최근에 화두로 떠오르고 있는 ESG 경영의 중요성에 대해 살펴본다. 우선, ESG(Environmental, Social, Governance)의 기본 개념과 요소를 설명한다. 이어서 ESG 평가 방법론을 소개하고 사례연구를 통해 ESG 경영 과정을 실증적으로 보여 줌으로써 소셜벤처에게 ESG 경영이 주는 시사점을 제시한다.

다섯째, 소셜벤처의 사회적 가치는 어떻게 측정하고 관리할 수 있는가? 이 글은 사회적 가치를 측정해야 할 필요성을 서술하고 전 세계적으로 널리 쓰이는 IMP(Impact Management Project)를 소개한다. 나아가, IMP 프레임워크를 에누마의 킷킷스쿨에 적용하여 구체적인 실례를 보여준다.

여섯째, 소셜벤처는 대기업과 어떻게 협력할 수 있는가? 이 글은 소셜벤처와 대기업 간의 협력이 왜 필요한지를 오픈 이노베이션의 관점에서 살펴보고 양측의 협력 방안을 유형별로 흥미로운 예시와 함께 제시한다. 나아가, 협력을 위한 실천 포인트도 제공한다.

소셜벤처는 언제나 지금 가는 길이 맞는지 물을 것이다. 그리고 답할 것이다. 가는 길의 방향을 정하고, 외부와 소통하며 의미를 찾고, 기술을 통해 효율적인 방법을 찾고, 가는 길이 바른지 점검하고, 어느 정도 왔는지 가늠하면서 여러 사람들과 협력도 할 것이다. 이에 대해 하나하나 답을 찾아가는 것, 아직은 어리지만 소셜벤처는 이러한 과정을 통해 성장할 것이다. 이 책은 이런 답을 찾는 여정에 조금이나마 기여하고자 하는 마음으로 쓰였다.

마지막으로, 집필을 지원해 준 포스코 경영연구원 및 기업시민연구소 송호근 원장님께 고마움을 표시하고 싶다.

2021년 6월
집필진 일동

차례

소셜벤처란 무엇인가?

— 소셜벤처의 전략화를 위해서 —

김태영

성균관대학교 경영전문대학원(SKK GSB) 교수

소셜벤처란 무엇인가? 소셜벤처의 사회적 가치(수혜자의 혜택)와 경제적 가치(기업 이윤)는 어떤 과정을 통해 만들어지는가? 소셜벤처 분야에는 사회적 가치와 경제적 가치의 관계에 대한 많은 오해와 오류가 존재하고 있다. 이로 인해 현장에서도 학계에서도 '사회적 가치는 경제적 가치를 올릴 수 있다'는 긍정론과 '사회적 가치는 경제적 가치를 올릴 수 없다'는 비관론 및 '사회적 가치가 경제적 가치를 올려야 한다'는 맹목적인 규범까지 등장하고 있다. 이 글은 소셜벤처의 목적과 작동원리를 ① 사회적 가치와 경제적 가치의 인과성에 근거한 분석틀, ② 사회적 가치 창출 과정을 보여 주는 논리 모델, ③ 사회적 가치-고객가치-경제적 가치의 순차적 인과성을 보여 주는 SCE(Social, Customer, Economy) 모델을 통해 보여 준다. 이를 통해 논리 모델의 input(투입), activity(활동) 및 output(산출)에 근거하여 경제적 가치의 증가를 주장하는 논의들의 장단점을 점검하고, 나아가 이러한 과정을 일반 대중 및 이해관계자에게 전달하는 미디어의 역할에 대해서 살펴본다. 이런 논의들을 바탕으로, 최근 소셜벤처를 바라보는 일부 시각들이 가지는 문제점을 유형별로 논의하고 사회적 가치와 경제적 가치의 증가를 목표로 하는 소셜벤처와

CSV(Creating Shared Value: 공유가치 창출) 기업의 차이점과 유사점에 대해 정리한다. 마지막으로, 현존하는 소셜벤처들을 SCE 모델적 관점에서 유형별로 구분하여 소셜벤처의 작동원리를 점검한다. 이 글은 사회적 가치와 경제적 가치의 관계가 소셜벤처의 핵심역량과 경영 전략적 관점에서 정립 가능하다는 점을 제시하고 소셜벤처의 전략화를 향한 논의에 기여하고자 한다.

* 이 글을 위해 인터뷰에 응해 주신 많은 분들에게 감사를 드립니다. 피드백을 주신 고려대학교 경영학과 남대일 교수, 맥길대학교 박사과정 이유진에게 감사를 드립니다. 또한 자료수집 과정에서 많은 도움을 준 연구조교 남유진에게도 감사를 드립니다. 내용상의 오류에 대한 책임은 전적으로 저자에게 있습니다.

머리말

소셜벤처의 순풍이 한국사회에 불고 있다. 정부지원도 늘고, 다양한 분야의 인재들이 영입되고 있으며 대기업도 지원에 나서는 등 소셜벤처는 당분간 많은 사람들의 관심을 받을 것으로 보인다. 소셜벤처는 성공과 실패의 교훈을 통해 꾸준히 전진하고 있고 있으며 소셜벤처 생태계도 해마다 진화를 거듭하고 있다. 소셜벤처는 사회문제 해결을 미션으로 제품과 서비스를 통해 시장에서 경제적 이윤을 추구하는 조직이다. 다시 말해서, 미션을 달성하기 위해 시장논리를 적극적으로 이용하는 조직이다. 소셜벤처는 사회적 가치만을 우선으로 하는 비영리조직과도 다르고, 경제적 가치만을 중심으로 하는 움직이는 영리조직과도 분명히 다르다. 즉 사회적 가치와 경제적 가치, 둘 중 하나도 소홀히 할 수 없는 조직이다.

비영리와 영리 혹은 사회적 가치와 경제적 가치를 모두 추구한다는 융합적인 특징으로 인해 소셜벤처는 '비영리와 영리 사이에 존재'한다는 말이 언론 및 저작물을 통해 전파되고 있다. 실제로 소셜벤처 종사자역시 언론 인터뷰 등을 통해 이런 서술방식을 사용하고 있는 것을 종종볼 수 있다. 그렇다면, 소셜벤처가 '비영리와 영리 사이에 중간에 존재한다'는 말은 무슨 의미인가? 비영리의 일부와 영리의 일부를 서로 융합했다는 말인가? 아니면 비영리에 중점을 두고 영리 개념의 일부를 차용했다는 말인가? 혹은 영리에 중점을 두고 비영리 개념의 일부를 차용했다는 말인가?

소셜벤처는 비영리와 영리 사이 중간 어디쯤에서 융합해 놓은 '무언가'가 아니다. 소셜벤처를 비영리와 영리의 중간계로 보는 시각은 소셜벤처의 본질을 제대로 이해하지 못한 인식의 결과이다.[1] 이렇게 중간쯤어딘가에 존재하는 소셜벤처에 대한 인식으로는 사회적 가치와 경제적가치를 달성하기 힘들다. 이를 극복하기 위해서, 소셜벤처는 비영리와영리를 연결하는 독립적인 메커니즘을 지닌 비즈니스 모델로 보아야 한다. 이는 소셜벤처가 지향하는 사회적 가치와 경제적 가치를 높이는 경영 전략과 핵심역량에 대한 인식의 전환을 전제로 한다.

또한, 소셜벤처는 사회적 가치와 경제적 가치라는 두 마리의 말이 끄는 마차라는 비유를 접하곤 한다. 이런 비유가 '새는 좌우의 날개로 난다'라는 비유와 비슷하게 쓰이기도 한다. 하지만 이런 비유는 소셜벤처

---

[1] 이런 중간계적, 혼합적인 시각은 소셜벤처 분야에만 있는 것이 아니다. 한국 기업의 발전상을. 시장논리의 효율성을 중시하는 미국식 모델과 기업 간 협력을 중시하는 일본식 모델의 '중간쯤 어딘가'에 존재하는 것으로 설명하는 일부 시각과도 비슷하다. 이런 혼합적인 사고는 기업의 성공에 영향을 주는 다양한 원인들에 대한 인과관계를 흐리게 하여 성공 원인에 대한 메커니즘을 이해하는 데 도움을 주지 못한다.

와 CSV 기업의 작동원리에 대한 오해에서 나오는 비유이다. 그 논리를 따르면, 경제적 이윤을 추구하는 일반 벤처는 한 마리의 말이 끄는 마차거나 한쪽 날개로 나는 새란 말인가?

소셜벤처에 대한 개념적 혼동에는 크게 두 가지 이유가 있다. 첫째, 학술적인 이유다. 아직 학계에서도 사회적 가치가 경제적 가치를 증가시키는 메커니즘에 대한 합의점에 도달하지 못한 것이 현실이다. 사회적 가치가 경제적 가치를 증가시킨다는 긍정론, 그렇지 않다는 비관론 및 전혀 관계가 없다는 무관론까지 다양한 주장이 매니지먼트 및 재무 분야의 세계적인 학술지에서도 논쟁을 거듭하고 있다. 그럼에도 사회적 가치를 창출한다는 선한 이미지 때문에 맹목적으로 사회적 가치의 긍정론을 옹호하는 경우를 종종 보게 된다. '그렇게 되었으면 좋겠다'는 믿음이 '현실적으로 그렇게 작동되지 않는다'는 사실을 대체해서는 안 된다. 그릇된 분석과 오류는 문제에 대한 인식을 어렵게 만든다. 이는 적절한 해결책을 찾는 데 어려움을 가중시켜, '그렇게 될 수 있는 미래'를 오히려 앞당기지 못하게 할 수 있다.

둘째, 현실적인 이유도 있다. 소셜벤처는 다양한 사회적 가치를 창출하려고 노력한다. 하지만 소셜벤처의 모든 사회적 가치 창출 노력이 경제적 가치로 이어지는 것은 아니다. 소셜벤처도 벤처인 만큼 실패 확률이 높다. 사회적 가치는 별반 내세울 게 없고 경제적 이윤을 추구하는 일반 벤처와 크게 다르지 않은, 무늬만 소셜벤처인 경우도 있다. 처음에는 소셜벤처로 출발하였으나 수익성이 없어 일반 기업화하는 경향마저 나타나고 있고, 소셜벤처나 사회적 가치를 홍보용으로 이용하는 경우도 많다. 일부 CSR(Corporate Social Responsibility: 기업의 사회적 책임) 활동을 한다고 소셜벤처(혹은 CSV 기업)가 되지 않는다. 사회적 가치를 부풀리면 마케팅, 홍보용으로 도움이 될지는 모르지만, 이는 소셜벤처의 본질과는 거리가 멀다. 이 글은 소셜벤처의 사회적 가치와 경제적 가치가 움직이는 작동원리를 소개하고 소셜벤처에 대한 개념적인 혼동을 줄이기 위한 가이드라인을 제공한다. 이를 통해 소셜벤처의 핵심역량 기반의 전략화에 일정 정도 기여하고자 한다.

이 글의 순서는 다음과 같다. 첫째, 사회적 가치 창출 과정을 보여 주는 논리 모델을 소개하고 사회적 가치-고객가치-경제적 가치로 이어지는 순차적 인과성을 보여 주는 SCE 모델을 소개한다. 둘째, 학계에서 논의되고 있는 input(투입) 중심의 사회적 가치 연구의 문제점을 논의한다. 셋째, 기업에서 많은 관심을 갖고 실행하는 SDGs(Sustainable Development Goals: 지속 가능 개발 목표), ESG, 혹은 (환경)인증서 기반의 activity(활동) 중심 연구의 전략적 함의를 서술한다. 넷째, 사회적 가치와 경제적 가치를 전략적으로 연결하는 분석틀로서의 output(산출) 중심 논의를 소개한다. 다섯째, input-activity-output을 대중에 소개하는 언론의 역할에 대해 살펴본다. 여섯째, 소셜벤처 분야에서 흔히 알려진 소셜벤처를 바라보는 여러 시각을 비판적으로 점검하고 이를 통해 소셜벤처의 개념에 대한 가이드라인을 제시한다. 일곱째, 소셜벤처와 CSV 기업의 공통점과 차이점을 알아본다. 여덟째, 언론에서 많이 보도된 소셜벤처를 SCE 분석틀 관점에서 유형별로 평가한다. 마지막으로, 사회적 가치와 경영 전략의 관계에 대해 논의하고 소셜벤처의 생태계가 지닌 전략적 함의를 논의한다.

1. 두 가지 기본 전제: 경영 전략과 핵심역량

●

사회적 가치와 경제적 가치를 얻고자 하는 모든 소셜벤처의 비즈니스 모델은 다음의 두 가지에 기반하여야 한다. 첫째, 일반 기업의 경제적 이윤은 경영 전략의 바탕하에서 가능하다. 경영 전략을 만들고 실행하는 능력은 모든 기업의 리더에게 가장 중요한 덕목이다. 그럼에도 불구하고, 경영 전략은 오랫동안 기업 리더십 연구에서 배제되어 왔다 (Montgomery, 2012). 대신, 리더의 개인적 덕목이나 심리학적 자질을 강조하는 학계의 흐름이 이어져 왔다. 이런 일련의 시각으로는 소셜벤처의 성공과 실패를 예측하는 데 한계가 있다. 경영 전략 없는 리더십은 존재하지 않으며, 경영 전략에 실패하는 소셜벤처는 성공하기 어렵다. 사회적 가치와 경제적 가치 창출을 목표로 하는 소셜벤처는 개인적인 리더십을 넘어 경영 전략적 관점에서 이해되고 실행되어야 한다.

둘째, 경영 전략의 가장 본질적인 부분 중의 하나가 바로 핵심역량 개념이다.[2] 핵심역량은 기업의 이윤을 지속적으로 만드는 유일한 원천이다. 소셜벤처도 기업인 만큼 예외일 수 없다. 그런데, 소셜벤처의 핵심역량은 사회적 가치의 중요성을 논하는 과정에서 무시되거나 소홀히 다루어지는 경향이 있다. 사회문제를 해결하는 과정이 기업의 핵심역량과는 상관없이 이루어지는 경우도 많다. 이런 경우, 사회적 가치와 경제

---

2   기업의 핵심역량은 경제적 이윤을 창출하며, 다른 경쟁자보다 탁월하고, 모방하기 힘들 뿐만 아니라 다른 제품 및 산업에도 적용 가능한 기업의 모든 자원 및 기술역량을 의미한다. 예를 들면, 혼다(Honda)의 탁월한 엔진 기술은 자동차, 모터사이클, 보트 등 다양한 분야에 광범위하게 활용된다.

적 가치를 창출하는 과정들은 인과적으로 연결되지 않아 소셜벤처로서의 비즈니스 모델에 기여하지 못한다. 소셜벤처에서는 사회적 가치를 높이는 과정 그 자체가 기업의 핵심역량에 기반하여야 한다. 기업의 미션에만 치중하다 보면 전략적 방향성을 잃게 되고 사회적 가치에만 몰두하게 되어 비영리조직처럼 운영하게 된다.

2. 불편한 진실: 학술적인 논의

●

사회문제를 해결하면서 창출되는 사회적 가치는 경제적 가치에 기여할 수 있는가? 그렇다면 어떻게 연결되어야 하는가? 이 질문은 학계와 소셜벤처에서 논쟁이 진행되는 가장 핵심적인 쟁점 중의 하나이다. 이 논의를 위해, 먼저 세계적인 학술지에서 치열하게 전개되어 온 사회적 가치와 경제적 가치에 대한 기본 내용을 보면, 아직 학술적인 영역에서조차 사회적 가치와 경제적 가치의 인과관계에 대한 명확한 합의가 존재하지 않음을 알 수 있다. 그 이유는 크게 두 가지로 정리할 수 있다.

첫째, 데이터의 현실적인 한계와 연구자의 연구 방법의 다양성 때문이다. 좋은 데이터를 모으는 것은 시간과 돈이 드는 행위다. 무제한의 자원을 투입하여 하염없이 자료를 모을 수 없다는 말이다. 정부, 학회, 협회, 연구소, 전문업체로부터 데이터를 직접 구하기도 하지만, 존재하지 않는 데이터는 직접 인력을 고용하여 모은다. 특히, 연구자는 경영학, 경제학, 사회학, 심리학 등 다양한 학문적 배경을 지니고 있다. 특정한 학문적 배경은 특정한 접근 방식에 대한 선호도를 낳고 특정한 데이터에 집착하게 만든다.

비슷한 학문적 배경 안에서도 데이터를 모으는 방식 역시 상이하다. 연구자의 데이터는 대표성representativeness이 중요하다. 하지만 현실은 특정 그룹의 기업들을 선택하여 모은 데이터로 자신의 주장을 뒷받침하는 경우가 많다. 소위 Fortune 100개 기업, 혹은 대기업 100개만 대상으로 연구한 연구결과물이 그 대표적인 예들이다. 중견 혹은 중소기업은 연구대상에서 제외된다. 이런 연구 방식의 문제는 미국에서 1930년대 전화로 설문을 하는 방식과 비슷한 오류를 낳는다. 당시 전화기를 소유한 집단은 상류층일 가능성이 매우 높기 때문에 가난한 대다수의 서민은 조사대상에서 제외되었다. 이러한 오류를 통계학에서는 선택편향selection bias이라 부른다. 이러한 선택편향을 가진 데이터에 연구자가 끌리는 이유는 간단하다. 데이터를 모으기 쉽고 비용이 절감되기 때문이다. 이러한 편의성이 왜곡된 주장을 낳는다. 사회적 가치의 성과를 연구하는 이 분야도 이러한 데이터 선택편향에서 자유롭지 못하다.

또한, 통계적으로 흔히 범하는 실수 중의 하나로 역인과관계reverse causality 문제가 있다. 사회적 가치가 높아서 기업의 성과가 높은 것이 아니라 기업의 성과가 높은 기업이 사회적 가치와 관련된 프로그램을 운영할 가능성이 높다. 이 역인과관계 문제를 해결하지 않은 사회적 가치 관련 논문들은 '사회적 가치가 경제적 가치를 높인다'는 긍정론에 잘못된 방법으로 기여하게 된다.

둘째, 데이터가 포함하고 있는 기업의 사회적 가치에 대한 정보도 매우 다르다. 연구자는 일부 민간 혹은 정부기관에서 모은 자료를 이용하기도 하고 직접 자료를 모으기도 한다. 이 과정에서 기업이 발표한 내용을 그대로 이용하여 데이터를 만드는 경우조차 있다. 만약 확인되지 않은 기부금 액수의 데이터를 만드는 데 기업이 발표한 내용을 기반으로 데이터를 만든다면 그 기부금의 액수를 얼마나 신뢰할 수 있을까? 기부금을 내고도 발표하지 않은 기업은 제외되어도 괜찮을까? 등 여러 가지 질문이 자연스럽게 나오게 된다. 사회적 가치를 측정하는 방식 역시 매우 다양하다. 즉 가치를 측정하는 방식도 기업이 행한 모든 사회적 가치를 측정하는 총괄적인 방식과 환경, 노동, 인권 등 사회적 가치에 대한 개별적인 방식이 있다. 둘 다 장단점이 있다. 기업의 모든 사회적 가치와 관련된 행위, 비용 모두를 측정하는 방식은 데이터 수집에 시간이 너무 많이 드는 단점이 있기 때문에 많은 연구자가 꺼려 하는 방식이다. 때로는 많은 비용을 들이더라도 데이터를 구할 수 없는 경우도 있다. 연구주제에 대한 접근 방식과 데이터의 다양성은 사회적 가치와 경제적 가치의 인과성에 대해 심층적인 접근을 매우 힘들게 하는 원인이 된다. 이러한 데이터와 방법론의 한계로 인해, 사회적 가치가 경제적 가치를 낳는다는 일부 주장은 인과적 메커니즘을 데이터로 보여 주지 않는 한 신뢰하기 힘들다.

3. 기본 모델: 논리 모델과 SCE 모델

●

사회적 가치가 경제적 가치로 어떻게 연결되는지를 살펴보기 위해, 우선 비영리조직에서 사회적 가치를 창출하는 과정을 측정하여 관리하는 목적으로 사용하는 분석틀인 논리 모델을 정리해 보자.[3] 다양한 논리 모델들이 존재하지만(김영종·권순애, 2003), 일반적으로 input(투입)-activity(활동)-output(산출)-outcome(성과)/impact(영향)의 총 네 단계로 구성된다([그림1] 참조). input은 사회문제를 해결하기 위해 투입되는 인적, 물적 자원을 의미한다. 특정한 사회문제를 해결하기 위해 사용된 현금 5억과 물품 5억, 투입된 인력 10인이 예가 될 수 있다. activity는 투입된 인적, 물적 자원으로 실행한 활동을 의미한다. 예를 들어, 빈민농가를 위해 농사기술을 지원이나 친환경가치를 높이기 위해 탄소배출권 관리에 드는 활동을 의미한다. output은 투입된 자원과 활동으로 만들어진 산출물이다. 빈민농가가 기술지원을 받아 산출한 농산물이나 친환경 활동으로 줄어든 이산화탄소의 양이 예가 될 수 있다. outcome은 수혜자가 얻는 이익과 변화의 정도 혹은 만족도를 의미한다. 예를 들어, 빈민농가가 생산한 농작물을 시장에 내놓아 얻는 수익이다. 수익을 통해 빈민농가는 절대빈곤에서 벗어날 수 있다. 또한 이산화탄소가 줄어 대기 중 공기의 질이 좋아지면 사회구성원 모두에게 혜택이 돌아가게 된다. 마지막으로 impact는 수혜자가 생애에 걸쳐 얻는 장기적인 영향을 의미한다.

---

3   논리 모델은 비영리가치가 만들어지는 과정에 대한 단계별로 서술한다. 가장 큰 장점은 궁극적으로 수혜자가 얻는 성과/영향을 강조한다는 점이다. 하지만, 이 모델은 비영리단체가 실행하고 있는 프로그램이 잘 실행되고 있는지에 대한 예측 혹은 평가를 하는 데는 근본적인 한계가 있다. 논리 모델의 네 가지 과정은 어느 비영리 프로그램도 거치기 때문이다. 이 글에서는 논리 모델의 단계별 과정과 경제적 가치의 연관성에 관심이 있어 사회적 가치와 경제적 가치를 인과성을 주장하는 기존의 논의를 설명하는 도구적 유용성이 있기 때문에 사용한다. 논리이론의 대안으로 알려진 변화이론(Theory of Change)은 중단기적인 성과를 이루기 위한 몇 가지 가정(assumptions)과 인과관계를 고려한다는 점에서 의의가 있지만, 프로그램 성과의 예측과 평가라는 측면에서 논리 모델의 한계를 벗어나기 힘들다.

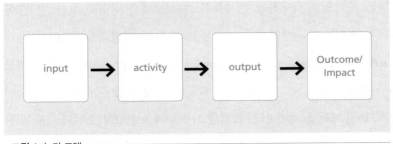

그림 1. 논리 모델

　이제 사회적 가치 창출 과정을 설명한 이 논리 모델을 경제적 가치를 창출하는 경영 전략과 결합하여 소셜벤처, 혹은 CSV 기업의 비즈니스 모델을 이해할 수 있는 분석틀로 만들어 보자. 이를 위해서 사회적 가치가 경제적 가치를 만들어 내는 전체 과정을 이해할 필요가 있다.

　[그림2]의 SCE 모델이 보여 주듯이, 사회적 가치(수혜자)는 고객가치(고객)를 통해서 경제적 가치(기업)로 연결되는 것을 알 수 있다. 기업은

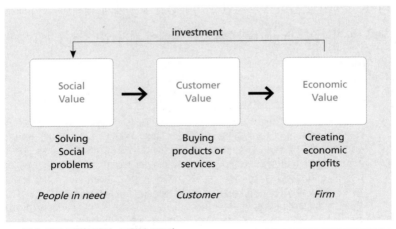

그림 2. SCE 모델(김태영 · 도현명, 2019)

기부 및 다양한 사회적 가치 창출 과정 통해 사회문제를 해결하고, 이 과정에서 만들어진 사회적 가치는 수혜자에게 돌아간다. 이렇게 만들어진 사회적 가치는 자동적으로 경제적 가치로 연결되지 않는다. 기업이 만드는 이윤은 시장에서 경쟁 우위를 확보할 수 있는 [차별화된] 고객가치를 제공함으로써 가능하기 때문이다. 즉 고객가치에 대한 전략적인 고려 없이는, 수혜자를 위한 사회적 가치는 기업의 경제적 가치로 연결되지 않는다. 나아가, 경제적 가치 없이는 사회적 가치 창출을 위한 (재)투자를 진행할 수 없다. 예를 들어, 기업이 빈민농가를 도와 만든 생산물(사회적 가치)이 시장에서 고객가치가 없어 팔 수 없다면, 빈민농가의 소득 증대는 요원할 수밖에 없으며 이를 통해 기업 역시 일정 수준의 이윤을 만들어 낼 수 없다. 또한, 기업은 다양한 활동을 통해 이산화탄소를 줄여 친환경적인 가치를 만들 수 있다. 하지만 이런 과정이 제품 및 서비스에 반영되어 차별화된 고객가치를 만들지 않는 한, 친환경가치는 사회적 가치 영역에 머무를 가능성이 높다. 기업의 친환경 활동이 사회적 가치 영역에만 머무르는 경우 그 자체로서도 의미가 있지만, 비즈니스 모델로서의 혁신과 이윤의 원천이 되기보다는 '비용'으로 인식될 가능성이 높다.

이런 고객가치의 중요성에도 불구하고 포터와 크레이머의 공유가치 전략(M.Porter & M. Kramer, 2011)을 포함하여, 기존의 많은 학술적 논의들이 사회적 가치와 경제적 가치를 직접적으로 연결하는 우를 범하였다. 나아가, 사회적 가치-고객가치를 연결하는 연결고리가 사회적 가치를 통해 경제적 가치를 달성하려는 많은 기업과 소셜벤처에게는 여전히 블랙박스로 남아 있는 경우가 있다. 시장에서 고객가치에 대한 전략적인

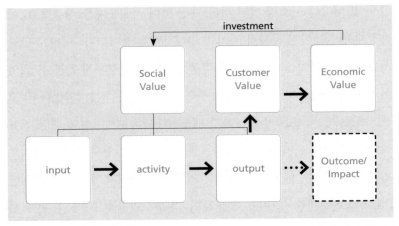

그림 3. SCE 모델과 논리 모델

고려는 사회적 가치와 경제적 가치를 연결하는 연결고리를 만들어 기업의 성공 여부에 커다란 영향을 줄 수 있다.

이제 SCE 모델에 논리 모델을 접목해 보자(그림3 참조). 이 접근방법은 논리 모델의 어느 과정이 경제적 가치로 연결되는지를 구체적으로 보여 줄 수 있는 이점이 있다.

1, 2 단계인 input-activity는 output을 만들기 위한 사전 과정이고 4, 5 단계인 outcome-impact는 output이 만들어진 이후에 수혜자가 얻는 성과와 장기적인 영향이다. 사회적 가치 창출을 위해 만들어진 output은 제품과 서비스에 반영되어 차별화된 고객가치를 창출하고 경제적 가치를 창출하게 된다. 사회적 가치 창출 과정, input-activity-output-outcome/impact 중에서 고객가치와 경제적 가치로 연결되는 연결고리는 output에 있다. 그 이유는 기업이 제공하는 상품과 서비스에 직접적으로 반영되는 활동의 결과물이 바로 output이기 때문이다. 이 output

이 차별화된 고객가치를 가지지 못하면 소셜벤처가 만든 제품이나 서비스가 일반 제품과 다른 차별화된 고객가치를 만들 수 없고 경제적 이윤역시 창출할 수 없다. 그러므로 output은 사회적 가치를 만드는 input-activity-output의 끝에 위치하여 상품과 서비스에 반영된다. 이는 시장에서 경쟁할 수 있는 소셜벤처와 CSV 기업에게는 핵심적인 사항이다.

이제 이 분석틀을 중심으로 기존 학계에서 논의되고 있는 논의들을 input, activity 및 output 중심으로 살펴보자.[4] 이 관점에서 기존 논의를 보면, 사회적 가치가 경제적 가치를 올린다는 여러 주장들이 어떤 근거를 바탕으로 만들어졌는지 알 수 있다. 즉 논리 모델의 어떤 과정에 근거하여 사회적 가치가 창출되고 경제적 가치로 이어진다고 주장하는지에 대해 간단하지만 효과적으로 알 수 있다.

4. 사회적 가치 모델 1: 기부 및 자선

●

우선, input중심의 주장을 살펴보자. 즉 input이 증가하면 사회적 가치가 증가하므로 경제적 가치가 올라간다는 주장이다. 주로 기부금(혹은 현물) 및 인적자원을 사회적 가치의 크기로 측정하는 논문들이 근거로 삼는 내용이다. 이 논문들에 의하면, 기업이 기부를 많이 하거나 사회공

4　output이 만들어진 이후에 수혜자가 얻는 성과와 장기적인 영향은 배제하였다. 아직까지 학술 논의에서 outcome/impact를 학술적으로 측정한 논문은 찾기 힘들기 때문이다. 하지만, 현실적으로 output 이 많아도 수혜자가 얻는 혜택인 outcome이 적으면 수혜자는 이 과정에서 동참할 원동력을 상실하게 될 것이다. 결국 outcome까지 고려한 비즈니스 모델을 만들어야 한다.

헌 프로그램에 인적자원을 많이 사용하면 사회적 가치를 많이 만들어서 경제적 성과에도 긍정적인 영향을 주는 것으로 요약된다. 하지만, 기부금 및 인적자원을 많이 낸 기업이 높은 사회적 가치를 만들 가능성이 높다 하더라도 반드시 그런 것은 아니다. 적은 input으로도 제한된 자원을 잘 사용하여 활동을 하면 많은 output을 낼 수 있다. activity를 어떻게 디자인하느냐에 따라 산출물의 양은 크게 달라질 수 있기 때문이다. 따라서, input(기부금)이 어떤 activity(활동)를 통해 어느 정도의 output(산출물)을 창출하는지 과정에 대한 전략적인 판단이 필요하다. 따라서 단순히 input만을 측정한 후, 직접적으로 경제적 성과를 예측하는 논문들은 input 이후에 사회적 가치가 창출되어 경제적 가치로 이어지는 여러 단계들을 무시하고 경제적 가치에 이른다는 결론에 내곤 한다. input(기부금)이 어떤 activity(활동)를 통해 어느 정도의 output(산출물)을 창출하는 과정은 데이터나 자료 없이 수사적으로 설명되는 것이 대부분이다. input이 중요하지 않다는 것이 아니다. input만을 측정하고 경제적 가치로 연결하는 것은 사회적 가치와 경제적 가치의 인과관계를 설명하기에 역부족이라는 말이다.

5. 사회적 가치 모델 2: SDGs, ESG 및 (환경)인증서

이제 activity 중심의 주장을 살펴보자. 주로 사회적 가치를 높이는 특정한 활동(activity)으로 인해 기업의 경제적 가치가 향상되었다는 주장이다. 이 activity에 다양한 CSR(기업의 사회적 책임) 및 SDGs(지속 가능 개발 목표), ESG(Environmental, Social, Governance), (환경)인증서가 포함된다.

첫째, SDGs는 UN에서 2016년 시작한 지속 가능 개발 목표로서 파트너십을 포함한 총17개의 목표를 제시하고 있다. 17개의 목표는 다음과 같다.

① 지구상 모든 형태의 빈곤 종식
② 기아의 종식, 식량안보 확보, 영양상태 개선 및 지속 가능 농업 촉진
③ 강한 삶의 보장과 전 세대를 위한 복리well-being 증진
④ 모두를 위한 폭 넓고 수준 있는 교육 보장과 평생 학습기회 제공
⑤ 양성평등과 여권 신장 실현
⑥ 모두를 위한 깨끗한 물과 위생시설 접근성 보장
⑦ 모두를 위한 적정 가격의 신뢰할 수 있고 지속 가능하며 현대적인 에너지에의 접근 보장
⑧ 모두를 위한 포용적이고 지속 가능한 성장과 고용 및 양질의 일자리 제공
⑨ 복원력이 높은 사회기반시설 구축과 포용적이고 지속 가능한 산업화 증진 및 혁신 장려
⑩ 국가 내, 국가 간 불평등 해소
⑪ 포용적이고 안전하며 회복력 있는 지속 가능 도시 조성
⑫ 지속 가능한 소비와 생산
⑬ 기후 변화 대응
⑭ 대양, 바다, 해양자원의 보호와 지속 가능한 이용

⑮ 지속 가능한 삼림 관리, 사막화와 토지 파괴 방지 및 복원, 생물
　다양성 감소 방지

⑯ 정의롭고, 평화로우며 포용적인 사회 조성

⑰ 지속 가능 발전을 위한 이행 수단과 글로벌 파트너십 강화

　마지막 17번째 목표는 사회문제가 아니라 16개의 목표를 이루기 위한 파트너십이다. 기업은 이 목표들 중에 어느 목표를 선택해야 할까? 어떤 목표를 선택하면 많은 사회적 가치를 창출할 수 있을까? 나아가 기업의 경제적 가치에도 도움을 줄 수 있을까? 기업의 입장에서는 SDGs에서 설정한 다양한 사회문제에 참여하는 것을 널리 보여 주고 싶을지 모른다. 혹은 그렇게 하는 것이 기업의 진정성을 높이는 행동이라고 생각할 수도 있다. 하지만, 기업이 다양한 목표를 설정한다는 것은 그만큼 제한된 자원을 분산해서 사용한다는 말이 된다. 하나의 사회문제를 해결하기 위한 목표도 제대로 집중해서 달성하기 힘든 것이 현실이다. 기업이 시급한 사회문제를 해결하기 위해 다양한 사회문제에 관심을 갖는 것은 좋은 일이긴 하나, 기업은 자신의 핵심역량의 관점에서 집중할 만한 사회문제를 전략적으로 선택할 필요가 있다. 사회적 성과가 경제적 성과로 이어지는 비즈니스 모델을 실행하고 있다고 주장하고 싶은 기업은 더 말할 필요도 없을 것이다.

　둘째, ESG 투자 가이드라인이 확산 중이다. 유엔 산하기구인 〈유엔 환경계획 금융기관 이니셔티브UNEP FI〉와 〈유엔 글로벌 콤팩트UNGC〉가 설립한 독립단체인 국제단체 〈책임투자원칙PRI(Principles for Responsible Investment)〉이 주도하고 있는 ESG는 건전한 기업에 투자하도록 하는 가

이드라인이다. 참여하는 투자기관 수도 2019년 기준 2,300여 개에 달한다. 현재, 국내에는 상장회사들의 ESG를 평가하는 기관으로 〈기업지배구조원〉, 〈대신경제연구소〉와 〈서스틴베스트〉가 있다. 주로 기업의 지배구조, 책임투자, 지속 가능 경영과 관련된 활동들을 공유하고 평가하는 작업을 하고 있다. ESG 관점에서 기업의 비재무적인 측면을 평가하고 수치화하는 작업은 투자자들에게 매우 중요한 정보를 제공한다. 특히 환경, 사회 및 지배구조 전반에서 다양한 리스크를 사전에 예방하여 주주들의 이익을 보호하고 기업에게는 건전한 기업문화와 사회적 가치의 확대라는 인센티브를 줄 수 있다. 이러한 흐름에 맞춰, 최근 SRI(Social Responsibility Investment) 펀드 출시도 활발하다. 이 펀드들은 매출이나 수익성 등 재무적 요소 외에도 ESG 요소가 우수한 기업에 투자하면서 주주 제안 등의 활동을 펼쳐 기업가치 향상에 기여하는 바가 클 것으로 예상된다.

그렇다면 ESG를 잘하는 기업은 기업가치가 높을까? 관련 연구를 살펴보면, 이에 대한 합의는 아직까지 존재하지 않는다. 여러 가지 이유가 있겠지만, ESG 평가가 재무에 미치는 영향에 대한 역사가 상대적으로 짧고, 기업의 활동에 대한 정보도 충분히 모아지지 않는 경우가 많으며, 표준화된 평가 기준이 없어 기관마다 다른 기준을 적용하는 등 넘어야 하는 산이 많다. 나아가, 다양한 지표를 모아 평가를 하다 보니, 어떤 ESG가 어떻게 기업의 재무에 영향을 주는가에 대한 구체적인 답을 하지 못하는 경우가 대부분이다. 예를 들어 MSCI(Morgan Stanley Capital International)는 전기자동차 회사 테슬라Tesla에게 ESG 점수를 거의 만점에 가깝게 주는 반면, FTSE(Financial Times Stock Exchange)는 0점에 가까운 점수를 준다. 평가기준이 달라서다. MSCI는 전기차가 친환경제품이라는 점에서 후한 점수를 주시만, FTSE는 생산 과정에서 오염물질이 많이 나온다는 점에서 점수를 낮게 주는 경향이 있다.[5] 따라서 한 가지 ESG 지수에만 의존해 투자를 결정해서는 안된다. 이런 이유로 ESG 평가가 주로 부정적인 산업이나 기업을 배제하는 방식인 네거티브 스크리닝 및 국제노동조약이나 OECD 가이드라인 준수 여부로 판단하는 규범기반 스크리닝[6]에 초점을 두고 있는 것이 현실이다. 이를 보완하기 위해, 앞으로 청정에너지, 녹색 기술 등 지속 가능성 테마 투자 혹은 효율적인 사회문제를 해결을 위한 투자 같은 임팩트 투자 분야의 지표가 많이 개발되어야 할 것이다.

셋째, 정부나 비영리단체에서 사회문제를 해결하는 과정에서 기업이 일정 정도 수준의 성과를 내면 발급하는 다양한 인증서가 있다. 환경 분야 쪽의 예를 들면, 환경마크, 재활용인증, 에너지절약마크, 저탄소인증, 환경성적표지 등이다. 이러한 환경인증마크가 제품에 붙어 있으면 고객의 입장에서는 다른 일반 제품과는 차별적인 고객가치를 느끼게 된다. 이는 고객의 구매로 이어질 수 있다. 문제는 경영 전략적 측면에서 인증서 획득이 경제적 성과에 얼마나 도움이 될 것인가에 관한 것이다. 지속성장 가능성에 대한 관심과 투자에서 관심이 많은 (환경)인증서는 사회적 성과이긴 하나 경제적 성과로 이어지기 쉽지 않다. 이유는 경쟁사가 모방하기 어려운 인증서가 아닌 경우가 대부분이기 때문이다. 인

---

5   최근의 테슬라의 주가는 고공행진하고 있으며, 2020년 12월 21일부터 미국 뉴욕증시 3대 대표 지수 중 하나인 '스탠더드앤드푸어스(S&P) 500' 지수에 편입됐다.

6   이에 대해서는 이 책의 5장 「소셜벤처와 임팩트 측정」 참조.

증서를 통한 마케팅 효과가 지속되는 것은 경쟁사가 같은 인증서를 획득하기 바로 전까지로, 단기간에 효력을 발휘한다. 경쟁사가 동일한 인증서를 획득한 경우에는 마케팅 효과가 바로 사라지게 된다.

경영대학를 대상으로 하는 미국 국제인증 AACSB(Association to Advance Collegiate Schools of Business)를 예로 들어 보자. 1916년에 창립되어 주로 미국대학교에 교육인증서를 부여하다가 1997년 이후 전 세계 대학교의 경영학과를 대상으로 실사하여 해당 학교에 인증서를 준다. AACSB는 자체 기준을 마련하고 교수, 학생, 동문, 수업, 학사 전반에 걸친 실사를 통해 인증서를 주는데, 우리가 아는 미국, 유럽의 좋은 학교들은 거의 인증서를 받고 있다. 이 인증서는 해당 학교가 어느 정도의 경쟁력을 가지고 있는지를 판단하는 것이 아니라, 경영학과로서 학생들을 위한 일정 정도의 기준을 충족시키고 있는지를 점검하는 절차로서 해당 학교의 경쟁력과는 거리가 있다. 따라서, MBA 학교가 이 인증서를 받는다고 해서 경쟁 우위를 확보하거나 세계 MBA 랭킹이 올라가는 것이 아니다. 마찬가지로, 국가나 비영리단체가 발행하는 각종 (환경)인증서를 받았다고 해서 기업의 핵심역량의 업데이트 혹은 경쟁 우위 확보에 크게 도움이 되지 않는다. 인증 기준 자체가 매우 높아 소수의 기업만 받을 수 있다면 언론에 주목을 받고 기업의 경쟁력을 점검하는 지표가 될 수 있다. 하지만 대다수의 기업이 인증을 받는 경우가 많고, 인증서 자체가 고객들이 제품을 고르는 중요한 기준이 아닌 경우에, 인증서 유무가 기업의 경쟁 우위 확보에 별반 도움이 되지 않는다. 오히려 기업이 인증서를 받으면 이익보다는 손해를 보지 않는다는 것이 보다 현실적인 판단일 것이다.

activity 중심의 논의들이 가지는 특징을 간단히 요약하면 다음과 같다.

① activity가 경제적 가치로 연결되기 위해서는 다음 단계인 output 에 좀 더 비중을 둘 필요가 있다. activity 자체를 일시적인 홍보나 마케팅의 수단으로 이용할 수도 있다. 하지만 지속적인 사회적 가치와 경제적 가치의 증가를 위해서는 지속적으로 output을 높여 경제적 가치에 기여하는 실질적인 사회적 가치기반의 activity에 자원과 인력을 사용해야 할 것이다.

② 효율적인 activity는 일정 정도의 input을 전제로 한다. 직원 몇 명에게 일부 예산을 편성하여 진행하는 CSR 프로그램은 경제적 가치와는 거리가 멀다. 기업은 진정성 있게, 그리고 전략적으로 사회적 가치가 경제적 가치에 이르는 전 과정을 디자인하고 자원과 인력을 배치해야 한다. 이를 위해서 전 임직원이 사회적 가치 증진에 매진해야 함은 두말할 필요가 없다. 일부 몇 명이 일부 예산으로 CSR 프로그램에 참여해서 기업의 경제적 가치를 올렸다고 주장하는 것은 CSR 코스프레일 가능성이 매우 크다.

③ 기업이 행한 SDGs, ESG 및 (환경)인증서 관련 activity들은 기업이 제공하는 상품과 서비스에 큰 영향을 주지 않더라도 일정한 사회적 가치를 생산하고 언론에 보도를 통해 기업의 평판과 이미지를 개선하려는 노력의 일환이다. 이때, [이어서 서술할] 사회적 가치를 만드는 activity를 대중(혹은 이해관계자)에게 전달하는 미디어의 역할이 매우 중요

한 의미를 지닌다.

6. 사회적 가치 모델 3: 경영 전략으로서의 사회적 가치
●

output 중심의 주장을 살펴보자. 기업은 사회적 가치와 경제적 가치를 올리기 위한 접근 방식으로 상품 및 서비스에 사회적 가치를 넣을 수 있을 수 있다. 대표적으로 포터와 크레이머의 공유가치 창출 전략을 들 수 있다. 사회적 가치를 기반으로 경제적 가치를 전략적으로 만들 수 있다는 주장은 "공유가치 창출은 비즈니스 전략이다"라는 한마디로 압축된다. 이 접근 방법은 기존의 많은 논의들이 다소 불확실한 사회적 가치와 경제적 가치에 대한 인과관계를 기반하였다면, 기업의 수익성을 확보할 비즈니스 모델에 사회적 가치를 경영 전략적 관점에서 포함하였다는 점에서 의의가 있다. 기업은 세 가지 방법으로 공유가치를 창출할 수 있다.

첫째, 제품과 시장에 대한 재구상이다. 기업은 사회문제를 해결할 수 있는 더 나은 서비스, 혹은 혁신을 통해 생산비용을 낮춘 제품을 생산함으로써 사회적 요구를 충족시킬 수 있다.

둘째, 가치사슬의 재검토이다. 기업은 기존의 가치사슬을 점검하여 사회문제에 기여할 수 있는지를 살펴, 이를 혁신의 기회로 만들고 차별화된 고객가치를 만들어 낼 수 있다.

셋째, 지역 클러스터 구축이다. 기업은 도로와 통신과 같은 인프라의 부족 및 재능 있는 인력수급의 어려움으로 인해 사업상의 문제에 부딪힐 수 있다. 이런 클러스터 문제를 극복하는 과정에서 사업성장의 기회를 마련할 수 있다.

다만, 사회적 가치의 전략적 접근에 기반한 공유가치 창출은 몇 가지 제한점을 지닌다(김태영·도현명, 2019). 첫째, 사회적 가치를 품은 상품 및 서비스는 시장에서 보다 '차별화된 고객가치'를 제공하여 기업의 경쟁력을 높이고 경제적 가치를 실현할 수 있다. 하지만, 공유가치 창출은 '고객가치'가 어떻게 사회적 가치와 경제적 가치로 이어지는지에 대해 별반 논의를 하지 않는다. 즉 특정한 사회적 가치를 담은 상품 및 서비스가 왜 시장에서 경쟁 우위를 확보했는지에 대해서는 침묵한다. 기업은 특정한 사회적 가치를 높여서 경제적 이윤을 높였다는 주장만이 나온다. 사회적 가치가 자동적으로 경제적 가치로 이어지지 않기 때문이다.

둘째, 사회적 가치-고객가치-경제적 가치가 순차적으로 발생하는 비즈니스 모델을 만들기 위해서는 사회문제에 대한 전략적인 선택이 필요하다. 이는 기업의 핵심역량으로 해결할 수 있는, 혹은 가능성이 매우 높은 사회문제를 선택해야 함을 의미한다. 기업에서 흔히 하는 실수 중의 하나가 바로 기업의 핵심역량에 대한 전략적인 고려 없이 사회문제를 먼저 선택하는 경우다. 사회적 가치를 높이려는 소셜벤처도 예외는 아니다. 이들 기업은 사회문제부터 선정하고 비즈니스 모델을 만들려는 경향이 있다. 이럴 경우, 사회문제를 해결하는 기술 혹은 마케팅 등의 핵심역량을 구비하지 못한 채 비즈니스 모델을 고민하거나 사회문제를 해결할 핵심역량을 만들어 가는 과정에는 소홀하게 되어 시장에 출시할 상품 및 서비스의 경쟁 우위를 확보하지 못하게 된다. 공유가치 전략은 사회문제에 대한 전략적인 선택 과정을 당연시할 뿐, 기업이 특정한 사회문제를 왜 선택해야 하는지에 대해서는 논의하지 않는다. 기업의 가치사슬과 핵심역량적 관점에서 다양한 사회문제가 고려 대상이 될 수 있으며 이를 전략적으로 우선순위를 정하는 작업은, 사회적 가치기반의 비즈니스 모델을 만드는 첫 단추를 다는 일이다.

셋째, 사회문제에 대한 전략적인 선택에 근거하여 사회적 가치-고객가치-경제적 가치가 순차적으로 발생하는 비즈니스 모델을 만들었다면, 이를 실행할 조직구조를 만들어야 한다. 공유가치 창출 과정은 허공에서 만들어지지 않기 때문이다. 하지만, 이를 실행할 조직구조에 대해서는 전혀 논의하지 않는다. 이는 포터의 전반적인 경영 전략에 대한 일관적인 입장이기도 하다. 전략적 방향을 잘 수립했으면, 어떻게 실행할지는 결국 기업의 몫이라는 것이다. 하지만 소셜벤처를 제외한, 일반 기업의 조직은 사회적 가치 창출을 위해 설립되지 않았다. 경제적 이윤을 위해 디자인된 기업조직을 사회적 가치를 창출하기 위한 조직으로 만드는 작업은 고통스러운 변화 과정이 동반된다. 이 과정에 대한 체계적인 접근 없이는 공유가치 창출은 결국 현실화되지 않는다.

7. 사회적 가치 모델 4: 미디어의 역할

기업이 투입한 input, 기업이 행한 activity 및 그로 인한 output을 산출하는 과정에서 언론은 일반 대중을 포함한 많은 이해관계자에게 관련 내용을 알리는 역할을 할 수 있다. input의 크기 혹은 산출된 output에 대해 보도하는 경우도 많지만 측정과 평가라는 작업을 거쳐야 하므로, 주로 activity를 보도하는 경우가 많다. 우선, 기업 스스로 홈페이지 등 자사의 매체를 통해 알리는 경우가 있다. 한마디로 셀프 리포팅self-reporting이다. 다만, 이런 경우 파급력이 적고 진정성이 떨어져 보일 수 있다. 이때 언론이 보도해 주면, 기업이나 수혜자가 아닌 일반 대중에게 좀 더 객관적으로 보일 수 있다는 장점이 있다. 물론, 언론은 이 사실을 정부, 수혜자, 지역주민 등 다양한 경로를 통해 알 수 있지만 기업에게 직접 듣는 경우도 있다. 많은 기업의 사회공헌 부서가 마케팅 부서 산하에 있는 이유일 것이다. 기업이 사회에 좋은 일을 했다는 사실을 언론을 통해 알리고 예상치 못한 기업 내외 리스크를 관리하고 싶은 의도가 있다고 할 수 있다.

이런 상황에서, 대외 PR이나 마케팅 능력이 적은 중소기업은 영향력 있는 언론사에 기사를 내는 것이 대기업에 비해 상대적으로 불리하다. 일반적으로 코스피 상장회사 중 대략 85% 정도가 자선 활동을 하고, 언론에 보도되는 기사는 큰 기업의 활동 중심으로 이루어진다. 고객, 정부, 지역사회 등 다양한 이해관계자는 보도된 기사들을 읽고 기업에 대해 새로운 이미지나 평판을 갖게 된다. 이러한 이미지와 평판의 변화는 고객이 기업의 제품과 서비스를 구매할 때 긍정적인 영향을 미칠 수 있으며 기업의 경제적 이윤에 도움을 줄 수 있다. 이때, 고객은 사회적 가치를 실천하는 기업이 제품을 구매했기 때문에 만족감이 높을 수 있으며 다른 일반 고객과는 다른 정체성을 확보할 수 있다(그림4) 참조).

다시 말해서, 기업의 input, activity, output 등에 대한 관련 기사가 미디어 보도 → 독자 및 이해관계자의 인지 → 기업의 이미지 및 평판 제고 → 고객의 구매 → 경제적 가치의 실현으로 이어질 수 있다. 하지만 이런 과정을 체계적으로 조사하고 통계적으로 검증한 논문이 아직 많지 않다. 즉 미디어의 역할과 관련하여, 기업은 어떤 사회적 가치와 관련된 activity를 하는 것이 좋으며, activity의 범위와 방법은 어떻게 선택해야 하고 이해관계자들과는 어떻게 소통해야 하고 어떻게 하면 더 많은 output을 만들 수 있는지, 그리고 그런 기업의 노력이 어떻게 소비자에게 전달되어 경제적 성과로 나타나는지에 대한 보다 구체적인 연구가 필요하다. 사회적 성과와 경제적 성과의 연결에 대한 주장은 관련된 데이터 수집 및 분석을 통해 보다 주의 깊게 살펴보아야만 한다.

다행히도 최근에 사회적 성과가 경제적 성과에 미치는 미디어의 역할과 관련하여, 수준 높은 학술논문이 나오기 시작했다. 우선, Henisz, Dorobantu, Nartey(2014)의 '금광(gold mining) 연구'다. 이 연구는 현재 학계의 논의가 어느 정도까지 논의가 진행되었는지에 대해 보여 주는 매우 좋은 예이다. 간단히 요약하면 다음과 같다. 금광의 가치는 주로 채

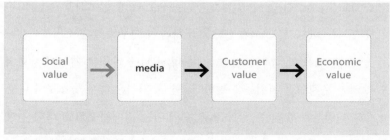

그림 4. SCE 모델: 언론의 역할

굴금의 양, 채굴 비용 및 글로벌 금값으로 결정된다. 이런 시장논리를 전제로, 저자들은 1993-2008년 26개 금광의 이해관계자들이 주가에 미치는 영향을 알아보기 위해 언론에 보도된 금 50,000여 개에 이르는 기사를 갈등-협력 정도를 기준으로 수치화하였다. 이를 통해 저자들은 금광은 환경, 커뮤니티, 부패, 사적 이익 등이 어우러진 산업으로 이해관계자의 사회적 정치적 영향력의 도움 없이는 지속적인 사업을 수행하기 힘들다는 것을 자료를 통해 증명하였다. 금광의 재무적인 성과는 외부의 이해관계자들의 지지로서 가능하다는 주장이다. 이 논문의 혁신적인 접근 방법 및 결과에도 불구하고, 이 논문은 다음의 질문에 답하지 못한다. 종업원, 매니저, 공급자, 고객, 주주, 정당, 정부 등 사회에 존재하는 다양한 이해관계자들 중 누가 경제적 성과에 어느 정도의 영향을 주었는지 알지 못한다. 이해관계자가 누구이든, 광산에 대한 긍정적인 언론보도가 주가에 긍정적인 좋은 영향을 주었다는 주장이다. 이해관계자의 정치적 혹은 사회적 지지가 경쟁 우위의 원천이 될 수 있음을 보여 주는 논문임에도 불구하고 경쟁 우위를 뒷받침하는 구체적인 자료나 메커니즘이 아쉬운 대목이다.

기업에 대한 언론의 비판적인 역할을 분석한 논문으로는 Kölbel, Bush, Jancso(2017)를 들 수 있다. 그들은 주로 CSR에 초점을 두는 기존의 연구와는 다르게, CSR과 CSI를 구분하여 연구하였다. CSI(Corporate Social Irresponsibility: 기업의 사회적 무책임)는 CSR과는 반대로 기업이 사회적으로 행한 무책임한 행위들을 말한다. 사실, 기업은 좋은 뉴스보다 나쁜 뉴스가 기업성과에 더 큰 영향을 줄 수 있다는 점에서 CSI에 대해 전략적인 관리를 해야 할 필요가 있다. 예상대로, 이 논문을 통해 CSI가 기업의 재무성과에 부정적인 영향을 미치는 것으로 밝혀졌는데, CSI를 보도한 언론사의 영향력이 클수록 재무적 리스크에 큰 영향을 주는 것으로 나타났다. 또한, CSI의 심각성 역시 언론사의 영향력이 클 때, 재무적 리스크에 영향을 주는 것으로 나타났다. 기업 스스로 홍보를 하기도 하는 CSR과는 달리 CSI는 대부분 언론을 통해 보도되는 것을 감안할 때, 재무적 리스크에 미치는 언론의 역할은 어찌 보면 당연한 것일 수도 있다. 이 논문은 CSI가 재무적 리스크에 미치는 영향을 이론적으로 구성하고 실증적으로 보여 주었다는 점에서 의의가 있다. 하지만, 노동, 사회, 환경, 안전, 제품 등 어떤 부분의 리스크가 더 큰 재무적 리스크를 가져오는지에 대해서는 밝히지 않았다.[7]

또한 기업은 자연재난 극복에 도움을 주기 위해 기부 및 자선 활동을 하는 경우가 있다. 이런 경우에도 언론의 역할은 매우 중요하다. Madsen, Rodgers(2015)는 2010년 아이티 지진, 2004년 인도양 지진해일, 2005년 미국의 카트리나 허리케인과 2011년 일본의 지진 및 쓰나미 등 자연재해에 대한 기업의 지원 방식을 연구하였다. 연구결과로서 언론의 역할과 관련 두 가지 의미 있는 변수를 발견하였다. 즉 재해 발생 후 신속하게 지원 계획을 발표한 기업과 그 사실을 언론에서 많이 보도해 준 경우에는 기업의 재무적 성과CAR(Cumulative Abnormal Returns)에 긍정적인 영향을 주는 것으로 나타났다. 이 논문은 이해관계자가 기업에 미

---

7   이 논문은 스위스 회사 렙리스크(RepRisk AG)의 데이터베이스를 기반으로 하여 최종적으로 2000–2013년 사이 539개의 다국적 기업의 경우를 기반으로 하였는데, 이 기업들을 선택한 기준에 대해서는 언급하지 않았다는 점이다. 위에서 언급한 사회과학에서 흔히 볼 수 있는 오류 중의 하나인 선택편향(selection bias)의 소지가 크다.

치는 영향은 이해관계자가 해당 기업의 활동을 인지하고 있을 때 가능하다는 점을 보여 준다.[8] 이렇듯 학술적인 영역에서 CSR 활동에 기반한 사회적 가치와 경제적 가치에 관한 논의는 언론 및 이해관계자의 역할을 강조하는 등 구체적인 메커니즘을 보여 주는 단계로 조금씩 진화하고 있다.

위에서 소개한, 사회적 가치와 경제적 가치를 연결한다고 주장하는 많은 학술적 논의들은 아직도 미완성인 채로 진행 중이다. 그럼에도 불구하고 사회적 가치를 전략화하지 않고, 핵심역량에 대한 고려 없이, 사회적 가치가 경제적 가치를 올릴 수 있다는 맹목적으로 주장하는 논의들이 신문과 인터넷을 떠돌고 있다. 요즘에 각광을 받고 있는 소셜벤처도 예외가 아니다.

8. 소셜벤처란 무엇인가?

●

소셜벤처는 위의 세 가지 모델 중에서 세 번째 유형, 경영 전략으로서의 사회적 가치 모델에 해당한다. 기부를 통해서, CSR 활동을 통해서, SDGs, ESG 및 (환경)인증서를 통해, 혹은 언론 보도에 기반하여 [일정 정도 도움을 받을 수는 있지만] 비즈니스 모델을 만들지 않는다. 소셜벤처는 사회적 가치가 포함된 제품과 서비스를 시장에 출시하여 스스로

---

8   이 논문은 자연재해 후 기업의 CSR 대응 방안과 관련하여, 현금과 현물 동시 제공, NGO 단체와 협업 및 재해 후 즉각적인 반응 등이 언론에 기사가 나올 확률에 긍정적 영향을 주었다고 주장하였다.

경제적 가치를 만들어 나가는 기업이다. 정부에서 인증을 주는 '사회적 기업'은 인증 기준을 따라야 한다. 예를 들면, 취약계층에게 사회 서비스 또는 일자리를 제공하거나 지역사회에 공헌함으로써 지역주민의 삶의 질을 높이는 등 다양한 활동을 해야 한다. 하지만, 소셜벤처는 정부의 기준 혹은 인증 절차를 따르지 않는다. 그렇기 때문에 소셜벤처는 사회적 가치와 경제적 가치를 결합할 수 있는 다양한 비즈니스 모델을 만들어 낼 수 있는 자율성을 지니고 있다. 그런데 그런 자율성이 소셜벤처의 다양한 스펙트럼을 낳는 장점이 있지만, 일부 소셜벤처는 본래 소셜벤처의 모습으로부터 오히려 멀어지기 시작했다.

소셜벤처가 본래의 모습을 잃어 가는 이유는 기술혁신의 한계, 세련된 마케팅의 부족, 사회적 가치 측정 소홀 및 펀딩의 어려움이 있지만, 이 글에서는 사회적 가치와 경제적 가치를 연결하는 비즈니스 모델적 관점에서 이 문제를 살펴본다. 우선, 세간에 널리 퍼져, 흔히 접하는 소셜벤처에 대한 시각들을 살펴보면 다음과 같다.[9]

① 비영리가치와 영리가치를 융합한 기업
② 기업가가 혁신적인 기술이나 비즈니스 모델을 통해 사회적 가치와 경제적 가치를 동시에 창출하는 기업 혹은 사회가 가지고 있는 다양한 문제를 혁신적인 기술 또는 비즈니스 모델을 통해 해결하고 지속 가능한 수익과 사회적 가치를 함께 추구하는 기

---

9   소셜벤처에 대한 시각에는 이 외에 다른 시각들도 존재할 수 있다. 이 글에 소개된 내용들은 지난 10년 동안 진행된 소셜벤처의 흐름과 관련하여 필자의 주관적인 판단하에 의도적으로 선택한 시각들임을 밝혀 둔다.

업(소셜벤처허브)

③ 사회문제에 대해 창의적이고 효과적인 솔루션을 갖고 있는 사
회적 기업가가 지속 가능한 사회적 목적 달성을 위해 설립한
기업 또는 조직

④ 단순히 이윤을 추구하는 것이 아니라, 사회문제를 해결하려고
하는 벤처와 스타트업 등 신생 기업

⑤ 혁신적 비즈니스 모델을 통해 사회적 가치를 창출하는 기업(사
회적기업진흥원)

⑥ 돈을 벌수록 사회문제를 해결하는 기업

첫째, 비영리가치와 영리가치를 융합한 기업이라는 시각을 살펴보
자. 소셜벤처를 비영리(사회적 가치)와 영리(경제적 가치) 사이에서 결합된
존재로 파악하는 중간계적 시각은 소셜벤처에 대한 가장 일반적인 시
각일 것이다. 비영리와 영리가 결합된 것이라는 말 자체는 틀린 말이 아
니다. 하지만, 이 정의는 소셜벤처의 작동 메커니즘에 대한 오해를 낳을
가능성이 매우 높다. [그림5-1]과 같이, 소셜벤처는 일반적으로 영리와
비영리사이에 위치하는 모양을 보여 준다. 소셜벤처를 비영리와 영리
에 중간에 놓음으로써 두 분야의 융합적인 가치를 강조한 것이다. 이 시
각의 문제는, 소셜벤처를 비영리와 영리 사이 '중간 어디쯤'으로 본다는
시각이다. 소셜벤처는 비영리와 영리 사이 '중간 어디쯤'이 아니다. 비
영리와 영리 모두를 가지고 있어야 한다는 주장이, 비영리의 일부와 영
리 일부가 융합된 무언가를 의미하지 않는다.

비영리 50%와 영리 50%가 만나 소셜벤처가 만들어지는 것이 아니

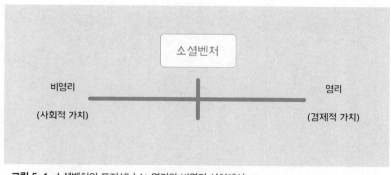

그림 5-1. 소셜벤처의 포지셔닝 1: 영리와 비영리 사이에서

다. 소셜벤처는 자신만의 '독립적인 메커니즘'으로 작동한다. 소셜벤처를 제대로 이해하기 위해서는 소셜벤처를 비영리 100%와 영리 100%가 만나 소셜벤처가 만들어지는 것으로 보아야 한다. 소셜벤처는 사회적 가치를 부분적으로 높이는 것이 아니라, 주어진 자원을 효율적으로 활용하여 최대한 많은 사회적 가치를 만드는 과정을 통하여 경제적 가치를 많이 창출하도록 해야 한다. 이는 주어진 자원을 효율적으로 사용하여 시장에서 경쟁해야 한다는 사실을 의미한다. 따라서 소셜벤처를 독립적인 비즈니스 모델로 파악하는 것이 소셜벤처의 본질에 보다 충실하다고 볼 수 있다(그림5-2) 참조).

둘째, 소셜벤처는 "기업가가 혁신적인 기술이나 비즈니스 모델을 통해 사회적 가치와 경제적 가치를 동시에 창출하는 기업"이라는 시각을 살펴보자. 두 가지 가치를 동시적으로 창출한다는 이 시각은 위에서 살펴본 '중간계 시각'과 더불어, 세간에 가장 널리 퍼져 있는 관점이다. 이 '동시 시각'은 두 가지 가치 사이의 우선순위와 인과관계를 흐리게 만드는 데 일조했다. 소셜벤처의 핵심은 사회적 가치의 창출 과정을 '통해서

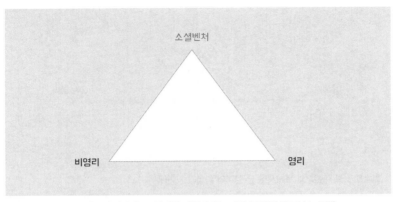

소셜벤처

비영리　　　　　　　　　　　　　　　　　　　　영리

그림 5-2. 소셜벤처의 포지셔닝 2: 영리와 비영리와는 다른 독립된 비즈니스 모델

through' 경제적 가치가 창출되는 과정에 있다. 다시 말하면, ① 사회적 가치가 우선 창출되고, 경제적 가치는 후에 창출된다. ② 동시에 창출되는 것이 아니다. ③ 경제적 가치 창출을 통해 부수적으로 사회적 가치를 창출하는 것이 아니다.

소셜벤처는 사회문제를 해결하는 미션을 가지고 있기 때문에 사회문제 해결이 본질적으로 중요하며 이 과정에 소셜벤처의 핵심역량이 녹아 있어야 한다. 경제적 가치를 창출하려면 사회적 가치 창출 과정이 경제적 가치 창출의 본질적인 핵심이 되어야 한다는 말이다. 이렇게 창출된 사회적 가치는 소셜벤처가 제공할 제품 및 서비스에 차별화된 고객가치로 전환되어야 한다. 이 사회적 가치가 고객가치로 전환되는 이 과정이야말로 소셜벤처가 궁극적으로 시장에서 경쟁력을 확보하여 경제적 가치를 창출할 수 있는 원천이기 때문이다. 많은 소셜벤처가 이 전환 과정에서 어려움을 겪는다. 사회적 가치는 높으나 제품 및 서비스가 경쟁력이 없다거나 제품 및 서비스는 경쟁력이 있으나 사회적 가치가 별반 없는 경우가 많다. 소셜벤처 초기부터, 사회적 가치의 전략화에 기반한 전체 비즈니스 모델에 대한 디자인이 중요한 이유가 바로 이것이다. 사회적 가치-고객가치-경제적 가치가 순차적으로 그리고 인과적으로 연결되는 비즈니스 모델에 대한 전략적인 접근이 소셜벤처 비즈니스 모델의 핵심이 된다. 이를 통해, '사회적 가치와 경제적 가치가 동시에 창출된다'는 주장이 왜 가치사슬의 인과성을 모호하게 만드는 이유인지를 알 수 있다.

이런 관점에서 소셜벤처는 "사회가 가지고 있는 다양한 문제를 혁신적인 기술 또는 비즈니스 모델을 통해 해결하고 지속 가능한 수익과 사회적 가치를 함께 추구하는 기업"이라는 시각도, 수익과 사회적 가치를 함께 추구한다는 점에서 위에서 언급한 한계들을 벗어나지 못한다.

셋째, '사회문제에 대해 창의적이고 효과적인 솔루션을 갖고 있는 사회적 기업가가 지속 가능한 사회적 목적 달성을 위해 설립한 기업 또는 조직'이라는 시각을 살펴보자. 이 시각은 전적으로 사회적 가치에 초점을 두고 있다. 즉 사회문제를 풀 수 있는 사회적 기업가의 혁신성을 강조하는 반면, 경제적 가치와의 연관성에 대해서는 설명하지 않는다. '기업가' 혹은 '기업'이라는 두 단어도 사회적 가치와 경제적 가치에 대한 인과적인 관계를 설명하지 못한다. 간혹 사회문제를 해결하려는 의지, 접근 방법 등에 방점을 두는 경우도 있다. 이렇게 소셜벤처를 정의하면 경제적 가치의 중요성을 폄하하거나 소홀히 할 수 있다. 소셜벤처는 사회문제만을 푸는 기업이 아니다. 소셜벤처는 사회문제를 푸는 과정을 통해 경제적 가치를 반드시 만들어야 하는 기업이다. 아무리 혁신적으로 사회문제를 풀어도 경제적 가치를 만들어 내지 못하면 소셜벤처라고 할 수 없다. 그러므로, 주수입원이 기부 혹은 정부지원인 소셜벤처는 현실적으로 소셜벤처라고 부를 수 없고, 이런 조직은 비영리단체라고 범주화하는 것이 타당할 것이다.

다시 말해서, 소셜벤처는 경제적 이윤 없이는 작동하지 않는다는 점을 분명히 해야 한다. 시장에서 가격이나 품질의 경쟁 우위가 없는 제품과 서비스는 오래가지 못한다. 경제적 가치를 만들어 낼 수 없으면, 사회문제 해결을 위한 재투자는 더욱 진행할 수 없다.

넷째, 소셜벤처는 '단순히 이윤을 추구하는 것이 아니라, 사회문제를 해결하려고 하는 벤처와 스타트업 등 신생 기업'이라는 시각을 살펴보자. 이런 시각은 이윤을 추구하지만 사회문제도 해결한다는 내용은 다소 추상적인 내용을 담고 있다. 사회문제 해결 과정을 통해 경제적 가치를 만드는 것이 소셜벤처이기 때문에 '단순히 이윤을 추구하는 것이 아니라' 사회문제도 해결하는 소셜벤처에 대한 서술은 사회적 가치와 경제적 가치의 기본적인 관계에 대한 인식을 흐릴 수 있다.

다섯째, 소셜벤처는 혁신적 비즈니스 모델을 통해 사회적 가치를 창출하는 기업이라는 시각을 살펴보자. 혁신적인 비즈니스 모델에 대한 구체적인 내용은 없지만, 일반 벤처와는 달리 사회적 가치를 창출하는 기업이라는 시각이다. 일반 벤처는 혁신적 비즈니스 모델을 통해 경제적 가치를 창출하는 기업이지만, 소셜벤처는 사회적 가치를 창출한다는 점에 방점을 두고 있다. 결국, 혁신적인 비즈니스 모델을 무엇으로 채울 것인가가 소셜벤처의 성공 여부를 결정하는 요인이 될 것이다. 소셜벤처의 혁신적인 비즈니스 모델은 사회적 가치-고객가치-경제적 가치를 순차적으로 연결하는 비즈니스 모델을 가진 기업이다. 사회적 가치 창출을 통해 경제적 이윤을 만드는 기업이라 할 수 있다.

여섯째, 소셜벤처는 "이윤을 낼수록 사회문제를 해결하는 기업"이라는 시각을 살펴보자. 이 시각은 상품이나 서비스에 사회문제를 해결하는 방식이 녹아 있고 차별화된 경쟁 우위를 확보하여 이윤을 창출하는 과정을 함축적으로 보여 준다. 이윤이 적게 나면 사회문제도 그만큼 덜 해결된다. 그러므로 사회문제를 더 많이 해결하기 위해 이윤을 많이 내는 것이 중요하다. 따라서, 사회적 가치와 경제적 가치 간에 인과관계가 생긴다. 다만, 여기에 한 가지 오해의 소지가 존재한다. 모든 기업이 생산하는 상품과 서비스는 일정 정도 사회적 가치를 지니고 있다. 컴퓨터는 오늘도 많은 사람들에게 정보를 제공하고, [병원에서] 생명을 구하는 일에 쓰이고, 교육기회를 제공받지 못하는 어린이에게 온라인을 통한 교육기회를 제공하는 등 사회적 가치를 창출한다. 이 기업은 "이윤을 낼수록 사회문제를 해결했다고 주장할 가능성이 높다." 만약 이 시각을 수용하면, 일반 기업의 모든 상품과 서비스는 사회적 가치가 있으므로, 많이 팔수록 세상을 도왔다고 주장할 것이다. 사회적 가치와 경제적 가치에 대한 이런 오해는 기업의 많은 임직원에게 광범위하게 퍼져 있는 생각이다. 스스로 하는 일이 세상을 돕는다는 생각이다. 틀린 말은 아니나, 본질을 벗어났다. 상품 및 서비스가 일정 정도 사회적 가치를 지닌다고 해서 그 기업이 소셜벤처가 되는 것이 아니다. 그 기업의 존재 목적이 사회문제를 해결하기보다는 경제적 이윤 창출에 초점이 있기 때문이다.

그렇다면, 경제적 가치 창출을 통해 부수적으로 사회적 가치를 창출하는 것은 기업을 어떻게 이해해야 할까? 이를 확인하기 위해 다음과 같은 질문을 던져 보자. '소셜벤처의 비즈니스 모델에서 사회적 가치를 제거하면 경쟁력을 상실하거나 없어지는가?' 만약 경쟁력이 없어지면 소셜벤처지만, 오히려 경쟁력이 올라가는 기업은 일반벤처라고 할 수 있다. 소셜벤처는 거꾸로 '사회문제를 해결할수록 이윤을 많이 내는 기업'이다. 다시 말해서 소셜벤처는 '사회적 가치가 없으면 경제적 가치도 없는 기업'이다. 사회적 가치가 있어야 [차별화된 고객가치가 있고 나아가] 경제적 가치가 있는 기업이며 사회적 가치가 늘어야 이에 따라 경제적 가치가 증가하는 기업을 말한다. 사회혁신의 기본적인 가치창출 과정은 외면한 채, 다양한 사회혁신 및 비즈니스 모델을 애기하는 것은 소셜벤처의 본질에서 멀어지게 된다.

일부 중소기업에서 사회적 가치를 높이기 위한 프로그램을 도입하는 등의 CSR적 접근 방식을 취하는 경우가 있다. 물론 사회문제에 관심을 갖는 기업들이 늘어난다는 것은 매우 환영할 일이다. 하지만, 이런 프로그램을 부수적으로 운영하는 기업을 '소셜벤처'라고 부르기는 힘들다. 소셜벤처는 사회문제 해결 자체가 기업의 경쟁력이며 핵심역량이 되어야 하기 때문이다.

결론적으로, [그림2]의 SCE 모델에서 보았듯이, 소셜벤처는 사회문제를 해결하는 사회적 가치 창출을 통해서 경제적 이윤을 만드는 기업이다. 사회적 가치를 창출하는 과정이 기업의 핵심역량이 되어야 하며 이를 통해 나온 output이 시장에서 경쟁할 상품이 되거나 시장에 녹아들어야 한다. 그럴 때 비로소 소셜벤처는 사회적 미션을, 시장논리를 바탕으로 완성하는 기업이 될 것이다.

9. 소셜벤처와 CSV 기업

●

흔히, 소셜벤처와 CSV 기업을 설명할 때, 두 기업이 서로 다른 영역에서 활동하거나 다른 비즈니스 모델을 가진 것으로 설명하는 경우가 종종 있다. 사회적 가치와 경제적 가치를 연결하는 비즈니스 모델을 만들지 못한 스타트업도 소셜벤처로 보도되고 사회공헌 활동을 부수적으로 추진하는 일반 기업도 CSV 기업이라고 소개되는 경우도 많기 때문에 소셜벤처와 CSV 기업에 대한 정의와 구분이 현실적으로 매우 힘든 것이 사실이다. 그렇다면, 시장논리를 기반으로 사회문제를 해결하려는 '소셜벤처'와 일반 기업에서 출발하여 사회적 가치를 통해 더 높은 경제적 가치를 추구하려는 'CSV 기업'과는 어떤 차이점과 공통점이 있을까?

일반적으로 매출규모 면에서 소셜벤처는 규모가 작고 CSV 기업은 규모가 크다. 소셜벤처는 가치사슬을 새롭게 구축해야 하고, CSV 기업은 새로운 가치사슬을 구축하거나 기존의 가치사슬을 기반으로 일부분을 수정해야 한다. 다만, '일반 기업이 CSV 기업화한다'는 말은 기업의 전략 전반에 근본적인 수정이 가해진다는 말을 의미한다. 이는 일부 사회적 가치를 창출하는 프로그램을 돌리는 것을 넘어서, 기존 비즈니스를 하는 방식을 근본적으로 바꾼다는 것을 의미한다. 따라서 CSV 기업은 소셜벤처보다 내부 저항이 심하다. 본래 소셜벤처와는 달리 사회적 가치 창출 목적이 기업의 존재 이유가 아니었기 때문이다. 그렇기 때문에 소셜벤처보다 CSV 기업은 새로운 전략을 실행할 조직구조의 설계에 보다 큰 관심을 두어야 한다(김태영·도현명, 2019). 또한 소셜벤처는 전략을 실행할 핵심역량 정의 및 개발을 주 목표로 하지만, CSV 기업은 기존 핵심역량을 업그레이드하거나 혹은 수정할 필요가 있다. 이러한 차이점들은 주로 소셜벤처와 CSV 기업의 규모 및 비즈니스 운영 방법에서 나온다고 볼 수 있다.

하지만, 이러한 차이점에도 불구하고 소셜벤처와 CSV 기업은 비즈니스 모델 혹은 기술혁신으로 사회적 가치를 창출하여, 이를 통해 경제적 가치를 창출한다는 점에서는 본질적으로 같은 유형의 기업이라 할 수 있다. 창업부터 사회적 가치 창출을 목표로 두었든(소셜벤처), 나중에 사회적 가치를 접목시키든(CSV 기업), 사회적 가치와 경제적 가치에 기반한 비즈니스 모델의 작동원리에는 별반 차이점이 없다[10]([표1] 참조). 비유를 들면, 산 정상을 올라가는 길은 여러 갈래지만, 정상에는 사회적 가치와 경제적 가치가 전략적으로 결합한 비즈니스 모델이 있다.

---

10   CSV 전략 개념이 소셜벤처보다 더 큰 상위 개념이라고 주장도 틀린 말은 아니다. 기업이 크든 작든, 사회적 미션을 창업부터 추구했던 나중에 추가했던, 사회적 가치와 경제적 가치를 추구하는 모든 기업을 CSV 기업으로 볼 수 있다는 것이다. 그렇다면, CSV 이전부터 존재하던 소셜벤처 등 수많은 사회적 기업도 CSV 기업이 되므로 소셜벤처와 사회적 기업 등의 개념적 유용성은 없어지는 것일까? 나아가 일반 기업에서 사회적 미션을 추구하는 기업은 '벤처'의 의미를 확장해서 소셜벤처라고 할 수 있을까? 이 글에서는 개념상의 혼동을 피하기 위해 소셜벤처는 창업부터 사회적 미션을 지닌 기업을, CSV 기업은 일반 기업에서 사회적 미션을 추구하는 기업으로 기업의 목적을 바꾼 기업으로 한정한다. 하지만, 사회적 가치와 경제적 가치를 추구하는 비즈니스 모델을 만든다는 점에서 두 기업은 본질적으로 동일하다.

표 1. 소셜벤처와 CSV 기업

		소셜벤처	CSV 기업
차이점	규모	적은 매출, 작은 규모	큰 매출, 큰 규모
	가치사슬	새로운 가치사슬 구축	기존 가치사슬에서 사회적 가치 얻기
	조직	내부 저항 없음	내부 저항 고려한 전략 필요
	핵심역량	새로운 핵심역량 정의 및 개발 필요	기존 핵심역량을 기반으로 한 업그레이드 혹은 보완 수정 필요
공통점	전략적 방향	혁신성(비즈니스 모델 혹은 기술) 사회적 가치를 통해서 경제적 가치 창출	

10. 소셜벤처의 가능성을 향해

●

표 2. SCE 관점에서 바라본 [언론에서 소개된] 소셜벤처 유형

기업	사회적 문제	S 사회적 가치	C 고객가치	E 경제적 가치	유형
① 토도웍스	○	○	○	○	소셜벤처
② 수퍼빈	○	○	○	○	소셜벤처
③ 에누마	○	○	○	△	소셜벤처
④ 두손컴퍼니	△	△	○	○	일반 벤처
⑤ 유닉크굿컴퍼니	○	○	○	×	일반 벤처
⑥ 칠링키친	△	△	×	○	일반 벤처
⑦ 에이유디	×	×	△	×	비영리
⑧ 어뮤즈트래블	○	○	△	△	비영리
⑨ 그로잉맘	△	△	△	×	비영리

참고: ○ = 높은 가치, △ = 중간 가치, × = 낮은 가치

주의사항

[표2]를 이해하는 데 네 가지 주의사항을 언급하고자 한다.

첫째, 가장 중요한 사실은 기업이 소셜벤처이든, 비영리단체이든, 일반 벤처이든 다양한 가치를 창출한다는 점에서 매우 좋은 모델이 될 수 있다는 점이다. 어느 유형의 모델이 더 낫다고 주장하는 것은 이 글의 목적과는 맞지 않는다는 점을 분명히 하고자 한다.

둘째, 위에 소개된 기업들이 소셜벤처산업을 대변하는 기업들이 아니며, 무작위 추출로 표집을 한 것은 아니다. 언론에 나온 기사 내용과 관계자 인터뷰를 통해 모아진 자료를 통해 판단 가능한 기업들을 작위적으로 선발하였다. 따라서 이런 예시들을 전체 소셜벤처 업계의 모습으로 일반화해서는 안 된다.

셋째, 혁신적인 기술력으로 향후 매출잠재성이 높지만 매출이 없는 기업은 아직은 수익성이 실현되지 않는 예비 소셜벤처이다. 예를 들어, 말라리아 진단 키트를 만든 노을을 예로 들 수 있다. 기존의 말라리아 진단은 혈액을 채취한 다음에 도시에 있는 대학병원에서 큰 배양기에 넣고 배양한 뒤 시약을 투여하여 진단하는 방식으로 병변이 발생한 뒤 늦으면 6주 뒤에나 처방약이 환자에게 도착하여 대부분 생명을 잃는 원인이 된다. 노을은 혈액을 키트에 넣어 현미경으로 촬영한 뒤 AI가 말라리아 4가지 균 중 어떤 것인지 15분 만에 진단하여 약을 처방하도록 하는 기술을 개발했다. 이런 기술을 인정받아, 빌 게이츠가 가장 주시하는 회사 중 하나로 꼽히기도 했다. 이렇게 노을은 기술혁신으로 사회문제를 해결하는 대표적인 소셜벤처이지만 아직까지는 실질적인 매출이 없어 이번 분석에서 제외하였다.

넷째, [표2]는 소셜벤처의 비즈니스 관점에서 각 기업들이 보완해야 할 점을 시각적으로 보여 줌으로써 소셜벤처의 작동원리를 보다 분명하게 설명하는 데 이 분석의 의의가 있다. 따라서 소셜벤처에 관심이 있는 다양한 분들을 위한 참고자료를 목적으로 만든 것이며 사회적 책임투자, 임팩트 투자 등 각종 사회적 가치 관련 투자를 위한 투자 목적으로 작성되지 않았으며 그 정확성, 완전성, 적시성, 상업성에 적합한지 여부 등을 전혀 보장하지 않는다.

위에서 설명한 기준들을 근거로 현재 활동 중인 소셜벤처를 살펴보도록 하자. [표2]는 언론에서 소셜벤처로 소개하는 다양한 기업들을 사회문제-사회적 가치-고객가치-경제적 가치의 크기를 보여 준다(사회문제의 경우는 사회문제와 수혜자에 대한 구체적인 정의가 분명한지에 대해 판단).

① 토도웍스Todo Works

장애아동들이 전동 휠체어가 너무 커서 타기도 어렵고, 심지어는 매우 비싼 맞춤형 전동 휠체어를 타면 곧 커 버려서 1-2년 만에 다시 또 전동 휠체어를 새로 사야 한다. 토도웍스는 이런 상황을 해결하기 위해, 수동 휠체어에 장착하여 전동 휠체어 효과를 낼 수 있는 보조장비, 토트 드라이브Todo drive를 개발하였다. 독일이나 일본에도 비슷한 제품의 가격이 600-1200만 원이지만, 토도 드라이브는 176만 원으로 저렴한 편이다. 2019년 말 직원 28명에, 예상 매출액은 35억 원이다. 현재 해외시장 개발에 노력 중이다.

② 에누마Enuma

게임적인 몰입 요소를 추가하고, 서서히 난이도를 높여서 이탈율을 줄이는 교육 콘텐츠를 만든다. 느린학습자인 아이들을 위해 만든 토도 매스Todo math가 장애인들은 물론 전 세계의 수학을 못하는 아이들에게 큰 효과를 거두면서 성공적인 데뷔를 했다. 그 뒤에 탄자니아에서 학교를 다니지 못하는 7-8세 아동들에게 영어 문해 교육과 기초 수학 교육을 제공하는 앱을 만들게 되고, 높은 성과를 거두어 일론 머스크가 후원한 글로벌 러닝 엑스프라이즈Global Learning Xprize에서 공동 우승을 하여 세계적으로도 많이 인정받았으며 누적 투자유치액은 220억 원에 이르고 한국과 일본의 앱스토어에서 교육 부문 매출 1위를 기록하고 있다.

③ 수퍼빈 SuperBin

국내의 재활용 비율이 낮은 가장 큰 이유는 일반 쓰레기가 섞여 들어오면서 순도가 낮아져 재생품의 부가가치가 매우 떨어지기 때문이다. 이 문제를 해결하기 위해 수퍼빈은 캔이나 페트를 넣으면 AI가 판독하여 고순도의 폐캔과 폐페트를 수집할 수 있도록 하는 회수기, 네프론(순환자원 회수로봇)을 개발, 국내 재활용 쓰레기 문제 해결에 앞장서고 있다. 2019년 기준 매출 20억 원으로, 앞으로 성장세가 기대되는 소셜벤처이다.

④ 두손컴퍼니 DoHands Corp.

두손컴퍼니는 온라인 셀러를 위한 풀필먼트fullfillment 사업을 하는 물류 대행 업체이다. 두손컴퍼니는 노숙인 일자리 제공을 목적으로 설립되어 일자리를 통한 빈곤 퇴치를 미션으로 삼고 있다. 하지만 현재 고용된 노숙인은 거의 없으며, 전체 직원 중 약 10%를 취약계층에서 고용하고 있다. 특히, 두손컴퍼니가 규정하는 취약계층은 중위소득 50% 미만, 국가로부터 소득지원을 받는 사람 등 그 범위가 너무 넓기 때문에 본래의 미션과는 다소 거리가 멀게 기업을 운영하고 있는 것으로 보인다. 따라서 소셜벤처라기보다는 현재의 모습은 일반 벤처에 가깝다고 볼 수 있다. 향후, 사회적 가치를 지금보다 기업의 중심에 놓고 비즈니스 모델을 만드는 작업을 수행한다면 소셜벤처화할 가능성이 높다.

⑤ 유니크컴퍼니UniqCompany

도서관, 박물관 등의 공간에서 리얼월드 애플리케이션과 키트를 이용해 미션을 수행하는 일종의 현실판 '런닝맨'을 제공한다. 현실 공간과 어울리는 스토리를 따라 게임이 진행되는데 참여자가 능동적으로 문제를 해결하며 해당 공간에서 남다른 의미를 얻을 수 있다는 장점이 있다. 다만, 어떤 사회문제를 해결했는지, 사회문제를 해결한 후 성과는 어떠한지, 그리고 이를 통해 획득된 경제적 가치는 어느 정도인지에 대한 인과관계를 알기 힘들다는 점에서 비즈니스 혁신을 만들어 가는 일반 벤처에 가깝다.

⑥ 칠링키친Chilling Kitchen

칠링키친은 푸드트럭 케이터링 서비스와 푸드트럭 창업 컨설팅을 제공하는 기업이다. 푸드트럭 창업 컨설팅을 통해 예비 창업자들을 돕기는 하지만 이는 부수적인 사업으로, 사회적 가치가 달성되었다고 하기에는 다소 부족한 부분이 있으며, 이 부분이 사업의 핵심역량 기반으로 보다 진화할 필요가 있다. 또한, 다른 푸드트럭이나, 창업 컨설팅 상품과 차별화된 고객가치도 필요하다. 따라서 소셜벤처보다는 비즈니스의 혁신을 지향하는 일반 벤처에 가깝다.

⑦ 에이유디AUD

에이유디는 실시간 문자 통역 서비스를 지원하는 사회적 협동조합으로 비영리단체로 분류된다. 에이유디의 경우, 기존 수화 통역 서비스가 가지는 청각장애인 간 의사소통의 한계를 사회문제로 인식하고 이를 문자 통역 서비스를 통해 개선하는 것을 미션으로 삼는다. 하지만, 조합에 가입하면 서비스를 매우 저렴하게 제공한다는 점, 차후 공공서비스로의 전환을 목표로 한다는 점으로 보아 소셜벤처보다는 수혜자의 이익을 우선하는 비영리단체에 가깝다.

⑧ 어뮤즈트래블Amuse Travel

어뮤즈트래블은 풀컨시어지full concierge 서비스 제공 여행사로 웰니스 여행, 실버 여행 및 장애인 여행에 특화된 여행 상품들을 제공하는 기업이다. 어뮤즈트래블은 지체장애인 및 시니어층을 관광약자로 설정하여, 그들의 여행을 돕는 것을 목표로 한다. 하지만, 서비스에 대한 합리적인 가격 제시의 어려움 등으로 인하여 수익성을 갖춘 비즈니스 모델이 필요하다고 판단된다.

⑨ 그로잉맘Growing Mom

그로잉맘은 온라인 육아상담, 부모 교육 프로그램 등을 제공하는 온라인 육아 전문 기업이다. 그로잉맘은 전문적인 육아상담의 높은 문턱을 사회문제로 설정하고, 과도한 육아 정보나 마케팅으로 인한 부모들의 불안 심리를 잠재우고 행복한 육아를 할 수 있도록 돕는 것을 목표로 한다. 아직 비즈니스 모델에서 수익성이 높지 않다. 예를 들어, 탄력적인 근무 시스템이 오히려 수익창출을 높이지 못하고 있는 것으로 보인다.

11. 결론: 소셜벤처, CSV 기업과 경영 전략

●

　사회문제를 풀면서 경제적 이윤을 창출하여 사회와 기업 모두에게 도움이 될 수 있는 방법으로 소셜벤처(혹은 CSV 기업)에 대한 관심이 뜨겁다. 하지만, 현실은 소셜벤처로 알려진 스타트업이나 기업들이 사회적 가치와 경제적 가치를 별반 만들어 내지 못하거나, 사회적 가치 혹은 경제적 가치 한 가지에만 치중하는 모습을 쉽게 볼 수 있다. 소셜섹터에서 나타나는 이런 다양한 모습들은 사회적 가치와 경제적 가치의 인과성을 주장하는 학술논의에서조차 별반 다르지 않다. 이 글은 논리 모델과 SCE 모델의 관점에서 지금까지 진행된 논의들을 평가하고 사회적 가치와 경제적 가치를 인과적으로 결합하려는 소셜벤처에 비즈니스 모델을 제시하는 데 그 주된 목적이 있다.

　우선, 사회적 가치와 경제적 가치의 인과성을 주장하는 각종 논의를 논리 모델과 SCE 모델의 관점에서 살펴보았다. input 중심의 논의는 투입자원(물적, 인적자원)에 대한 자료로 경제적 가치를 예측하는 오류를 범하고 있다. 논리 모델의 이후 과정에 대한 자료를 제시하지 못하고 경제적 가치를 주장한다는 점에서 설득력이 떨어진다. activity 중심의 논의는 기업의 다양한 사회적 가치 창출 활동을 기반으로 경제적 가치의 증가를 주장한다. SDGs, ESG 및 (환경)인증서 등 이런 활동들은 분명히 다양한 사회적 가치를 창출하는 데 기여하지만, 기업의 핵심역량과는 동떨어져 있는 경우가 많다. output 중심의 논의는 투입자원화 활동으로 만들어진 산출물로서의 output이 고객가치로, 그리고 경제적 가치로 연결된다는 가정을 전제로 이루어진다. 이 가정이 전제되면, 사회적 가치는 고객가치로 전환됨으로써 비로소 시장에서 경쟁 우위를 갖춰 경제적 가치로 이어질 수 있는 가능성을 높일 수 있다. 하지만 미디어가 input-activity-output 과정들을 적극적으로 홍보해 주지 않으면 경제적 가치와 연결되기 어렵다는 한계가 있다. 자칫하면, 사회적 가치의 전략화에 이르지 못해, 초보적인 CSR(기업의 사회적 책임) 활동 수준에서 머무를 가능성이 높다.

소셜벤처는 사회적 가치와 경제적 가치를 모두 가지고 있는 기업이지만, 그 중간에 위치한 '무언가'가 아니다. 사회적 가치와 경제적 가치를 '동시에' 올리지도 않는다. 소셜벤처라는 마차는 사회적 가치와 경제적 가치가 동시에 끄는 두 마리 말이 아니다. 비유는 오해를 종종 낳는다. 사회적 가치라는 말이 맨 앞에서 힘차게 끌어야 고객가치라는 다음 말이 힘을 낼 수 있고 마지막으로 경제적 가치라는 마차를 달리게 할 수 있다. 즉 사회적 가치는 핵심역량을 기반으로 고객가치로 전환되어야만 경제적 가치를 만들 수 있다. 사회적 가치, 고객가치, 그리고 경제적 가치에 대한 인과적 순차성이 사회적 가치를 전략화할 수 있다. 이는 기업의 핵심역량을 기반으로 한 사회문제의 전략적인 선택을 통해 이루어진다.

소셜벤처와 CSV 기업은 외관상 다르게 보이지만, 본질적으로 사회적 가치를 통해 경제적 가치를 달성한다는 목적을 공유한다는 점에서 같다. 다만, 소셜벤처는 창업 시 사회적 미션을 지닌 기업이고 CSV 기업은 주로 일반 기업에서 사회적 가치를 전략화한다는 차이점이 있을 뿐이다.

한국사회에서 소셜벤처는 짧은 역사지만, 지난 10년 동안 계속 진화해 왔다. 소셜벤처가 창출하는 사회적 가치를 측정하고 평가하는 일련의 노력들이 진행 중이고 학습과 경험을 통해 축적된 지식은 보다 전문성 있는 인력의 창출로 이어지고 있다. 이런 과정에서 소셜벤처의 비즈니스 모델은 전략화되어야 한다. 즉 사회적 가치를 바라보는 시각은 고객가치로, 그리고 경제적 가치로 이어지는 사회적 가치의 전략화 과정으로 지평선을 확대해야 한다. 소셜벤처 섹터의 미래는 이런 소셜벤처들의 전략화 역량에 달려 있다. 앞으로 보다 혁신적으로 진화될 소셜벤처의 10년이 기대된다.

김영종·권순애, 「논리모델*Logic Model*: 사회복지 프로그램 기획에의 적용가능성」, 『사회과학연구』 19(부산: 경성대학교 사회과학연구소, 2003), pp. 209-226.

김태영·도현명, 『넥스트 챔피언』(서울: 흐름출판, 2019).

Henisz, W. J., Dorobantu, S. & Nartey, L. J., "Spinning gold: The financial returns to stakeholder engagement", *Strategic Management Journal*, 35(12) (Chicago: Strategic Management Society, 2014), pp. 1727-1748.

Kölbel, J., Busch, T. & Jamsco, L., "How Media Coverage of Corporate Social Irresponsibility increases financial risk", *Strategic Management Journal*, 38 (Chicago: Strategic Management Society, 2017), pp. 2266-2284.

Madsen, P. & Rodgers, Z., "Looking good by doing good: The antecedents and consequences of stakeholder attention to corporate disaster relief", *Strategic Management Journal*, 36 (Chicago: Strategic Management Society, 2015), pp. 776-794.

Montgomery, C., *The Strategist: Be the leader your business needs* (New York: HarperCollins Publishers, 2012).

Porter, M. & Kramer, M., "Creating Shared Value", *Harvard Business Review*, Jan-Feb (Massachusetts: Harvard Business Publishing, 2011).

소셜벤처와
브랜드 마케팅 전략

김남호

나인후르츠미디어 대표

1. 소셜벤처 마케팅의 딜레마

●

착한 일에 대해서는 사람들은 아낌없는 박수를 보낸다. 그러나 착한 일을 스스로 자랑하는 행동에 대해서는 박수를 거둔다. 오히려 그 착한 일까지 의심하는 반응을 보인다. 사회가 좋은 방향으로 변화되기 위해서는 착한 일은 최대한 널리 알려서 사람들의 참여를 이끌어내야 한다. 그러나, 착한 일에 대한 지지는 착한 일을 널리 알리는 행동에 대한 지지까지 순조롭게 연결되지는 않는다. 착한 일에 대한 참여와 지지는 '진정성'이라는 평가 기준의 시험대를 통과해 내야 이루어진다. 특히, 착한 일의 주체가 기업일 경우에는 진정성이라는 시험대가 매우 혹독하고 어려운 관문이 된다.

소비자들은 기업들의 마케팅 활동을 대부분 과장, 현혹, 미화의 행위로 판단한다. 제품의 진실의 여부에 따라 과장과 미화의 활동을 마케팅 활동 범위로 허용하기도 하지만, 진실을 위반하거나 감추기 위해 마케팅의 기법이 쓰였을 경우에는 그것을 거짓 행위로 단호히 비난한다. 그린워싱green-washing[1] 이라는 단어는 환경운동가 제이 웨스터펠드 Westerveld가 처음 사용한 말로, 기업의 위장된 환경운동을 비난하는 목적으로 탄생된 용어이다. 그린워싱이라는 표현으로 시작된 진정성 없는 기업의 마케팅에 대한 비판적 태도는 오늘날 퍼포스워싱purpose-washing(목적과 대의로 위장하여 기업의 잘못된 부분을 가리는 마케팅 활동)이라는 단어까지 낳았다. 이렇듯 소비자들은 기업의 착한 일에 대한 홍보와 마케팅에 대해서는 자연스럽게 의심과 경계의 태도를 보인다. 특히, 디지털 미디어 혁명으로 인해 거짓 마케팅 기법으로 제품의 진실을 가릴 수 없는 오늘날의 소비자들은 기업의 착한 일에 대한 과도한 마케팅에 대해서는 그 어느 때보다 의심과 경계를 보이는 시대이다.

이러한 '진정성'에 대한 시험대가 그 어느 때보다 엄격한 시대에, 사회적 가치를 단순히 기업의 사회공헌 활동이 아닌 기업의 이익 창출을 통한 비즈니스 모델로 이루어 내는 소셜벤처의 마케팅 활동은 여러모로 어려운 점들이 많다. 소셜벤처는 마케팅 활동에 있어서 사회적 가치를 전면에 내세우게 되면 착한 일을 자랑하는 모양새가 되고, 사회적 가치를 아예 감추고 제품과 기능만을 내세우게 되면 사회적 가치를 비즈니스 모델로 담을 전략적 이점을 놓치게 된다는 딜레마에 빠지기도 한다. 이처럼 마케팅의 예산과 인력의 부족이라는 다른 일반 벤처가 겪는

---

1 환경에 유해한 사업을 하고 있던 석유회사, 셰브런(Chevron)은 'People Do'라는 광고 캠페인을 통해 기업의 자연환경에 대한 의식을 전달하였는데, 광고 자체는 광고제 수상까지 할 정도로 성공을 거두었으나, 이 캠페인의 내용과 실질적 기업 활동의 괴리로 인해, 환경운동가에게 기업의 거짓 환경운동이라는 호된 질타를 받게 되었다.

동일한 어려움에 더해서, 소셜벤처의 마케팅의 특별한 어려움은 사회적 가치를 마케팅 면에서 어떻게 전략적으로 다루어야 하는가 하는 질문의 답을 찾아내는 데 있다. 소셜벤처의 마케팅 전략을 세우는 데 있어서 가장 중요한 질문은 '사회적 가치를 전체 브랜드 마케팅 전략에 어떻게 담아낼 것인가'이다.

2. 마케팅의 목적과 전략: 고객가치 창출

소셜벤처가 사회적 가치를 브랜드 마케팅 전략 속에 담아내기 위해서는 마케팅의 목적이며 전략의 핵심이기도 한 '고객가치'라는 개념에 대해 자세히 살펴볼 필요가 있다. 현대 경영학의 아버지인 피터 드러커P. F. Drucker는 1971년 그의 저서 『경영의 실제The Practice of Management』에서 "기업의 유일한 존재 목적은 '고객가치'를 만들어 내는 것이다"라고 말했다. 이어서 그는, "마케팅이란 고객에 대한 이해를 통해 그들에게 가장 적합한 제품과 서비스를 제공하는 일이다"라고 정의하여, 마케팅의 목적 또한 기업의 존재적 목적인 '고객가치 창출'의 과제로 설명하였다 (Peter Drucker, 1954).

기업의 존재 목적이기도 하며, 마케팅의 전략의 핵심이기도 한 고객가치 창출을 위해서는 우선 고객가치에 대한 정의와 고객가치를 형성하는 요인들의 대해서 먼저 정리할 필요가 있다. 고객가치란 '고객이 특정 상황에서 갈망하고 있는 목적과 목표를 이루기 위해, 제품과 서비스를 사용하는 비용을 지불하고 얻게 되는 최종 결괏값에 대한 고객의 지각'

을 말한다. 이를 요약하면 고객가치란 '고객이 지각하는 상품의 가치'로 정의할 수 있다. 이 정의에서 주의해야 할 부분은 고객가치가 결정되는 요소이다. 고객가치는 고객이 특정 상황에서 추구하는 상품의 문제 해결 능력으로 판단된다. 이 '문제 해결 능력'에 대한 판단은 고객의 지각과 경험으로 결정된다. 따라서 고객가치는 제품과 서비스 자체 값으로만 계산되지 않으며, 해당 제품과 서비스가 고객의 특정 상황에서 문제 해결로 지각되고 경험되는 주관적 값으로 이루어진다.

고객가치는 주관적 고객경험에 의해 결정된다는 말은 매우 일반적이고 상식적인 사실이지만, 이는 마케팅 전략의 불변하는 핵심 진리이다. 피터 드러커는 '고객이야말로 기업이 제공하는 제품과 서비스의 가치를 매기는 유일한 객체이고, 그들은 제품과 서비스 자체가 아니라 그것들이 제공하는 '효용'을 구매하는 것'이라고 강조했다. 고객가치는 제품과 서비스가 아니라, 고객이 그것을 통해 해결하고자 하는 '효용', '편익', '문제 해결에 대한 기대와 경험'에 있다. 고객가치 개념에 대한 인식에서 끊임없이 강조되는 지점은 기업들의 마케팅 전략이 기업 자체의 제품과 서비스에만 초점이 맞춰지는 것을 경계하라는 것이다.

하버드 대학의 마케팅 교수인 시어도어 레빗T. Levitt은 그의 논문 「마케팅 근시안Marketing Myopia」에서 "사람들의 원하는 것은 1/4인치의 드릴이 아니라 1/4의 구멍"이라는 말로 제품과 서비스의 관점으로만 빠지기 쉬운 마케팅 전략의 오류를 경계하라고 강조하였다(Theodore Levitt, 1960). 그는 제품과 서비스에만 초점을 맞추어 마케팅 전략을 세우는 접근을 '마케팅 근시안'이라고 불렀다. 그의 「마케팅 근시안」 논문은 무려 1960년도에 발표된 것이지만, 그가 강조한 고객가치 중심의 마케팅 통찰은 시대가 바뀐 지금에도 수많은 마케터들에게 영감을 주고 있다. 그만큼 아직도 많은 기업들은 제품 위주로 시장을 분류하며 경쟁 전략, 판매 전략 등 마케팅의 전략을 제품과 서비스를 기초로 수립하는 경우가 많다. 제품과 서비스의 특징과 기능으로 시장을 분류하는 접근은 고객이 원하는 고객가치에 대한 시야를 왜곡하거나 좁히는 오류에 직면한다. 제품과 서비스 기준으로 세운 전략이 잘못될 수밖에 없는 이유는 고객가치란 단순히 제품과 서비스의 기능에 의해 해결되는 일차원적인 욕구 체계가 아니기 때문이다.

레빗 교수의 제자이자 하버드대 경영대학원 교수인 클레이튼 크리스텐슨C. M. Christensen은 기업이 혁신에 실패하는 이유가 결국 진정한 고객가치를 발견하고 해석하는 데 있는 것으로 분석하였다. 그는 그의 저서 『일의 언어Competing against luck』에서 고객가치를 발견하기 위해서는 고객의 "할 일jobs to be done"에 집중하여야 함을 강조하였다. '할 일 이론Job Based Theory'이라 불리는 이 이론의 핵심은, 고객은 제품과 서비스를 구매하는 것이 아니라, '특정 환경에서 이루고자 하는 발전'을 위해 제품과 서비스를 고용한다고 바라보는 마케팅 관점에 있다(Clayton M. Christensen, 2016). 그는 진정한 고객가치를 발견하기 위해서는 고객이 이루고자 하는 '할 일'이 궁극적으로 무엇인가를 알아야 한다고 강조한다. 고객의 '할 일'은 중요한 관련 요인으로 구성되는데, 각각의 요인을 정확히 규정하는 것이 고객의 '할 일'을 분석하는 데 매우 중요하다. 고객의 '할 일'을 구성하는 첫째 요인은 '발전'이다. 발전이란 '어떤 목표 혹은 열망을 향해 나아가는 움직임'으로 정의된다. 할 일은 발전을 이루기 위한 과정이다. 발전이란 고객이 왜 그런 선택을 하는지에 대한 이유를 파악하는 데 있어 핵심 사항이다. 둘째 요인은 '상황'이라는 요소이다. 고객의 할 일은 일상에서의 구체적인 맥락과 관련하여 정의되어야 한다. 고객이 추구하는 발전의 성격은 상황의 영향을 크게 받기 때문이다. 상황에 대한 정리는 할 일을 규정하는 데 근본적인 요소다. 제품의 속성, 새로운 기술, 시장의 트렌드, 경쟁 상황 등을 표준으로 하는 분석보다 고객의 상황을 표준으로 분석하는 것이 고객 행동 예측에 더 효과적이다. 셋째 요인은 고객의 복합적 '욕구 체계'이다. 할 일은 복합적 차원의 고객의 욕구를 기반으로 하고 있다. 고객의 욕구는 기능적 욕구뿐만 아니라 사회적·정서적 차원의 욕구가 복합적으로 합쳐진 욕구이다. 고객의 욕구는 기능적 욕구, 정서적 욕구와 사회적 욕구가 각각 독립적 위계로 출발하지만, 고객가치 체계 안에서 특정 상황을 해결하기 위한 하나의 욕구로 통합된다.

　결국 마케팅에서 바라보는 핵심전략인 고객가치란 포괄적으로 설정되는 개념이 아니다. '먹고 싶다', '편리해지고 싶다', '건강하게 살고 싶다'와 같은 욕구는 포괄적이고 일반적인 차원의 개념이기 때문에, 그것은 방향을 제시할 뿐, 고객이 특정 제품을 구매하는 이유를 설명하지는 못한다. 음식을 먹고 싶다는 단일 욕구만으로는 고객이 특정 상황에서 A라는 제품 대신에 B라는 제품을 선택한 이유를 설명하기 어렵다. 고객의 상황이란 음식을 먹고 싶은 욕구가 있더라도 다른 욕구에 의해 음식을 먹지 않는 선택을 하는 맥락까지 포함한다. 단일한 차원의 욕구 개념으로는 고객들이 선택하는 행동을 모두 설명하지 못한다. 고객가치란 고객의 욕구보다 더 복합적인 차원의 개념이다. 상황과 발전과 복합적 욕구 체계 등 모든 요소가 어우러진 고객의 '할 일' 속에서 고객이 원하는 궁극의 고객가치가 있다. 마케팅의 일은 이러한 복잡한 상황에서 추구되는 고객가치를 발견하고, 정의하고, 개발하고, 전달하여, 고객에게 경험되게 하는 것이다.

3. 소셜벤처 마케팅의 기회: 사회적 가치가 연결된 고객가치
●

기업의 목적은 고객을 창출하는 것이며, 마케팅의 목적은 고객가치를 창출하는 일이다. 소셜벤처의 목적 또한 동일하다. 고객을 창출해야 하며, 마케팅을 통해 최적의 고객가치를 창출해야 한다. 소셜벤처의 특별한 점은 기업의 핵심역량을 통해 사회적 가치를 경제적 가치로 전환시킨다는 데 있다. 소셜벤처가 추구하는 사회적 가치가 기업의 경제적 가치인 성장과 이윤으로 연결되기 위해서는, 사회적 가치는 반드시 기업의 핵심역량 —제품과 서비스를 통한 기업의 경쟁력— 을 거쳐서 매우 특별한 고객가치를 만들어 내야만 한다. 이렇게 사회적 가치를 고객가치로 변화시켜 경제적 가치를 연결시키는 기업의 특별한 방식이 소셜벤처의 제품, 서비스, 솔루션이며, 핵심 비즈니스 모델이 되는 것이다. 이처럼 소셜벤처의 고객가치에는 사회적 가치 요소가 어떤 방식으로든 작동하고 있다.

소셜벤처의 고객들은 기업이 제시하는 제품, 서비스를 통해, 그들의 할 일을 해결하는 과정에서 사회적 가치의 의미 있는 역할과 기능을 직·간접적으로 경험하게 된다. 그렇다고 소셜벤처 고객이 사회문제 해결이라는 가치만으로 제품과 서비스에 대한 구매 결정을 하지는 않는다. 소셜벤처의 고객 또한 자신의 일상 속 문제 상황에서 발생한 갈망을 해결하기 위해, 기업이 제시하는 제품과 서비스를 해결 방안으로 구매할 뿐이다. 사회문제 해결이라는 가치는 고객의 구매 결정 요소 중 하나이다. 즉 고객에게 지각된 소셜벤처의 사회적 가치 또한 고객에게는 고객가치라는 틀 속에서 경험되는 것이다.

소셜벤처 고객가치 창출 전략의 시작 또한, 고객이 '특정 상황에서 갈망하고 있는 문제 해결', 즉 '고객의 상황 문제를 해결하는 값'을 파악하는 일에서 출발한다. 고객이 특정 상황에서 추구하는 갈망은 단순하지 않다. 고객의 상황 해결 욕구는 여러 층위가 복합적으로 결합된 형태로 이루어진다. 예를 들어 '배가 고프다'는 문제 상황은 단순히 위장의 공백에서 발생되기도 하고, 맛있는 음식 냄새로 자극을 받았을 때 심리적으로 발생되기도 하고, 사람들과의 만남과 관계 구축을 위한 정서적·사회적인 욕구로 인해 발생되기도 하는 갈망이다. 고객의 일상생활에서 일어나는 단면적인 배고픔의 문제 상황에서도 이를 해결해 주는 고객가치는 여러 층위의 가치가 복합적으로 구성된 욕구 체계로 형성된다.

소셜벤처 비즈니스의 두드러진 차별점은 사회적 가치를 고객가치로 연결하는 것에 있다. 소셜벤처의 마케팅 전략의 차별적 이점 또한 여기서 찾을 수 있다. 복합적 요소로 구성되어 있는 고객가치 속에 일반 기업이 제시할 수 없는 요소 —사회문제 해결이라는 사회적 가치— 를, 고객가치를 최적화하는 요소로 작동되게 할 수 있다면, 이는 소셜벤처만의 마케팅 전략의 경쟁 우위 요소가 될 수 있다. 기업이 창출하는 특별한 사회적 가치가, 고객의 할 일을 해결하는 데 중요한 기여를 할 수 있도록 마케팅 커뮤니케이션을 이루어 낸다면 이는 매우 차별적이고 특별한 고객가치를 제시할 수 있게 된다. 고객가치란 고객경험에 의해 판단되는 주관적 가치이기 때문에 제품과 서비스 영역을 넘어서 형성될 수 있다. 고객가치 경험은 제품과 서비스의 직접 가치 경험 외에 마케팅 활동 ─브랜드 메시지, 커뮤니케이션 활동, 광고 크리에이티브, 입소문─ 을 통한 간접 가치 경험으로도 형성된다. 소셜벤처의 마케팅의 딜레마를 극복할 수 있는 핵심은 사회적 가치를 차별적 요소로 적용한 고객가치 전략에 있다.

일반적으로 소셜벤처의 사회적 가치가 고객가치로 연결되는 가장 직접적인 방식은 제품과 서비스에 사회적 가치를 담는 방식이다. 고객은 제품과 서비스를 구매하고 사용함으로써 고객의 상황적 욕구를 해결하며, 동시에 사회문제 해결에까지 참여하게 되는 경험을 한다. 한편, 기업의 가치사슬 내에서 사회적 가치가 창출되는 경우도 있다. 제품과 서비스에 비해 사회적 가치는 고객가치 경험으로 간접적으로 연결된다. 사회적 가치가 기업의 외부 환경 ─산업, 시장, 사회─ 클러스터를 개선하는 것으로 창출되는 경우도 있는데, 이와 같은 경우에는 사회적 가치가 제품 서비스를 통하는 방식보다 장기적이고 간접적으로 고객가치에 연결될 것이다.

사회적 가치가 고객가치로 연결되는 방식은 이렇게 제품과 서비스, 기업 가치사슬, 기업 클러스터의 영역에 따라 다르지만, 실제로 사회적 가치가 고객가치로 어떻게 경험되는가는 제시되는 고객가치의 독특한 소구점과 그에 반응하는 고객경험에 따라 결정된다. 고객가치 경험을 최적화시키는 일은 결국 마케팅의 일이다. 제품과 서비스에 아무리 좋은 사회적 가치가 담겨 있더라도, 그것을 제대로 전달하고 소통하지 못하면 고객이 경험하는 고객가치에는 사회적 가치가 담기지 않을 수 있다. 제품의 고유한 구매 소구점을 제대로 고객이 인식하고 경험하게 하는 일은 마케팅에 의해 이루어진다. 제품과 서비스에 사회적 가치가 직접적으로 담겨 있더라도 이에 대한 소통과 전달에 실패한다면 사회적 가치는 온전히 고객가치로 연결되지 못한다. 반면, 소셜벤처의 사회적 가치가 제품과 서비스가 아닌 가치사슬이나 기업의 클러스터 영역을 통해 간접적이고 장기적으로 연결되어 있다 해도, 브랜드의 독특한 소구점을 개발하고 전달하는 마케팅 커뮤니케이션 활동에 성공한다면 통합적인 고객가치로 직접적으로 경험되게 할 수 있다.

사회적 가치와 경제적 가치의 상관관계를 형성하는 비즈니스 모델의 가장 중요한 전략이 되는 소셜벤처에게 마케팅은 고객가치 창출이라는 매우 중요한 과업을 담당하고 있는 활동이다. 그러나 대부분의 소셜벤처의 마케팅 현실은 좋지 못하다. 마케팅에 대한 전략적 사고의 부족과 한정되고 제한된 마케팅 자원이 가시적인 원인이기는 하지만, 더 근본적인 면에 있어서는 마케팅의 역할에 대한 이해 부족이 크다. 소셜벤처에게 마케팅이란 '잘 알리는 것', '잘 팔아 내는 것'에 의미를 둔다. '저희 기업이 사회적 가치 창출을 많이 하고 있는데 사람들이 잘 모른다', '제품은 좋은데 잘 팔리지 않는다', '경쟁사 제품이 워낙 광고를 많이 해서 우리 제품이 묻혀 있다' 등과 같은 말이 소셜벤처 대표들에게 듣는 마케팅에 관한 어려움이다. 대부분 '잘 팔리게 하는 것', '잘 알리는 것'에 초점이 맞추어 있다. 소셜벤처에게 마케팅의 주요 역할은 잘 팔리게 하거나 잘 알리는 활동이 아니라 고객가치에 사회적 가치가 연결되게 설계하여, 독특하고 차별적인 고객가치 경험을 디자인하는 일이다. 사회적 가치를 고객가치 경험으로 연결하는 마케팅에 실패할 경우, 소셜벤처는 소셜벤처만의 사회적 가치로 차별화된 고객가치 경쟁력을 가지지 못하게 된다. 소셜벤처 브랜드의 마케팅은 사회적 가치를 기업의 제품과 서비스, 기업의 가치사슬, 기업의 사회 생태계 어느 경로를 통하여 연결되더라도 궁극적으로는 마케팅 활동을 통해 고객가치 경험을 최적화하는 데 기여하도록 해야 한다. 이러한 사회적 가치를 차별적 경쟁 요소로 고객가치화 하는 마케팅 전략이 고객가치 경쟁에서 소셜벤처의 경쟁 우위를 가져다줄 것이다.

[그림6]은 사회적 가치가 고객가치로 연결되어 가는 경로에서 마케팅 커뮤니케이션 활동이 최종적인 고객가치 경험을 만들어 내는 중요한 역할을 하고 있음을 보여 주고 있다. 소셜벤처의 사회적 가치는 기업의 특정 활동 영역을 통해 추구된다. 제품과 서비스에 사회적 가치가 담겨 있다면, 고객가치 전환은 매우 직접적이고 즉시적으로 일어날 수 있을 것이다. 그러나 제품과 서비스가 아닌 기업의 가치사슬이나 기업의 사회 생태계에서 사회적 가치가 추구된다면, 고객가치 전환은 간접적이거나 장기적인 형태로 일어날 것이다. 그러나 고객가치는 궁극적으로 고객에게 경험됨으로써 현실화되는 것이기 때문에, 고객가치 경험을 개발하고 최적화하는 마케팅 활동에 따라, 고객가치 전환의 직접성과 즉시성은 달라질 수 있다. 예를 들어 기업의 사회 생태계에서 추구하는 사회적 가치일지라도, 광고, 캠페인, 브랜딩과 같은 마케팅 활동을 통해 고객이 자신의 할 일을 해결하는 구매를 결정하는 기준에서 기업의 사회적 가치 요소가 고객가치 경험에 관련된 영향을 준다면, 이는 제품과 서비스에 담긴 사회적 가치와 같이, 직접적인 경로로 고객가치 전환을 이루어 낸 것

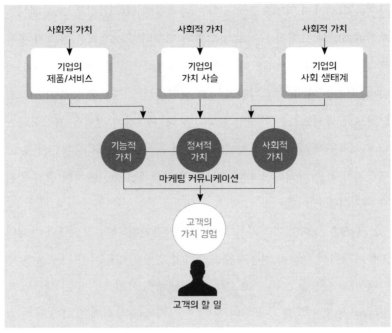

그림 6. 사회적 가치가 고객가치로 연결되는 흐름

이다. 결국 소셜벤처의 마케팅 커뮤니케이션 활동은 사회적 가치 추구를 고객가치 경험으로 최종적으로 전환시키는 데 매우 중요하고 핵심적인 역할을 한다.

4. 소셜벤처를 위한 마케팅 전략 프로세스

마케팅 전략에서 가장 중요한 두 가지 요소만 꼽으라면, 전략의 '일관성'과 '보완성'이다. 일관성이 없는 마케팅은 효과가 없다. 쉽게 바뀌는 변덕스러운 마케팅 전략은 결국 고객뿐만 아니라 내부 조직에까지 모호함만을 가중해 원인 모를 실패만 가져올 확률이 상당히 높다. 또한, 보완성이 없으면 시장 변수에 적절하게 대응하는 변화적응성이 떨어진다. 그 어떤 계획이라도 완벽한 계획은 없다. 고객이 해결하고자 하는 '일'은 때에 따라 전혀 다른 종류의 것으로 변하기도 한다. 일관성이 수반되는 마케팅 전략은 수많은 실행 과정상 발생하는 여러 문제들을 풀어 가는 데 흔들리지 않는 지침서 역할을 한다. 보완성은 고객과 시장의 상황 변화에 따라 적절하게 대응할 수 있는 전술 공간을 만들어 낸다. 마케팅 전략에서 일관성과 보완성을 지킬 수 있도록 만들어 주는 역할이 전략 프로세스의 역할이다. 프로세스를 명확하게 정의하고 있는 사람과 없는 사람의 일처리 속도, 성과, 효율성에는 큰 차이가 있다. 체계적인 과정을 통해 수립된 마케팅 전략은 마케팅 활동의 일관성을 유지할 수 있게 하고 때에 따라 빠르게 보완해야 할 것을 판단할 수 있게 한다.

[그림7]은 위에 기술한 내용을 토대로 소셜벤처의 마케팅 경쟁 우위 요소 ―사회적 가치와 고객가치의 연결― 를 반영할 수 있는 마케팅 전략 프로세스를 제시한 표이다. 이 프로세스의 전략적 핵심은 사회적 가치를 고객가치로 단계적으로 연결할 수 있다는 데 초점이 있다. 전략의 출발은 브랜드 목적을 설정하는 것에서 시작한다. 브랜드 목적이 브랜드가 풀어야 할 문제에 관한 것이라면 브랜드 관점은 해법에 관한 이야기이다. 문제에 대한 해답을 구하기 위해서는 제품과 시장을 어떻게 바라보아야 하는가에 관한 새로운 관점을 정립해야 한다. 브랜드의 문제와 해답의 기초가 세워지면, 이후에는 해답을 고객에게 제시하는 단계

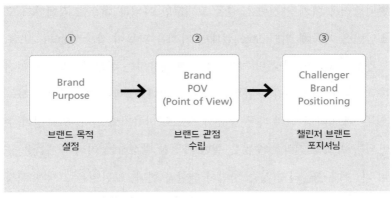

이다. 이때 필요한 전략이 포지셔닝이다. 여러 방안 중 하나의 선택을 고민하고 있는 고객의 마음속에 특정 브랜드가 고유의 자리를 선점할 수 있도록 하는 경쟁 전략이 브랜드 포지셔닝이다. 소셜벤처의 브랜드 포지셔닝은 시장과 사회문제에 도전하는 챌린저 브랜드 포지셔닝을 통해 사회적 가치 요소를 전략적으로 극대화할 수 있다.

① 브랜드 목적 정립

고객가치를 중심으로 한 마케팅 전략을 위해서는 브랜드 전략이 매우 중요하다. 브랜드의 기능은 경쟁 시장에서의 차별화에 있다. 고객이 선택의 갈등 상황 속에서 차별화를 통해 구매 결정을 단순하게 할 수 있는 방법을 제시하는 것이 브랜드의 기능이다. 브랜드는 고객의 기대가치를 담아내는 약속의 파일이다. 고객이 선택할 때 브랜드는 고객의 마음속에 있는 파일 시스템에서 특정 파일을 추출하는 파일명과 같은 역할을 한다. 소셜벤처의 마케팅 전략은 고객가치 정립에서 출발한다. 고객가치를 정립하기 위해서는 가치체계를 구축하는 시스템, 브랜드 전략이 필수적이다. 브랜드가 기업이 고객에게 전달하고자 하는 가치체계를 담고 있는 소프트웨어라면 마케팅은 브랜드를 기능하게 하는 운영시스템과 같다. 브랜드 마케팅의 일은 제품과 서비스의 고객경험에 대한 값어치를 매기는 일이다. 제품과 서비스의 가치는 고객의 상황과 맥락 속에서 결정된다. 예를 들어 같은 재료로 만들어진 식사라도 매일 먹는 아침 식사와 10년 만에 집에서 어머님이 차려 준 아침 식사의 값어치는 전혀 다르다. 밥과 국과 반찬으로 이루어진 특정 아침 식사의 값어치는 재료와 생산비용의 총합이 아니라, 고객의 상황적 경험에서 결정되는 것이다. 브랜드는 제품과 서비스 안에 담긴 단순한 기능적 가치 외에, 고객이 해결하고자 하는 '할 일'에 포함된 상황적·갈등적 요인, 발전에 대한 기대 요인, 기능과 정서와 사회적 욕구가 복합적으로 얽혀 있는 욕구 요인 등을 기반으로 한 고객의 통합 경험가치를 담아내야 한다.

브랜드가 담아내고자 하는 가치를 개발하는 출발점은 브랜드의 목적을 정립하는 일로 시작된다. 브랜드 목적이란 브랜드의 존재 목적과 기원, 특정 브랜드가 우리의 일상에 필요한 핵심 이유에 대한 설명이다. 빅뱅이론에서 말하는 것처럼 우주의 기원이 시간과 공간의 에너지가 담긴 하나의 작은 점의 폭발에서 시작되었듯이 브랜드의 기원 또한 '목적'이라는 고객가치의 에너지가 응축된 하나의 작은 점에서 시작한다. 이 목적이 고객이 모여 있는 시장 기회라는 것을 만나서 폭발하게 되면, 이 목적은 비로소 물질의 가치를 담은 제품과 서비스를 만들어 내고, 제품과 서비스는 고객을 창출하며, 고객은 새로운 가치 경험을 하게 된다. 이렇게 브랜드 목적은 고객가치 창출의 생태계를 이루어 내어 수많은 고객들에게 더 나아진 일상의 공간과 시간을 만들어 낸다.

브랜드의 가치가 응축되어 있는 브랜드의 목적은 고객가치의 발원점이다. 사회적 가치를 통한 고객가치 창출이 핵심전략인 소셜벤처는 고객가치를 기업의 사명으로 하는 브랜드의 목적을 정립하는 것이 어느기업보다 중요하다. 브랜드 목적을 정립하여 브랜드의 목적이 마케팅을 이끌어가는 전략의 핵이 되게 하는 것은 소셜벤처를 '목적 브랜드'로만들어 낸다. '목적 브랜드'는 단순한 제품 차별화를 넘어 고객의 일상을둘러싸고 있는 환경, 생태계의 문제까지 의식하여 해결을 시도하고 있는 브랜드이다. 최근 깨어 있는 소비자들conscious consumers은 구매행위를자신들의 정체성과 세계관에 일치시킨다. 특히, 가처분 소득이 적은 밀레니얼 이후 세대들은 값비싼 프리미엄 제품이 아닌 일상생활의 소비제품에서도 자신들의 세계관과 정체성을 투여할 수 있는 제품을 선호한다. 친환경, 공공성, 정치적 올바름의 가치를 제품과 서비스에 대한 구매행위를 통해 표현해 내기를 원한다. 목적 브랜드는 이러한 고객들의의식과 세계관을 중심으로 브랜드의 사명과 역할을 정립한다.

브랜드 목적를 명확하게 정립하는 것은 고객에게 의미 있는 목적 브랜드로 나아가는 첫걸음이다. 분명한 목적 브랜드는 사회적 가치 추구에 고객을 참여시킬 때 사회구성원으로서의 당위성과 정치적 올바름으로 밀어붙이는 힘이 아닌, 고객의 욕구에 기반한 고객가치의 끌어당기는 힘으로 사회적 가치를 참여시킨다. 브랜드 목적이 생성되는 지점은고객이 진정 원하는 가치와 브랜드가 독창적으로 제공할 수 있는 가치,그리고 사회와 세상이 현재 필요로 하고 있는 가치, 세 가지의 가치 지점이 만나는 곳에 있다. 예를 들어 친환경이라는 사회적 가치가 독특하고 개성 있는 스타일 패션을 원하는 고객의 욕구와 친환경 재료를 통해 더욱 기능적으로 뛰어나고, 특별한 관점의 브랜드 가치가 한 곳에서 만나면, 친환경 브랜드의 목적이 창출된다. 브랜드 목적은 사회적 가치에 참여하는 고객의 행동에 대한 끌어당기는 힘이 된다. 고객의 가치 경험이 통합적으로 형성되는 곳이다.

잘 정립된 소셜벤처의 브랜드 목적에는 브랜드가 해결하고자 하는 사회적 가치what world needs와 함께 기업의 핵심역량brand equity과 고객가치 consumer need가 모두 응축되어 담겨 있다. 소셜벤처가 해결하고자 하는 사회문제를 기업의 핵심역량과 고객가치가 연결되게 하는 작업이 브랜드 목적을 세우는 작업이다. 브랜드 목적은 기업이 특별하게 잘하는 영역과, 고객이 원하는 욕구 지점, 그리고 사회와 생태계가 문제 해결을 원하는 지점에서 정립된다.

[그림8]은 브랜드 목적을 형성하는 핵심 요소 ―고객의 욕구, 기업 핵심역량, 생태계의 문제― 는 고객가치 경험을 구성하는 요소 ―고객의 욕구, 사회 상황적 가치, 브랜드의 기능 가치― 와 매우 비슷함을 나타내고 있다. 브랜드 목적은 고객가치를 발견하고, 개발하고, 충족시켜 가는 출발점이 됨을 알 수 있다.

소셜벤처 LAR은 친환경 스니커스 신발을 제조, 판매하는 기업이다. 이 기업이 정의한 사회문제는 패션산업이 야기하고 있는 환경오염이다. 패션산업은 항공선박산업보다 더 많은 탄소 배출을 일으키는 산업이라는 현실과, fast fashion이라는 트렌드 때문에 쉽게 버려지는 옷으로 인한 패션 쓰레기 등이 LAR이 정의하고 있는 사회문제이다. 이 문제 해결을 위해 기업은 친환경 재료, 생분해가 가능한 재질, 페트병 재활

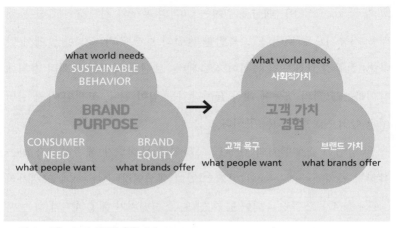

그림 8. 브랜드 목적 정립을 위한 요소

용 등을 통해 환경오염 문제를 풀어내고자 한다. 또한 쉽게 버려지는 패션이 아닌, 언제 어디서나 입을 수 있는, 장소와 시간에 구애받지 않는 'timeless design'을 추구한다. 쉽게 싫증 나지 않는 디자인을 추구하여 사람들이 쉽게 옷을 구입하고 버리는 것에 반대한다. 이러한 브랜드 전략은 "사람들이 주변을 돌아보고 행동하는 ― LOOK AROUND"로 브랜드 목적을 분명하게 정립한 데서 출발한다.

LAR 브랜드는 환경 보호라는 사회적 가치를 '주변을 돌아보는 행동'이라는 관점으로 브랜드의 해법에 관한 이야기를 제시하며, 수익의 일부를 '환경에 돌봄을 받지 못하는' 보육원 아이들에게 기부하는 활동으로 그들의 브랜드 관점POV(Point of View: 브랜드가 시장과 해결을 보는 관점)을 더욱 견고하게 하였다. 또한 환경을 생각하는 철학을 자신만의 스타일로 제시하여 환경보호라는 사회적 가치를, 패션 제품의 고객가치를 완성하는 데 연결하였다. 환경보호라는 사회적 가치를 사람들이 주변의

PURPOSE

LAR은 사람들이 더 나은 세상을 위해
주변을 돌아보고 행동하도록 돕습니다

그림 9. 친환경 스타일 브랜드 LAR

환경을 돌아보게 하는 목적으로 정립하여, 제품 기능(신발), 사회문제(환경오염), 고객가치(미니멀 스타일)를 브랜드 가치로 통합시킨 좋은 사례라고 할 수 있다.

② 브랜드 관점 개발

브랜드의 목적이 정립되면 목적을 실현하는 시간과 장소 ―시장, 사회, 세상― 에 대한 관점을 정리할 수 있다. 관점이란 사고를 특정하게 진술하는 방식이며, 무엇인가를 이해하고 생각하는 견해로 정의된다. 브랜드 관점은 브랜드가 창출하고자 하는 시장에 대한 특별한 진술 방식이자, 견해, 세계관을 말한다. 브랜드의 목적이 해결해야 할 문제에 대한 출발점이라면 브랜드 관점은 문제의 원인이 무엇인가, 어떻게 해결할 수 있는가에 대한 이야기의 시작점이다. 브랜드 목적에 의해 도전해야 할 현실의 문제가 정의되며, 브랜드 관점에 의해 현실의 문제를 풀어낼 수 있는 해법의 방향이 정해진다. 브랜드 관점에 의해 현재 고객이 살고 있는 현실은 무엇이 문제이며, 브랜드가 이 문제를 어떤 방식으로 해결할 수 있는가에 대한 상상을 제시할 수 있게 된다.

고객의 문제에 의해 시장은 창출된다. 이전에 없던 문제와 해법이 새로운 시장의 카테고리를 만들어 낸다. 시장의 카테고리는 제품으로 나뉘는 것이 아니라 고객의 문제 영역으로 나뉜다. 우버Uber, 애플Apple, 테슬라Tesla는 시장을 제품으로 창출한 것이 아니라 해결하고 싶은 문제로 창출한 것이다. 일상생활에서 택시 이용의 불편, 컴퓨터와 전화기의 간극, 지속 가능한 운송수단 등의 문제가 곧 그들의 카테고리를 만들어 낸 것이다. 오늘날 경쟁에서 승리하는 기업은 해결 방안을 제시하기에 앞서, '우리가 직면한 새로운 문제가 무엇인지'에 대한 의미 있는 질문을 던지는 기업이다.

소셜벤처는 도전하고자 하는 사회문제를 선택하는 데서 시작된다. 소셜벤처의 특별한 관점은 기업이 해결하고자 하는 고객의 문제가 반드시 사회의 문제와 연결되어 있다는 시각이다. 문제를 발견하는 데 있어서 소셜벤처는 다른 일반 기업보다 훨씬 시야가 넓다. 일반 기업의 해법으로 해결되지 않는 문제들, 문제의 현상에 가려져 잘 보이지 않는 일상 문제의 근원인 사회구조적인 문제까지 바라보는 통찰이 소셜벤처의 강점이다. 고객의 문제 상황이 반드시 사회문제와 연결되어 있다면, 고객의 문제에 대한 기업의 해법 ―제품과 서비스를 통한 고객가치 경험―에도 반드시 사회문제 해법이 포함되어 있기 마련이다. 소셜벤처는 새로운 문제 ―사회문제가 포함된 고객 문제― 를 정의하고 새로운 해법 ―사회문제 해결을 통한 고객 문제 해결― 을 제시한다. 소셜벤처는 이전에 없던 시장 카테고리를 창출할 전략적 기회가 있는 기업이다.

CRM 기업 세일즈포스salesforce는 지금까지의 기업 소프트웨어가 가진 비싸고 사용하기 불편하다는 문제를 제시하며, 클라우드 컴퓨팅이라는 신기술을 통해 기존의 기업 소프트웨어의 문제를 해결하고자 했다.

이들은 자신들의 브랜드 관점을 '소프트웨어의 종말'이라는 슬로건으로 제시했다. 기존 소프트웨어 때문에 어려움을 겪는 고객을 구제하겠다는 사명을 담은 그들의 관점은 문제가 무엇인지, 누구를 돕겠다는 것인지, 사명과 과업이 무엇인지에 대한 이야기를 펼쳐 나가는 출발점이다. 세일즈포스는 '소프트웨어의 종말'이라는 관점에 더하여 기업 주식의 1%를 사회에 환원한다는 선언을 한다. 이는 사회문제에 눈감지 않겠다는 의지 표명이며, IT산업계의 모험가로서 진부한 전통에 맞서겠다는 자신들의 관점을 나타낸 행위이다. 이렇게 강고한 관점은 고객들이 전통적인 기업 소프트웨어 경험에서 충족되지 못한 새로운 고객가치 경험을 하는 데 통합적으로 기여하여 고객과의 결속관계를 이끌어내는 마케팅 전략의 동력이 되었다.

사회문제에 의해 고객가치를 창출하는 소셜벤처는 그 어떤 기업보다 더 강고하고 차별화된 브랜드 관점을 세워야 한다. 고객의 삶을 형성하고 있는 사회와 시장의 문제는 무엇이며, 우리는 누구를 변화시킬 것이며, 이러한 변화를 위해서 우리는 어떠한 해법을 만들어 갈 것인가를 분명히 나타낼 수 있는 브랜드의 세계관, 브랜드 관점을 정립하는 것은 소셜벤처 브랜드 마케팅 전략의 필수 요소이다.

ㄱ. 오파테크OHFA Tech

오파테크는 시각장애인의 점자 학습을 돕는 제품 탭틸로Taptilo를 제조, 판매하는 소셜벤처다. 이 기업이 도전하는 사회문제는 시각장애인의 높은 문맹률이며, 브랜드 목적은 시각장애인들을 위한 점자 학습도구를 만들어 내는 것이다. 오파테크 점자 교육 브랜드 탭틸로의 관점은 기존의 점자 학습이 매우 지루하고 어렵다는 것이다. 탭틸로는 점자 학습에도 재미와 편리, 높은 접근성을 도입할 수 있다고 이야기한다. '가장 쉽고 재미있게 누구나 배울 수 있는 점자 교육 방법'이라는 탭틸로 브랜드 관점은 '누구나 배울 수 있는 점자', '누구나 가르칠 수 있는 점자'라는 특별한 관점을 갖고 고객에게 브랜드 이야기를 끌어낼 수 있는 틀을 갖추고 있다.

ㄴ. 119레오119REO

119레오는 소방관들의 폐방화복을 업사이클링하여 가방과 패션 액세서리를 제조, 판매하는 소셜벤처이다. 이들은 소방관들의 열악한 근무환경을 사회문제라 바라보며, 이들의 현실을 알리기 위해 수익금의 50%를 소방 단체에 기부하고, 폐방화복 재료를 업사이클링하여 제품을 만든다. 홈페이지나 홍보 자료를 살펴보면 소방관들의 불편한 현실을 돕고 알리겠다는 브랜드 목적은 뚜렷하게 밝히고 있으나 브랜드 관점은 찾아볼 수가 없다. 119레오의 제품과 서비스는 가방과 액세서리 소품과 같은 패션 제품이다. 고객들은 패션 제품을 통해 기능과 스타일을 구매한다. 그렇다면 119레오는 소방의 공공성의 문제를, 스타일과 기능을 구매하는 패션 제품의 고객가치와 연관시킬 수 있는 브랜드 관점이 제시되어야 한다. 사회문제를 해결하고자 하는 목적이 뚜렷한 기업이기는 하지만 사회문제 해결에 대한 브랜드의 독특한 해법을 이야기로 풀어내는 브랜드 관점이 없기 때문에, 사회적 가치가 패션 제품의 고객가치로 연결되는 지점에서 이야기의 풍성함이 부족하다. 119레오는 브랜드가 전달할 수 있는 매혹적인 이야기의 기원과 같은 역할을 하는 브랜

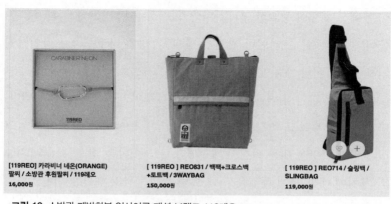

[119REO] 카라비너 네온(ORANGE)
팔찌 / 소방관 후원팔찌 / 119레오
16,000원

[119REO] REO831 / 백팩+크로스백
+토트백 / 3WAYBAG
150,000원

[119REO] REO714 / 슬링백 /
SLINGBAG
119,000원

그림 10. 소방관 폐방화복 업사이클 패션 브랜드 119레오

드 관점의 부재가 무척 아쉬운 사례이다.

ㄷ. 프라이탁Freitag

폐방수천을 재활용해서 가방을 만드는 스위스의 가방 브랜드 프라이탁은 재활용품을 명품 브랜드로 만들어 낸 성공적인 사례이다. 이 브랜드는 쓰레기의 업사이클링을 통해 환경을 보호하는 사회적 가치를 창출하지만, 패션 제품으로서의 독특한 브랜드 관점을 통해 사회적 가치를 고객가치로 연결하는 매혹적인 브랜드 이야기를 만들어 냈다. 프라이탁은 주재료로 트럭 방수천만을 사용하는데 실제로 5년 정도 사용된 것만을 쓴다. 같은 디자인의 방수천이라도 낡은 정도와 때 묻은 정도가 저마다 다르기 때문에 프라이탁 제품들은 똑같은 것이 단 하나도 없다.[2]

---

2   프라이탁은 1993년 설립 이후 20년 동안 300만 개 이상의 가방을 만들었는데, 그 가운데 똑같은 것은 단 하나도 없다. 이 회사는 직원 4명이 전 세계를 돌아다니며 트럭 운송업체를 찾아가 가방 제작에 사용할 수 있는 방수천을 구한다. 그 양이 매년 400톤 정도다.

이는 패션 제품의 중요한 구매가치인 '희소성'을 담은 브랜드 관점을 만들어 냈다. 한편, 프라이탁 창업가 형제 중 형인 마르쿠스 프라이탁에 의하면 프라이탁 제품의 창업 동기는 '방수' 가방을 만드는 것이었다. 그들은 방수 효과가 뛰어난 재료를 찾다가 트럭의 방수천을 생각해 냈다. 방수천의 튼튼하고 질긴 내구성과 뛰어난 방수 효과는 그들이 만들고 싶은 방수 가방을 위한 최적의 재료였다. 프라이탁은 '방수' 제품의 기능적 가치에 대한 문제 해결을 위해 트럭 폐방수천의 재활용이라는 사회적 가치를 추구하게 된 것으로, 사회적 가치가 구매가치로 매우 자연스럽게 통합되어 있다. 프라이탁은 세상의 어떤 제품과도 똑같지 않은 스타일의 '희소성'과 세상에서 가장 뛰어난 방수의 기능을 갖고 있는 트럭 방수천으로 만들어진 가방의 '기능성'에 대한 독특한 제품의 이야기를 '5년 이상 사용된 폐방수천을 재활용한 가방'이라는 특별한 브랜드 관점 아래 펼치고 있는 것이다. 훌륭한 브랜드 관점은 이렇듯 하나의 새로운 카테고리 —트럭 폐방수천을 활용한 가방— 를 창출할 수 있게 하고 브랜드를 카테고리를 지배하는 독점 브랜드로 포지셔닝할 수 있게 한다. 프라이탁의 브랜드 관점은 재활용품을 명품으로 만들어 내는 데 중요한 역할을 한다.

　패션 가방 브랜드인 119레오 또한, 프라이탁과 마찬가지로 가방 제품에 대한 기능적 가치와 정서적 가치를 소방관들의 폐방화복을 재활용하는 사회적 가치로 자연스럽게 묶어 낼 수 있는 독특한 브랜드 관점 정립이 가능하다. 일반적으로 가방 제품의 브랜드의 주요 요소는 '방어', '보호'라는 고객가치와 연결될 수 있다. 화염으로부터 보호하는 재질로 만든 가방이라면 제품의 '방어'와 '보호'에 관한 브랜드 이야기를 마음껏 펼칠 수 있을 것이다. '화염과 같은 일상에서 일어날 수 있는 재해를 견뎌 낼 수 있는 가방'이라고 말할 수 있는 브랜드 관점의 가방 제품은 119레 오만이 만들 수 있을 것이다. '방어'와 '보호'의 브랜드 요소를 토대로, 소 방관의 폐방화복을 재활용한 가방이라는 독특한 브랜드 관점이 정립된 다면, 보다 풍성하고 매혹적인 브랜드 이야기를 펼쳐 나갈 수 있을 것이 다. 브랜드 관점에 의해 제품 전략에서도 '보호' 기능이 강하게 추구되는 여행 가방이나 디지털 기기 파우치 같은 제품을 주력 상품으로 출시할 수 있을 것이다. 이렇듯, 차별적이며 창의적인 마케팅 전략을 가능하게 하는 것은 매혹적인 브랜드의 이야기의 출발점인 강력한 브랜드 관점의 기능이다.

③ 챌린저 브랜드 포지셔닝 구축

브랜드 관점으로 문제와 해법의 이야기의 틀을 정립한 후에는, 비로 소 시장경쟁 구도에서의 위치 정립에 대한 전략을 세워야 한다. 브랜드 는 고객의 마인드 속에 있는 이미지 형태로 존재한다. 고객은 이 이미 지를 기반으로 브랜드와 관계한다. 어떤 브랜드와는 어색한 관계로, 어 떤 브랜드와는 친밀한 관계로 브랜드를 위치시킨다. 브랜드 마케팅의 기초는 브랜드의 '의인화'다. 브랜드 신조brand credos, 브랜드 캐릭터brand character, 브랜드 퍼스낼러티brand personality, 브랜드 정체성brand identity 등 대 부분의 브랜드 마케팅 용어는 브랜드를 의인화하는 데 바탕을 두고 있 다. 고객에게 제품은 가치를 소비하는 '사용'의 대상이지만 브랜드는 가 치를 경험하는 '관계'의 대상이기 때문이다. 가치교환에 의해 상호 관계 가 구축되려면 가치의 제공자는 가치의 경험자에게 반드시 인격적이어야 한다. 인격적이라는 것은 가치 경험자의 결핍에 대한 공감과 이해를 가진 주체라는 의미다. 따라서 브랜드의 차별화는 '상대보다 기능적으로 낫다'는 상대적 관점에서도 가능하기는 하나 '아예 존재 자체가 다르다'는 절대적 관점에서 이뤄질 때 추월 불가능한 것이 된다. 브랜드 마케팅을 위해서는 브랜드가 인격이 되는 것이 필수이고, 인격이 되려면 가치를 경험하는 대상자에 대한 깊은 이해와 공감을 가진 주체가 돼야 하며, 브랜드가 그러한 주체가 되려면 브랜드 스스로 존재의 이유와 정체성을 밝혀야 한다. 브랜드 목적과 브랜드 관점이 브랜드를 인격화한 기본 토대였다면, 인격화된 브랜드를 보다 매혹적으로 만들어서 고객의 선택의 좌표에 최적의 지점에 위치시키는 것이 포시셔닝의 일이다.

브랜드 포지셔닝이란 경쟁 시장에서 고객이 브랜드를 선택할 수 있는 하나의 기준을 제시하는 역할을 한다. 고객의 마인드가 하나의 지형이라면 브랜드는 그중 어딘가에 위치한다. 포시셔닝은 고객이 마인드의 지형 속에서 특정 브랜드를 쉽게 찾아갈 수 있는 하나의 좌표이다. 포지셔닝은 특정 카테고리에서 대부분의 고객들이 제일 우선시하는 선택 기준을 기반으로 정해진다. 기존 시장에서의 포지셔닝 싸움은 이미 전통적으로 수립된 좌표 기준 —가격, 내구성, 디자인, 고객 서비스 등— 에 의해 정해진다. 경기의 규칙 —좌표 기준— 이 이미 정해진 상태에서 신규 브랜드가 기존 리더십 브랜드의 자리에 침투하기는 매우 어려운 일이다. 포지셔닝 전쟁을 기존 좌표 기준의 토대 위에서 하게 되면 리더십 브랜드가 늘 유리한 경기가 될 수밖에 없다.

따라서 신규 브랜드, 도전하는 브랜드는 포지셔닝의 좌표 기준을 바꾸어야 한다. 기존의 리더십 브랜드가 설정해 놓은 경기 규칙 —포지셔닝 좌표— 을 거부하고 자신들만의 포지셔닝 좌표를 제시해야 한다. 시장은 시장점유율이나 인지도에서 1등인 리더십 브랜드가 있고, 리더십 브랜드를 따라잡고자 하는 추종 브랜드follower brand로 형성된다. 추종 브랜드의 포지셔닝은 1등을 따라잡을 수 있는 경쟁 위치에 놓는 것이다. 그러나 리더십 브랜드나 추종 브랜드와는 전혀 다른 포지셔닝의 브랜드가 있다. 이 브랜드는 리더십 브랜드와 추종 브랜드를 따라잡고자 하는 또 다른 추종 브랜드가 아니라, 이러한 전통 경쟁을 형성하고 있는 어떤 개념과 관념에 저항하는 브랜드다. 이러한 브랜드로 포지셔닝 전략을 세우는 것을 챌린저 브랜드 포지셔닝challenger brand positioning이라고 한다.

챌린저 브랜드는 기존 브랜드로는 해결할 수 없는 고객가치가 아직도 존재하고 있다고 보며 그 고객 욕구를 충족할 수 있는 자신만의 해결 방법을 이야기한다. 예를 들어, 고프로GoPro는 기존의 비디오 카메라 시장 카테고리에서 브랜드 포지셔닝 경쟁을 한 것이 아니다. 파도를 타는 자신의 모습을 촬영하기 위해 방수 카메라를 몸에 부착한 경험을 토대로 고프로 제품을 만들었던 창업자 닉 우드먼N. D. Woodman은 기존 비디오 카메라 제품들과 고프로의 다른 점은 단순히 몸에 부착할 수 있다는 점이 아니라, 도전적이고 위험을 두려워하지 않는 익스트림 스포츠를 즐기는 문화의 상징과도 같은 점이라고 설명했다. 고프로는 기존 비디오 카메라의 시장 좌표 기준에 의해 자신들의 경쟁 위치를 설정한 것이 아니라, 비디오 카메라 시장이 아닌 자신들만의 '익스트림 문화 비디오 카테고리'를 창출하여 챌린저 브랜드로 포지셔닝하는 데 성공하였다. 고프로는 그 명칭 자체가 카테고리명이 되었다.

챌린저 브랜드 포지셔닝은 무엇보다 브랜드의 마음가짐에서 출발한다. 브랜드의 이야기를 담대하고 분명한 태도로 전달해야 한다. 챌린저는 도전해야 할 적enemy을 분명히 규정해야 한다. 물론 규정된 적은 '누구'라기보다는 '무엇'이 되어야 한다. 오래된 관념, 바뀌지 않는 왜곡, 잘못된 전통 등을 적으로 두어야 한다. 혼란의 시대에 사람들은 진실과 신념의 주체에 관심을 갖는다. 브랜드 또한 뚜렷한 방향을 제시하는 브랜드에 사람들은 주목한다. 챌린저 브랜드는 '자신이 누구인가'에 대한 강력한 제안, '세상은 이러해야 한다', '당신들은 무엇을 버리고 무엇을 택해야 한다'는 강렬한 의견이 있어야 한다. BMW MINI가 미국 시장에 진출할 때 취한 포지셔닝 전략이 대표적인 챌린저 브랜드 포지셔닝이었다. MINI는 기존 자동차 시장에 소형차의 특징을 가지고 경쟁하고자 한 것이 아니었다. 그들의 규정한 적은 "큰 것이 좋다bigger is better"라는 전통적 자동차 문화였다. 복잡한 도심에서 큰 자동차를 타는 불편함, 자동차의 크기에 투영된 과시 욕망, 자동차의 본질을 왜곡하는 사용 문화 등에 대해서 집요하게 도전하고 저항하는 내용으로 캠페인을 펼쳤다. MINI는 리더십 브랜드를 추종하거나 따라잡고 싶은 포지셔닝이 아니라, 자신들만의 독립적인 챌린저 포지셔닝으로 고객들의 마인드에 위치하는 것에 성공했다.

친환경 브랜드 BECO는 챌린저 브랜드 포지셔닝으로 강렬한 브랜드 이야기를 구축하는 데 성공한 좋은 사례이다. BECO는 친환경 세면용품을 제조하고 판매하는 영국의 소셜벤처이다. 이들이 집중하고 있는 사회적 가치는 장애인의 고용 격차 문제 해결이다. 현재 BECO 브랜드의 임직원 중 80%는 신체장애를 가진 이들이다. 영국에서 취업하지 못

그림 11. MINI 론칭 캠페인 광고

하는 장애인은 100만 명에 이르며 비장애인과의 고용 격차는 지난 10년
간 거의 변하지 않았다. 이 같은 사회문제를 기업의 도전 과제로 인식한
BECO는, 일반 기업의 인사 결정권자들 속에 자리하고 있는 장애인을
고용할 경우 시간과 비용이 더 많이 든다는 잘못된 편견을 깨는 데 도전
하고 저항하는 챌린저 브랜드의 포지셔닝으로 아래와 같은 도발적이고
과감한 캠페인을 진행하였다.

[그림12]의 광고에서처럼 BECO는 "Steal Our Staff^{우리의 직원들을 훔쳐 가}
라", "우리는 지구상에서 최고의 비누를 만들고 있다고 자부하지만, 우리
의 직원들이 비누 공장에서 일하는 것을 인생의 목표로 생각할 만큼 순
진하지 않다. 물론 함께 일했던 동료를 떠나보내는 것은 슬프지만 그들
이 꿈꾸던 회사에서 일할 수 있는 디딤돌이 되어서 기쁘다"라는 광고 카
피를 통해 누구나 알 만한 글로벌 기업들을 언급하며 자신들의 직원들
을 채용하라는 도전적인 캠페인을 진행하였다. 직원의 80%가 장애인
인 소셜벤처 BECO의 이 도발적인 메시지는 신체장애가 고용을 결정

그림 12. BECO 장애인 고용 독려 캠페인 광고

하는 장애물이라는 생각에 도전하는 챌린저 브랜드로서, 자신들은 비록 작은 브랜드이지만 우리의 임직원들은 나이키Nike, 칼스버그Carlsberg, 질레트Gillette 등 시장의 최상위 레벨에 있는 기업에서도 일할 수 있는 우수한 경쟁력을 가지고 있음을 강력한 캐릭터로 이야기하고 있다. "우리 직원들을 훔쳐라"는 강렬한 메시지와 함께 소셜벤처로 특유의 사회적 가치를 시장의 도전자로서 패기와 태도의 캐릭터로 매혹적으로 담아내는 데 성공하였다. 챌린저 브랜드 포지셔닝 전략에 이처럼 도전하는 브랜드의 강렬함을 하나의 브랜드 캐릭터로 구축하는 데 전략적 도움을 준다. BECO의 사회적 가치는 장애인 고용이다. BECO의 제품은 비누와 샴푸이다. BECO의 고객가치는 더러움을 씻어 내는 위생과 미용과 관련이 있다. BECO의 장애인 고용이라는 사회적 가치와 다소 멀어 보이는 위생 용품과 미용 제품을 구매하는 고객가치 경험과 연결되게 하는 역할이 브랜드 포지셔닝이다. 챌린저 브랜드 포지셔닝은 브랜드 관점

을 고객과의 이야기로 펼쳐 내는 연결 기제이다. 장애인 고용이라는 다소 무거운 주제를, 'Steal Our Staff'라는 캠페인을 통해 흥미롭고 강렬하게 펼침으로써 브랜드에 대한 매력과 선호를 끌어올 수 있는 이러한 챌린저 브랜드 포지셔닝은, 사회적 가치를 브랜드의 고객경험을 통해 고객가치 경험으로 연결해 주는 중요한 마케팅 전략 역할을 해 낸다.

소셜벤처는 사회문제를 발견하고 이를 해결하기 위한 창업자의 스토리부터 현재 사회가 겪고 있는 문제, 제안하는 새로운 제품과 서비스가 담고 있는 사회적·경제적 가치까지 긴 호흡의 브랜드 이야기를 가능하게 한다. 그러나 긴 호흡의 브랜드 이야기를 고객들이 공감할 수 있도록 소통하는 데 필요한 것은 강렬한 브랜드 캐릭터를 기반으로 한 차별화된 콘텐츠 전략이다. 챌린저 브랜드 포지셔닝은 브랜드의 도전의 이야기를 토대로 브랜드를 일관된 캐릭터로 펼쳐 감으로써 고객의 참여와 공감을 이끌어낼 수 있게 한다. 독특한 개성의 브랜드 캐릭터가 형성되면 브랜드는 소비자 마인드 속에서 차별화된 위치 정립이 가능해지며, 매우 일관된 이미지를 형성할 수 있기 때문에 브랜드에 대한 고객 관여를 구축하는 데 유리하다. [표3]은 챌린저 브랜드 포지셔닝을 통해 브랜드의 개성을 정립하는 방법을 보여 준다. 소셜벤처가 추구하는 소셜 임팩트를 '변화를 이끌어내는 도전'으로 표현해 보면, 각 유형에 적절한 챌린저 브랜드 캐릭터를 정립하는 데 도움이 된다. 사람을 먼저 생각하고 개개인을 존중하는 도전자는 따뜻한 이웃과 같은 성품과 개성이 적절할 것이며, 소외된 자의 권리를 대변하고자 맞서는 도전자는 강한 신념의 선교사와 같은 캐릭터가 어울린다. 새로운 길을 창조해 내는 창조적 도전자는 모험을 즐기는 유쾌한 개척자의 캐릭터, 일부에게 주어진 특혜를 모든 사람에게 배포하는 도전자는 아낌없이 베푸는 기부자와 같은 캐릭터일 것이다. 소셜벤처는 사회적 임팩트를 추구하는 도전의 종류에 따라 자신에게 어울리는 브랜드 캐릭터를 형성할 수 있다. 이렇게 사회적 임팩트와 도전의 유형에 어울리는 브랜드 캐릭터를 설정하는 것은, 이미지의 일관성과 역동성을 통해 사회적 가치가 고객가치로 경험되는 데 매우 중요한 역할을 한다.

브랜드 목적 정립에서 브랜드 관점 수립, 포지셔닝 구축으로 전개되는 소셜벤처의 브랜드 마케팅 전략 프로세스는 사회적 가치 요소를 궁극적으로 고객가치로 연결함으로써, 소셜벤처의 사회적 가치 요소를 지속 가능한 차별적 경쟁 요소로 활용할 수 있도록 도움을 주는 전략 프로세스이다. [그림13]은 소셜벤처 LAR 브랜드의 전략을 소셜벤처를 위한 마케팅 전략 프로세스에 맞추어 설명한 예시이다. 친환경 재료로 신발 제품을 만드는 소셜벤처 LAR의 브랜드 마케팅 전략은 브랜드 목적을 정립하는 것에서 출발한다.

표 3. 사회문제 도전 유형에 따른 브랜드 캐릭터 유형

Challenge to	Desired Impact	Brand Charactor
Humanize	소비자를 사람과 시민의 정체성으로 존중	따뜻한 이웃
Champion	불이익을 받거나 소외된 사람들의 권리를 대변	신념의 선교사
Empower	잠재성을 활성화하여 더 나은 가능성을 실현	창조적 개척가
Discover	새로운 길을 발견해 내는 모험과 탐험	탐험가, 모험가
Democratize	특정한 소수들만 누렸던 혜택을 최대 많은 사람들에게 전달	베푸는 기부자
Simplify	복잡한 것을 단순화하여 불편한 것을 해소	영리한 해결사

"사람들이 주변을 돌아보는 것을 돕는다"(LAR의 브랜드 이름 또한 '주변을 돌아보다'라는 LOOK AROUND에서 왔다). 사람들이 주변을 돌아보아, 더 나은 세상을 위한 가능성과 현실의 문제들을 느끼고 행동하도록 돕는 브랜드의 목적은 이를 성취하기 위한 해결 방안 ―제품(신발, 패션 제품)― 과 관련된 브랜드의 관점을 낳는다. 패션산업이 환경에 미치는 커다란 문제 의식, 친환경 소재뿐만 아니라 친환경 디자인 ―언제 어디서나 입을 수 있고, 불필요한 요소가 없는 단순하고 미니멀minimal한 디자인― 에 대한 필요성, 스타일이란 자신을 나타내는 것에 앞서, 타인과 환경에 대한 공감에서 오는 것이라는 신념, 착하고 책임 있는 행동들이 개성 있고 세련된 스타일을 추구하는 것으로 표현되어야 한다는 주장, 등이 LAR의 브랜드 관점을 형성하고 있다. LAR의 대표는 최근 인터뷰에서 '패션과 스타일이란 나만의 것을 표현하는 양식이고, 표현한다는 것은 타인과 환경에 대한 관계에서 이루어진다. 따라서, 우리가 살고 있는 타자와 환경에 대한 의식이 없는 패션은 패션이 아니다. 스타일이 될 수 없다'라고 말하였는데, 이는 패션 시장과 제품에 대한 LAR만의 브랜드 관점을 나타낸다. 브랜드 관점이 정립되면 이를 제품과 서비스를 통해 고객에게 제시해야 하는데, 이때부터는 독특한 개성의 브랜드 캐릭터에 의한 챌린저 브랜드 포지셔닝이 필요하다. LAR가 추구하는 소셜 임팩트의 유형에 따라 브랜드 캐릭터를 설정한다면, 친환경과 패션, 의식과 스타일을 통합시키는 새로운 길을 개척하는 운동가, 개척가에 가깝다. 아직 홈페이지나 기타 마케팅 활동을 통해서 이러한 브랜드 캐릭터를 구축하는 활동이 많이 보이지는 않지만, 잘 정립된 브랜드 목적과 관점에 따라 독특하고 차별적인 챌린저 브랜드 포지셔닝은 다양한 마케팅

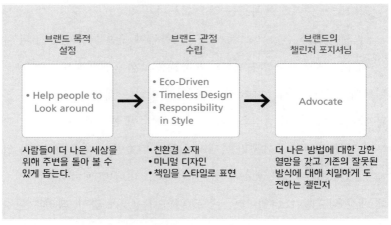

그림 13. 소셜벤처를 위한 브랜드 마케팅 전략 프로세스(LAR의 예)

활동을 차별적이며 통합적인 경험으로 고객에게 전달할 수 있게 도와줄 것이다.

5. 소셜벤처, 더 뛰어남이 아닌 완전히 다름

고객들은 더 이상 브랜드 노출 규모와 편재성으로 브랜드의 우수성을 판단하지 않는다. 비슷한 기능의 미세한 차이를 과장스럽게 전달하는 마케팅에 대해서는 더 이상 반응하지 않는다. 분별할 수 없는 미세한 차이를 가진 경쟁 제품들이 과잉된 시장에서, 자신만의 분명한 의견과 방향을 제시하는 브랜드에 고객들은 시선을 준다. 독립적이며, 도전적이며, 강렬한 목적과 관점에 기반한 브랜드 마케팅의 성공 시대에는 소셜벤처가 주인공이 된다. 소셜벤처의 브랜드 이야기는 고객들이 주목하고 공감할 수 있는 사회문제 요소가 잠재되어 있기 때문에, 마케팅 과정에서 사회가치 요소가 고객가치 경험으로 통합 전환된다면, 고객들과 결속관계를 구축하는 브랜드로 성공할 수 있다.

소셜벤처의 사회적 가치가 고객가치 경험으로 전환되도록 하는 것은 소셜벤처 마케팅 전략의 핵심이다. 이를 위해서는 소셜벤처만의 경쟁 우위점을 충분히 고려한 브랜드 관리 전략이 필요하다. 사회문제를 해결하고자 하는 소셜벤처는 그 어떤 기업보다도 독창적이며 강렬한 브랜드 목적을 갖고 있으므로, 소셜벤처의 마케팅 전략은 브랜드 목적을 명료하게 정의하는 것으로 시작해야 한다. 브랜드 목적이 정립되면 브랜드는 그 목적 달성을 위한 해법의 이야기 —브랜드 관점— 를 시작할 수 있다. 브랜드가 추구하는 목적을 방해하는 것이 무엇인지, 이를 해결하기 위해서는 어떠한 것이 필요한지, 세상과 시장과 제품을 브랜드는 어떤 시선으로 바라보는지에 대한 설명이 브랜드 관점이다. 브랜드 관점이 개발되면, 브랜드는 브랜드 관점을 실현하는 제품과 서비스를 시장에서 고객에게 제시하는 활동을 시작한다. 이때부터는 고객과의 관계 구축이 시작되는데, 경쟁 시장에서 고객을 만나고 관계 구축을 지속적으로 하기 위해서는 차별화된 브랜드 포지셔닝이 필요하다. 챌린저 브랜드는 기존에 충족되지 못한 고객가치에 도전하는 브랜드이며, 이는 고객에게 확실한 차별화의 주목을 이끌어낸다. 소셜벤처는 사회적 가치 추구 요소에 의해 강렬한 브랜드 목적과 관점을 정립하는 데 있어서 어떤 기업보다도 경쟁 우위점이 있으며, 이를 통해 차별적인 브랜드 포지셔닝 전략이 가능한 브랜드이다.

마케팅은 고객가치를 충족시키는 일이다. 고객가치를 충족시키면 고객은 브랜드와 관계를 맺는다. 마케팅의 최종 목적 지점이 고객과의 관계 구축이라면, 차별화는 브랜드가 이루어 내야 할 숙명과도 같은 일이다. 고객들은 브랜드가 차별화되지 않으면 관계하지 않는다. 시장은 경쟁의 동력으로 구동되는 가치교환 운영 체계이다. 시장에서 브랜드는 경쟁을 이기기 위해 끊임없이 제품과 서비스의 고객가치의 차별화를 시도한다. 경쟁사보다 조금 더 나은 기능적 요인, 정서적 요인들을 마케팅을 통해 소구한다. 그러나 이러한 경쟁에서 이기려고 하는 차별화는 모두 상대적 관점에서 비롯된다. 상대적 비교 우위에 근거를 둔 차별화는 복제 가능하고 추월당하기 쉽다. 같은 영역에서 상대적으로 우월한 브랜드가 나타나면 곧 소멸되는 차별화다. 결국 브랜드의 지속 가능한 차별화는 상대적 관점이 아닌 절대적 관점에서 이뤄져야 한다. 상대보다 기능적으로 나은 것이 아니라 존재적으로 달라야 한다는 의미다.

기술과 네트워크로 이어지는 초연결 시대의 마케팅 커뮤니케이션에서 매스미디어 노출과 방해의 공식으로 짜인 광고, 자극적이고 선동적인 메시지 전달 등의 전통적 마케팅 효과는 사라졌다. 개인의 경험을 통한 고객 중심으로의 급격한 혁신이 일어나는 마케팅 패러다임의 시대에는 브랜드의 개성화, 브랜드의 자기다움에 기반한 브랜드 존재 방식이 필연적이다. 소셜벤처는 독특한 자기다움과 목적 기반의 브랜드 전략을 펼칠 수 있는 전략적인 이점을 갖고 있다. 사회적 가치에서 출발한 고객가치를 통해 상대적 차별화가 아닌 존재적 차별화가 가능한 브랜드이기 때문이다. 소셜벤처의 마케팅 전략은 일반 기업의 전통적 마케팅 활동 ―노출 확대와 반복 지속― 을 따라갈 것이 아니라, 브랜드 목적의 힘과 관점의 힘으로 새로운 시장을 창출하는 고객가치 전략으로 나아가야 한다. 브랜드 목적에서 출발하여 브랜드 관점으로 시장을 창출하고, 챌린저 브랜드 포지셔닝 전략으로 사회적 가치를 담은 브랜드의 거대 이야기를 매혹적인 캐릭터로 전달하여, 착한 행동으로 지지받는 브랜드에서 매혹적인 고객가치로 경험되는 브랜드로 성장하는 소셜벤처가 되기를 기대한다.

119레오 관련 기사: https://www.eroun.net/news/articleView.html?
idxno=6802

김태영·도현명, 『넥스트 챔피언』(서울: 흐름출판, 2019).

세일즈포스 관련 기사: https://www.forbes.com/sites/adrianbridgwater/
2015/05/21/salesforce-no-software-we-mean-no-legacy-software/
?sh=ad4121f26ec7

오파테크 관련 기사: https://www.hankookilbo.com/News/Read/
201908221559377949

크리스텐슨, 클레이튼·태디 홀·캐런 딜론·데이비드 던컨, 『일의 언어』(서
울: 알에이치코리아, 2017).

탭틸로: https://www.taptilo.com/who-we-are

BECO의 "Steal Our Staff": https://www.thedrum.com/creative-works/
project/tbwa-beco-steal-our-staff

LAR 계효석 대표 인터뷰: http://nistart.co.kr/news/newsview.php?

Levitt, Theodore, "Marketing Myopia", *Harvard Business Review*, Jul-Aug
(Massachusetts: Harvard Business Publishing 1960).

Morgan, Adam, *Eating the Big Fish* (New Jersey: John Wiley & Sons, 2009).

Ramadan, Al & Peterson, Dave & Lochhead, Christopher & Maney, Kevin,
Play Bigger (London: Piatkus Books, 2016).

소셜벤처와 기술혁신

— 기술혁신 없는 소셜벤처는 없다 —

이경황 | 오파테크 대표

김태영 | 성균관대학교 경영전문대학원(SKK GSB) 교수

윤남희 | 임팩트스퀘어 이사

머리말

최근 소셜벤처에 대한 관심이 많아지면서 소셜벤처의 정의와 특징에 대한 논의가 활발하다. 학계나 현장에서 다양한 논의가 진행 중이지만, 소셜벤처에서 기술이 차지하는 역할 및 과정에 대해서는 논의가 적은 것이 사실이다. 그로 인해 소셜벤처 섹터에서 기술혁신의 역할이 과소평가될 가능성이 있다. 특히, 소셜벤처에 관심이 있는 다양한 입문자가 "소셜벤처는 큰 기술 없이도 가능하다", "일반벤처와는 달리 소셜벤처는 기술혁신이 많이 필요하지 않다" 등의 인식을 갖게 될 우려가 크다. 이러한 인식과는 달리, 널리 알려진 지속 가능한 비즈니스 모델을 가진 성공한 소셜벤처들은 예외 없이 기술혁신의 선봉장임을 알 수 있다.

우선, 우리가 익숙하게 사용하고 있는 '벤처기업'은 무엇인가? 일반적으로 고도의 전문능력, 창조적 재능, 기업가 정신을 살려 대기업에서는 착수하기 힘든 분야에 도전하는 기술기반형 신규 기업을 지칭한다(김기완, 2011). 기술기반형 신규 기업이란 말에서 알 수 있듯이, 일반 벤처에 서는 기술이 비즈니스 모델의 매우 중요한 핵심임을 알 수 있다. 이러한 맥락에서 많은 벤처기업가들은 "모든 벤처는 기술 기업이 된다"라고 말하곤 한다.

그럼 일반 벤처와 같이 소셜벤처에서도 기술혁신은 비슷한 역할 및 의미를 지니는 것일까? 혹은 일반 벤처와는 달리 소셜벤처에게는 기술 혁신이 그리 중요하지 않을 수 있을까? 예를 들어 보자. 최근 CNN에서 보도가 되어 화제가 된 의성의 쓰레기산 문제를 보자. 폐기물 업체에서 조금씩 중간에 수집하던 플라스틱 쓰레기장이 어느 시점부터 처리가 안되고 방치되기 시작하면서 17만 3천 톤까지 쌓여 거대한 산이 만들어졌다. 아마 중국에서 쓰레기 수입을 중단한 시점으로 예상되는데, 폐기물에서 생긴 가스로 화재가 발생하기도 하는 등 큰 문제가 되었다. 매립뿐 아니라 어떤 방법으로 다시 처리하기에는 비용이 매우 높아졌고 해결할 수 없는 상태였다. 최근 한 시멘트 업체에서 쓰레기의 반 이상을 시멘트 보조연료로 사용하기로 결정했다. 이것이 가능했던 것은 폐합성수지를 대량으로 처리할 수 있는 설비를 구축하면서 경제성과 기술력이 어느 정도 확보되었기 때문이다.

이처럼 사회문제를 해결하는 과정은 기존 산업의 장단점을 기반으로 기술혁신과 투자를 통해 이루어지는 경우가 많다. 기술혁신의 중요성은 소셜벤처도 예외는 아니다. 사회적 가치는 기존의 제도 및 기술에서는 풀기 힘든 사회구조적인 문제를 해결하면서 만들어진다. 따라서, 기존의 틀을 부수고 나와 새롭게 사회문제를 바라보는 기술혁신적 시각이 필요하다.

기술혁신은 사회문제 해결 외에도 소셜벤처의 비즈니스 모델을 완성하는 데 있어서도 필수적이다. 소셜벤처는 기술혁신을 바탕으로 사회적 가치에서 경제적 가치(이윤)로 이어지는 비즈니스 모델을 만든다. 이윤은 다시 사회문제에 재투자되며 사회적 가치 창출에 기여한다. 결국, 사회문제도 해결하고 경제적 이윤도 만들어 내는 비즈니스 모델을 구축해야만 한다. 하지만 현실에서는 사회적 가치와 경제적 가치가 순조롭게 연결되지 않는 경우가 많다. 사회적 가치가 경제적 가치와 연결되지 않고 각자 독립적으로 존재하는 것이다. 수혜자가 받는 사회적 가치가 [상품과 서비스의 차별성을 담은 고객가치로, 그리고] 기업의 경제적 가치로 환원되지 않기 때문이다. 바로 이 시점에서 기술혁신은 기존의 기술 및 제도적 환경 속에서 해결하지 못한 사회문제에 진정한 해결책이 될 수 있으며, 사회적 가치와 경제적 가치를 이어 주는 중요한 연결고리가 될 수 있다.

　　이 글은 사회문제를 해결하고 경제적 이윤 실현을 목표로 하는 소셜벤처에서 기술혁신이 차지하는 역할과 만들어지는 과정에 대해 다룬다. 이 글은 다음과 같이 구성된다. 첫째, 소셜벤처에서 기술혁신의 의미를 살펴본다. 둘째, 사회적 가치와 경제적 가치를 추구하는 소셜벤처에서 기술혁신의 역할에 대해 고찰하고 기술혁신의 세 가지 유형을 제시한다. 셋째, 각 기술혁신 유형에 따른 사례를 통해 사회문제 해결 과정에서 기술개발 과정을 살펴본다. 넷째, 사례에 따른 기술혁신적 함의를 정리한다.

1. 소셜벤처: 끊어진 고리 잇기

●

　소셜벤처에서 기술혁신의 의미를 이해하기 위해서는 우선, 사회문제를 해결한다는 것이 무엇인지 이해할 필요가 있다. 일반적으로, 사회문제란 사회제도나 사회구조의 결함, 모순으로 발생하는 실업문제, 주택문제, 인구문제 등 개인의 일상생활에 직접 관계되는 사항에 대해 그 수가 증가하여 사회 전체에 심각한 영향을 미친 경우를 지칭한다.[1] 사회문제의 특징 중 하나는 기존의 기술, 제도, 시스템과 방법으로는 해결이 어렵다는 것이다. 그 상태로 있거나 더 악화되고 고착화되어 간다. 그래서 누군가는 지속적으로 고통받는다. 기존의 통상적인 방법과 제도로는 해결할 수 없기 때문에 우리는 이런 사회현상을 사회문제라고 부른다.

　성공적으로 활동하고 있는 소셜벤처들을 분석해 보면 사업 초기 단계에서 사회문제와 경제적 이윤 창출 사이의 끊어진 고리missing link를 발견하고, 각자의 방법으로 고리를 이어 사업 경쟁력을 확보하고 있음을 확인할 수 있다. 끊어진 고리는 구조적인 모순이나 사회 변화에 따른 현상 또는 시대의 특수한 상황에서 비롯된 결과 등 다양하다. 어떠한 것이라도 이 끊어진 고리를 해결하지 못하면 좋은 비즈니스 모델은 만들어지기 힘들다. 그렇다면, 끊어진 고리는 어떻게 이을 수 있을까? 일반적으로 자원, 리더, 사회적 선의, 그리고 기술혁신 등을 들 수 있다(도현명,

---

1　　네이버 백과사전. https://terms.naver.com/entry.naver?docId=728078&cid=42140&categoryId=42140

2015). 소셜벤처는 풍부한 자금, 리더의 능력과 네트워크, 사회적 선의 활용 및 기술혁신이 모두 필요할 것이다. 하지만, 자원과 리더는 선택하고 싶다고 할 수 있는 것이 아니고, 사회적 선의를 활용한 대중의 지지는 일정 시간이 지나면 다른 경쟁자와 차별성을 만들기 힘들며, 수혜자가 있는 사회적·지역적 여건에 따라 제약이 따른다. 사회문제는 소수가 아니라 다수에 해당하는 사회구조적인 문제다. 즉 사회문제는 어떤 지역에 있는 사람들에게만 해당되는 것이 아니고 좀 더 넓은 지역 또는 전 지구적으로 발생한다. 따라서 특정 지역 사회문제의 특징과 원인을 분석해서 결과를 얻은 후에 비슷한 문제가 발생하는 다른 지역에 대입해 보면 유사한 원인과 특징을 갖게 되는 경우가 많다. 어떤 사회문제를 발견하고, 문제의 원인을 찾고, 솔루션까지 나왔다면 유사한 문제를 겪고 있는 다양한 지역에까지 솔루션을 적용할 수 있다. 이러한 과정에서 솔루션은 '규모의 경제'가 더해져 가격경쟁력까지 확보되는 경우가 많다. 이런 기술의 범용성과 확대 가능성은 사회문제를 해결하고 이윤을 창출하려는 소셜벤처에게 매우 중요한 핵심역량이다. 바로 이 점이 일반벤처와 다른 점이다. 소셜벤처에서 기술혁신은 사회문제를 해결해야 한다는 점에서 시작점이 다르다. 일반 벤처와는 달리 소셜벤처에서는 사회문제 해결을 위한 '끊어진 고리'를 연결하는 노력에서부터 비즈니스가 시작되며, 그 부분에 대한 명확한 솔루션을 가지고 있지 않다면 소셜벤처의 정체성이 모호해진다. 기술혁신을 통한 사회적 가치 창출이야말로 소셜벤처의 존재 이유이며 성공적인 비즈니스 모델의 원천이기 때문이다.

2. 기술혁신: 사회적 가치와 경제적 가치 잇기

●

일반 벤처에서 기술혁신은 시장경쟁 속에서 차별적인 고객가치를 위해 존재한다([그림14] 참조). 사회문제를 해결하면서 이윤을 만들어야 하는 소셜벤처에서 기술혁신은 어떻게 작동되어야 하는가? 기술혁신을 통한 사회적 가치는 경제적 가치와 어떻게 연결되는가?

첫째, 소셜벤처는 기존의 방법으로는 해결할 수 없는 사회문제를 해결하는 기술혁신 솔루션을 제공해야 한다. 만약 사회문제 해결에 대한 기술혁신이 없고 고객가치를 위한 기술혁신만 존재한다면, 소셜벤처로서 제대로 작동하지 않을 가능성이 높다. 다시 말해서 소셜벤처보다는 일반 벤처화할 가능성이 높다.

둘째, 기술혁신은 경제적 이윤을 만드는 비즈니스 모델에도 기여해야 한다. 사회적 가치만을 창출하고 경제적 이윤을 달성하지 못하면 소셜벤처라고 부르기 힘들다. 기술혁신은 사회적 가치 창출을 통해 고객가치로까지 연결되어 비즈니스 모델로 만들어지는 일련의 과정에 중추적인 역할을 해야 한다([그림15] 참조). 많은 소셜벤처들이 '끊어진 고리'를 잇지 못하는 현실에서, 이 기술혁신이야말로 사회적 가치-고객가치-경제적 가치를 굳건히 이어서 경쟁자들이 따라올 수 없는 경쟁력과 차별성을 만들어 줄 수 있다.

결국, 기술혁신은 '끊어진 고리'를 잇기 때문에 소셜벤처의 전략적인 핵심역량이 된다. 사회문제를 해결하는 기술혁신이 성장할수록 사회적 가치를 통해 고객가치와 경제적 가치 역시 성장하기 때문이다. 이때, 소셜벤처는 기술혁신적 관점에서 사회적 가치-고객가치-경제적 가치를

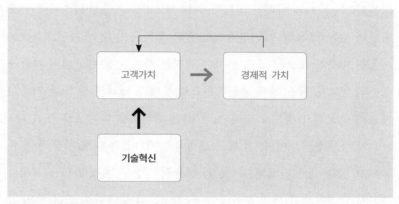

그림 14. 일반 벤처와 기술혁신

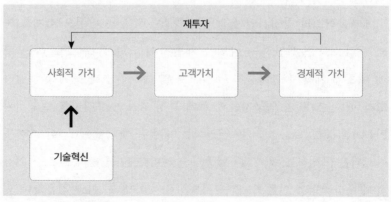

그림 15. 소셜벤처와 기술혁신
김태영·도현명(2019) 참조, 일부 수정

이어 줄 기술혁신을 전략적으로 선택해야 한다.

　기술혁신을 통해 성공적으로 사회문제를 해결하는 소셜벤처의 유형을 분석해 보면 세 가지로 나눌 수 있다(표4] 참조). 첫째, 사회문제를 새로운 기술로 해결하는 것이다. 이전에 없던 새로운 소재 또는 물질들을 개발하면서 문제를 해결하는 사례에서 이를 확인할 수 있다. 세계적인 친환경 세제 회사로 성장한 에코버Ecover와 바이오플라스틱을 개발한 메타볼릭스Metabolix의 사례가 대표적이다. 에코버는 기존의 합성세제에 포함되어 있는 인산염, 계면활성제와 같은 화학물질 대신 자연효소들을 이용해 비슷한 수준의 효력을 갖는 세제를 개발했다. 에코버의 제품은 성분의 95%가 28일 만에 생물학적으로 분해가 되고 독성 또한 기존의 제품의 40분의 1 정도로 약하다. 이러한 경쟁력을 바탕으로 매년 12-15%의 성장률을 보이며, 전 세계 23개국의 백화점과 대형 매장 등에 유통되고 있다. 2002년에는 자신들의 제품의 성분과 제조 방법을 고객과 경쟁사에 제공해서 세제 분야의 모든 기업들이 생태적으로 더 좋은 방법을 선택하도록 유도하였다.

　메타볼릭스의 창업자인 올리버 피플스O. Peoples는 바이오 소재를 통해 플라스틱을 생산하는 방법을 개발하여, 석유를 원료로 하는 탓에 애초에 재생이 불가능하고 썩지도 않는 플라스틱 문제를 해결하고자 했다. MIT의 연구자들과 함께 특정 효소의 유전자를 변형시켜 PHA(Polyhydroxyalkanoates)를 생산하는 방법을 찾아냈는데, 이것은 플라스틱을 구성하는 분자, 즉 일종의 폴리머다. 이를 통해 효소를 이용하여 플라스틱을 만들 수 있는 가능성을 찾아냈다. 이 발견은 기존의 플라스틱 제조와 관련하여 세계 화학계에 혁명을 가져왔다. 20여 년에 걸친 연구 끝에 제공된 설탕의 83퍼센트를 사용해서 플라스틱을 생산하는 박테리아를 만들어 냈다. 이 박테리아에 옥수수 시럽을 먹이면 플라스틱을 생산해 낸다. 올리버 피플스는 이 기술을 기반으로 1992년 메타볼릭스를 창업한다. 창업한 지 12년 후에 드디어 PHA와 PHB(Polyhydroxybutyrate)와 같은 바이오 플라스틱 생산이 가능하게 되었다. 이러한 바이오플라스틱은 기존의 플라스틱이 갖는 내구성과 편리함을 충족하며 토양의 미생물과 접촉하면 완전히 생분해되는 특징을 가지고 있다. 메타볼릭스 이후 바스프BASF, 듀폰DuPont 네이처웍스 NatureWorks LLC, 미쓰비시화학Mitsubishi Chemical 등 다양한 화학업체들이 생분해성 플라스틱을 지속적으로 개발 및 생산하고 있다. 아직까지는 기존의 석유원료를 통해 제작하는 플라스틱의 제조단가보다는 비싸 완전하게 대체하고 있지는 못하지만 환경에 대한 문제가 커지면서 지속적으로 사용량이 많아지고 있어 새로운 대안으로 계속 자리 잡아 가고 있다.

둘째, 기존에 있던 기술을 훨씬 저렴하게 제공하는 유형이다. 인도의 아라빈드Aravind 안과의 사례가 대표적이다. 한 명의 의사가 수술의 처음부터 끝까지 진행하던 것을 수술의 각 단계를 세분화하고 분업화해서 효율을 높였다. 이를 통해 한 명을 수술하는 데 소요되는 시간을 혁신적으로 단축시켜 하루에 3,500건의 수술, 1년에 220만 명의 외래환자를 진료할 수 있는 병원으로 성장하였고 렌즈 업체인 오로랩Aurolab을 설립하여 200-300달러 정도의 인공 수정체를 4-5달러로 낮춰서 생산하여, 시력을 잃는 사람을 혁신적으로 줄이고 있다. 국내의 딜라이트 보청기 Delight Hearing Aid 사례도 이러한 유형으로 볼 수 있는데 개개인 맞춤형으로 제작되어 고가에 판매되는 보청기의 사이즈를 표준화하고 대량으로 생산할 수 있도록 하여, 가격을 혁신적으로 낮춰 더 많은 청각장애인이 보청기를 사용할 수 있게 하였다.

이러한 유형에는 하이테크가 아닌 현지에 최적화된 적정기술이 활용되기도 한다. 일반적인 인큐베이터는 다양한 기능과 하이테크 기술들을 갖추고 있어 2만 달러 정도 한다. 가격도 높지만 인프라가 제대로 갖춰지지 않은 개발도상국의 경우 유지보수가 어렵다. 임브레이스Embrace는 신생아의 사망 원인으로 가장 높은 비율을 차지하는 것이 저체온증이라는 것을 확인하고 이 부분에 집중하여 25달러 가격에 임브레이스 인펀트 워머Embrace Infant Warmer를 개발하였다. 인펀트 워머는 신생아를 감쌀 수 있는 파우치와 핫팩으로 구성되어 있다. 핫팩을 따뜻하게 만든 다음에 파우치에 넣어서 사용하면 된다. 핫팩은 상변화 물질로 되어 있어 오랜 시간 동안 따뜻한 온도를 유지할 수 있다. 임브레이스는 초기 3,000명의 미숙아에게 인펀트 워머를 제공하는 파일럿 프로젝트를 성공시켰고 이후 계속 성장했다. 이후 GE 헬스케어GE Healthcare와 글로벌 파트너십을 체결하는 등 세계적인 유통과 판매 채널을 구축했다. 현재는 제품의 지속적인 개선과 글로벌 공급을 위해 인도의 피닉스 메디컬 시스템즈Phoenix Medical Systems에서 제조하여 판매하고 있으며, 미숙아의 생명을 살리고 있다.

셋째, 기존 기술을 고도화하여 확산시키는 유형이다. 이러한 사례로는 교육앱을 통해 개발도상국, 장애인, 다문화 가정 등 사회취약계층 아이들에게 교육을 제공하는 소셜벤처인 에누마Enuma가 있다. 처음 에누마는 장애가 있는 아이들에게 스스로 이름을 쓸 수 있도록 도와주는 앱을 개발했다. 이 앱이 성공을 거두는 과정에서 장애 여부와 상관없이 비

표 4. 기술혁신의 세 가지 유형

	유형 1: 신기술	유형 2: 적정기술	유형 3: 기술 업그레이드
기술 내용	사회문제를 해결하기 위해 다른 산업의 신기술 도입	동일 산업 내의 기존 기술을 단순화	동일 산업 내의 기존 기술을 개선 및 발전
사회문제	수혜자에게 해결책이 거의 없음	사회문제 이유가 주로 수혜자의 낮은 소득	제도 및 시스템의 비효율성이 원인
사회문제 유형	일부 수혜자	낮은 소득계층	개발도상국
개발비용	초기에 비용절감 목적보다는 문제해결에 초점	주로 비용절감 효과가 목적	기존 접근방식 대비 비용절감 효과 및 효율성 향상
수혜자 가치	기존에 없던 사회적 가치 창출	낮은 가격 및 접근 가능성 향상	수혜자의 편리성 및 접근성 중요
문제해결 방식	기존에 문제해결 방식 전무, 새로운 방식으로 접근성 창출	수혜자의 상황에 맞는 기술 단순화 과정 중요	사회문제를 해결하는 기존 방식의 문제점 개선
소셜벤처 예시	아켄스톤(메타볼릭스)	오파테크(아라빈드, 임브레이스, 딜라이트)	노을(에누마)

장애인인 어린아이들에게도 도움을 주고 있다는 것을 알게 되었다. 에누마의 이수인 대표는 "잘 만들어진 소프트웨어는 장애 여부와 상관없이 좋은 학습도구가 될 수 있다"는 것을 확신하게 되었고 디지털 학습 솔루션에 더 집중하게 된다. 디지털 학습 솔루션은 교사가 없는 지역의 아이들도 태블릿만 있으면 스스로 체계적인 공부를 할 수 있고, 재미있는 게임과 그래픽으로 학습의지를 키우는 것을 가능하게 했다. 이후, '전 세계 2억 5천만 명에 이르는 문맹 아동에게 기초 학습을 가르치기 위한 효과적이고 확장 가능한 디지털 학습 해결책을 제시한다'를 목표로 개최된 글로벌 러닝 엑스프라이즈에 도전하게 된다. 에누마는 '킷킷 스쿨Kitkit School'이라는 학습 소프트웨어를 개발하여 탄자니아 지역

170개 마을에서 학교를 다니지 못하는 아동 3천 명을 대상으로 15개월간 자체적으로 교육 프로젝트를 진행하게 된다. 결과는 성공적이었고 40개국에서 참여한 700여 팀을 상대로 우승을 차지하였다. 에누마는 교육에 소외된 전 세계의 아이들에게 효과적으로 학습기회를 제공해 교육 격차가 줄어들 수 있도록 계속 노력하고 있다.

이제, 기술혁신을 기반으로 하는 소셜벤처 비즈니스 모델을 아켄스톤Arkenstone, 오파테크, 그리고 노을의 사례를 통해 각 유형별로 자세히 살펴보자.

① 기술혁신 1: 아켄스톤

기술혁신의 첫 번째 유형은 다른 산업 영역의 새로운 기술을 적용하여 사회문제를 해결하는 것이다. 대표적인 사례로 아켄스톤이라는 소셜벤처를 들 수 있다. 아켄스톤은 광학 문자인식OCR(Optical Character Recognition) 기술을 기반으로 시각장애인들이 글을 읽고 문서화된 정보에 접근할 수 있도록 독서기 및 관련 소프트웨어를 제공하는 소셜벤처이다.[2] 아켄스톤은 시각장애인이 독서 및 문자로 된 정보에 대한 접근성이 낮다는 사회문제를 바탕으로 한다. 따라서 관련된 사회문제를 해결하기 위해서 이전에 해당 영역에서 활용된 적이 없는 OCR 기술을 도

---

2 아켄스톤을 창업했을 당시 사회적 기업, 또는 소셜벤처라는 개념이 없었기 때문에 의도적으로 법인의 형태를 비영리로 설립하였다. 기부를 전혀 받지 않고 자신들의 제품을 판매해서 수익을 크게 만들었으며, 발생한 수익은 연구개발에 재투자하거나 제품의 보급 및 직원의 복지를 위해 사용하였다. 이 부분이 비영리 기관의 기존 사례에서도 일반적이지 않아 세무조사까지 받게 되었다. 기술의 혁신성과 사회적 가치 등을 고려하여 본 사례에서는 소셜벤처로 정의했다.

입하고 이를 적용하였다. 새롭게 도입된 기술은 주로 로켓이나 미사일 관련 산업에서 목표물을 이미지로 인식하여 알고리즘으로 프로세싱하는 하이테크 기술이었다.

아켄스톤을 창업한 짐 프루슈테만J. Fruchterman은 해당 기술을 칼텍 Caltech(캘리포니아 공과대학)에서 학부 때 접하게 되었다. 그는 이 기술이 군사 기술이 아닌 영역에서도 적용될 수 있다고 생각했다. 이후 그는 로켓 개발 이미지 프로세싱 기술을 활용하여 시각장애인의 정보접근성 문제를 해결하기 위해 아켄스톤을 창업하였다. 그는 당시 일련의 과정을 "기술혁신technical breakthrough"이라고 이야기하였다(Fruchterman, 2008).

앞서 논의한 것처럼 소셜벤처의 기술혁신은 사회문제 해결이라는 목적을 달성하는 데 기여할 뿐만 아니라 소셜벤처의 비즈니스 모델을 완성하는 데에도 필수적일 수밖에 없다. 소셜벤처는 기술혁신을 바탕으로 사회적 가치를 만들고 이를 경제적 가치(이윤)로 잇는 비즈니스 모델을 만든다. 아켄스톤의 기술혁신은 사회문제를 해결하는 동시에 새로운 시장을 개척하여 경제적 이윤을 창출하였다. 이는 크게 세 가지로 설명할 수 있다. 첫 번째는 해당 영역에 존재하지 않았던 새로운 기술을 도입하여 기존에 없었던 새로운 가치를 창출하였기 때문이다. 두 번째는 새로운 기술을 적용한 상품에 대한 지속적인 기술혁신 과정을 통해서 가격을 절감하며 경제적 가치를 창출하였기 때문이다. 마지막으로 관련 기술의 지속적인 혁신으로 다른 영역으로의 재확장을 통해 새로운 가치 창출에 기여했기 때문이다.

프루슈테만은 시각장애인의 정보접근성 향상을 위해 그 당시 가장 혁신적인 기술이라고 할 수 있는 OCR 기술을 통해 새로운 제품을 개발하고 사업화하였다. 자신이 연구하고 개발했던 로켓 개발 이미지 프로세싱 기술로 더 많은 사회적 가치를 만들어 내기를 원했고 자신의 분야와 전혀 다른 분야인 시각장애인 영역에서의 적용점을 찾아냈다. 사회문제 해결을 위해서 그는 신기술을 도입하여 시각장애인의 정보접근성을 높일 수 있는 독서기를 만든 것이다.

해당 제품을 확산하고 경제적 가치를 창출하기 위해서는 제작된 독서기의 가격이 낮아져야 했다. 당시에 존재하던 시각장애인용 독서기는 맞춤형으로 제작된 제품이라 가격이 비쌌기 때문에 대다수의 시각장애인들은 해당 제품을 구매하기 어려웠다. 아켄스톤은 독서기를 개인용 컴퓨터 플랫폼과 결합하여 성능을 향상시키면서도 가격을 저렴하게 하였다. 초기에 5천 달러였던 아켄스톤의 시각장애인용 독서기는 대당 1천 2백 달러까지 가격이 떨어지게 되었고 따라서 많은 수의 시각장애인들이 해당 독서기를 구매하게 되었으며 매출액도 증가하였다. 이러한 결과로 회사가 목적으로 한 시각장애인의 독서 및 문자로 된 정보의 접근성도 향상되었다.

ㄱ. 새로운 기술의 도입으로 사회문제 해결에 기여

아켄스톤이 어떠한 방식으로 새로운 기술을 시각장애인 정보접근성 영역에 활용하게 되었는지에 대해서 좀 더 살펴보자. 1970년대 칼텍에서 응용물리학을 공부하던 아켄스톤의 창업자인 프루슈테만은 광학 패턴인식 시스템 수업을 듣게 되었다. 수업에서 과제로 진행하게 된 분야는 '스마트 미사일'이었다. 미사일 앞부분에 장착된 카메라로 영상을 찍다가 지정된 목표물이 이미지로 인식이 되면 명중시키는 기술이었다.

수업을 듣던 당시 그는 "해당 기술을 좀 더 사회적인 목적으로 활용할 수 없을까?", "이 기술이 전장에서 탱크를 인식하는 데 사용되는 것이 아니라 문자나 단어를 인식해서 시각장애인에게 읽어 주면 어떨까?"라고 생각했다고 한다. 이후, 스탠포드 공과대학에서 로켓 개발로 박사과정을 밟던 몇몇 창업가를 만나게 되었다. 당시 그가 있던 실리콘밸리는 창업과 그 성공 스토리가 유행이었고 학교에서도 창업에 대한 아이디어를 논의하기 시작하던 때였다. 학교 졸업 후 그는 로켓 개발 회사에 들어가게 되었으나 회사가 없어지는 등의 과정을 겪으면서 몇몇 창업가 및 그의 아이디어를 공유할 동료를 만나게 되었다. 그중에 한 명이 휴렛패커드HP(Hewlett-Packard)에서 메모리칩을 만들었던 에릭 한나E. Hannah였다. 에릭 한나는 어떤 문자든 읽을 수 있는 특별한 칩(chip: integrated circuit)을 만들고 싶다고 이야기했고, 짐은 이 생각에 흥분해서 그 칩을 이용해서 시각장애인을 위한 독서기를 만들 수 있다고 했다. 그 둘은 아이디어를 확장하여 '칼레라 인식 시스템Calera Recognition System'이라는 회사를 공동 창업하게 된다. 이후 2천 5백만 달러를 투자 받으면서 인쇄물의 다양한 폰트를 인식할 수 있는 기술인 광학 문자인식 기술을 개발을 하게 된다. 이 기술은 보험사, 법률 계약서 등 다양한 문서들을 전자 문서로 변환할 수 있는 혁신적인 기술이었다. 이것이 현재 우리가 사용하고 있는 OCR 기술의 시초라고 볼 수 있다.

　독서기 아이디어를 구현하기 위해서는 [그림16]과 같이 3개의 기술 요소가 필요하다. 먼저 종이 인쇄물을 전자 이미지 파일로 만드는 스캐너, 스캔된 이미지를 문자로 변환하는 소프트웨어 알고리즘, 마지막으로 변환된 문자를 음성으로 읽어 주는 보이스 신디사이저로 구성된다.

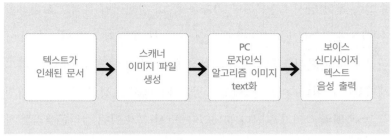

그림 16. 시각장애인을 위한 독서기의 프로세스

오늘날 스캐너와 텍스트를 읽어 주는 TTS(Text To Speech) 기술, 문자인식 기술은 누구나 쉽게 저렴하게 사용하는 것이 가능하다. 하지만 프루슈테만이 개발할 당시만 해도 각 기술 요소들은 모두 새롭게 개발하거나 완성도를 높여야 하는 제품이었다. PC의 성능이 좋지 않았기 때문에 스캐너의 이미지를 저장하기 위해서는 별도의 보드가 필요했다. 현재 우리가 사용하는 PC에 그래픽카드를 꽂는 것과 같이 '트루스캔 보드'를 장착했다. 짐과 같이 창업한 에릭 한나는 HP에서 칩 설계를 했던 개발자로 최적화된 제품을 개발하는 것이 가능했다. 그 당시 보이스 신시사이저는 우리가 요즘 듣는 TTS 기술보다 훨씬 뒤처져 있었다. 각각의 단어 및 음성들을 저장하고, 이를 있는 그대로 조합하는 방식으로 마치 로봇이 말하는 것처럼 어색했다. 하지만 이러한 기술들은 그 당시 가장 앞선 기술들이었다.

해당 기술을 기반으로 그는 시각장애인을 위한 문서를 스캔하여 음성으로 읽어 주는 시제품을 개발했다. 그러나 당시 투자자들은 시각장애인을 위한 해당 제품의 시장규모가 매우 작기 때문에 경제적 수익을 얻을 수 없다고 보고 해당 제품의 개발을 더 이상 지원하지 않았다. 이후 그는 칼레라의 OCR 기술을 기반으로 시각장애인을 위한 독서기를 생산하는 사회적 기업인 아켄스톤을 창업하였다. 아켄스톤은 1990년대 시각장애인들을 위한 합리적인 가격의 독서기를 만드는 가장 큰 회사가 되었다. 2000년에 아켄스톤은 해당 기술을 보조공학 기술의 대표적인 회사인 프리덤 사이언티픽Freedom Scientific에 관련된 제품 라인업 모두를 5백만 달러에 기술이전을 한다. 그는 기술이전 비용으로 시각장애인 정보접근성을 개선하고 사회문제를 해결하기 위한 목적에서 비영리조직 베네테크Benetech를 설립한다. 베네테크는 현재 전 세계에서 가장 큰 온라인 접근성 라이브러리인 북쉐어Bookshare를 만들어 운영하고 있다. 북쉐어는 현재 1천 7백만 권의 e-book을 시각장애인을 포함한 정보접근이 어려운 다양한 사람들에게 전달하고 있다. 현재 북쉐어는 미국 교육부의 공식 프로젝트로 운영되고 있다.

ㄴ. 독서기 가격절감을 통한 경제적 이윤 추구

아켄스톤이 사회문제를 해결하면서 경제적 이윤을 추구하게 된 요인을 구체적으로 살펴보면 다음과 같다. 아켄스톤은 형식적으로는 비영리 사회적 기업이었지만 기부를 받아서 운영을 하는 것이 아니라 개발한 제품을 판매해서 3년 만에 연 5백만 달러의 매출을 만들어 내며 손익분기점을 충분히 넘기고 수익을 창출했다. 발생한 수익으로 가격을 낮추고 다양한 언어를 인식할 수 있도록 연구개발에 재투자하였다. 그리고 제품의 높은 가격 때문에 한 번에 구입하지 못하는 시각장애인에게는 낮은 이율로 대출해 주어 제품을 구매할 수 있게 도와주는 프로그램을 운영하는 등 다양한 활동을 하게 된다. 즉 창출된 이윤을 지속적인 기술혁신에 투자하여 경제적 이윤을 창출하는 데 집중했다고 볼 수 있다.

아켄스톤이 시각장애인용 독서기를 개발하였던 당시에 경쟁하였던 독서기reading machine의 대표적인 모델로 제록스-커즈웨일 독서기Xerox-Kurzweil reader([그림1기 참조)가 있었다. 그러나 해당 독서기는 시각장애인 전용으로 소량만 제작되었기 때문에 가격이 한 대당 약 1만 달러로 매우 비쌌다. 또한 생산하는 데 시간이 오래 걸리고 제품이 다른 소프트웨어와 연동하지 못하는 등의 이유로 다수의 시각장애인이 널리 활용하기 어려웠다.

아켄스톤의 기술혁신은 당사의 독서기를 그 당시에 급속하게 확산되고 있던 개인용 컴퓨터 플랫폼과 연결하는 데서 시작되었다. 그들은 매년 개인용 컴퓨터의 성능은 더 좋아지고 가격은 더 싸지기 때문에 개인용 컴퓨터 플랫폼 기반의 시각장애인용 독서시스템 역시 더욱 성능이 좋아지고 가격이 절감될 수 있다고 믿었다. 시각장애인용 독서기에 필요한 칼레라 OCR 보드, 음성출력기DEC talk voice synthesizer, 스캐너가 개인용 컴퓨터와 연결되어서 작동할 수 있게 만들었다. 이러한 핵심 기술의 결합으로 별도의 추가적인 장치가 필요하지 않게 되었다. 또한 개인용 컴퓨터를 기반으로 작동이 되기 때문에 가격절감뿐만 아니라 소비자의 편의성도 높일 수 있었다. 1989년 초기에는 아켄스톤 독서기의 가격이 5천 달러였지만 10년 동안 매년 가격을 절감하여 대당 1천 2백 달러까지 되었다. 가격이 떨어지면서 판매 대수는 증가하였고 수익은 유지되었다. 결국 가격을 낮출수록 더 많은 시각장애인이 이 제품을 사용하게 되었고 회사는 이를 재투자하여 기술비용을 낮춤으로 이윤을 창출할 수

그림 17. 제록스–커즈웨일의 일체화된 독서기

있었다. 아켄스톤은 시각장애인을 위한 독서기 제조사 중 제일 큰 기업으로 빠르게 성장했다. 사업 초기에 예상 매출이 연간 100만 달러에 불과하다고 생각해서 칼레라 인식 시스템 투자자들은 이 사업에 투자하지 않았다. 하지만 아켄스톤은 창업 이후 3년 만에 연간 500만 달러의 매출을 올렸다. 가격이 떨어지자 많은 수의 시각장애인들이 아켄스톤의 독서 시스템을 더 많이 구매했고, 이를 통해 해당 기업은 사회적 가치도 달성하면서 동시 경제적 이윤도 달성하게 되었다. 아켄스톤은 기술혁신을 통해서 구조적으로 풀 수 없었던 사회문제의 솔루션을 마련했으며 또한 고객가치를 높이면서 새로운 시장을 개척하고 이윤을 창출하였다.

마지막으로, 지속적인 기술혁신을 기반으로 로켓산업에서의 신기술을 시각장애인 영역뿐만 아니라 우편물 인식시스템이라는 다른 영역으로까지 확장하여 새로운 가치를 창출하고 있다. 프루슈테만은 1989년 칼레라의 OCR 기술을 바탕으로 광학 패턴인식에 바탕을 둔 소프트웨어 회사인 RAF 테크놀로지를 설립했다. RAF는 동일하게 이미지 프로세싱을 통해 문자를 인식하는 기술을 적용하여 우편물을 확인하고 분리하는 업무에 적용하게 되었다. 우체국의 경우, 당시 우편물에 적혀 있는 주소를 사람이 일일이 분류했는데 RAF의 문자인식 기술을 통해 우편물에 적혀 있는 주소를 자동으로 인식해서 분류가 가능해졌다. 이 기술의 핵심은 얼마나 정확하고 빠르게 다양한 서체들을 인식해서 분류할 수 있는지에 달려 있는데, 분석 알고리즘에 경쟁력이 있었고 속도도 빠르게 개선하여 우편물 분류에 사용할 수 있었다. 현재 미국 정부의 우편 서비스 및 기업의 주소인식 시스템에 RAF 기술이 활용되고 있다. RAF는 워싱턴 레드몬드에 본사를 두고 있으며 현재 고객으로는 미국 우편 서비스, UPS, FedEx, DHL, 호주 우편, 크로아티아 우편, 브라질 우편, 피트니 보우스Pitney Bowes, NPI, 제브라Zebra, 하니웰Honeywell, 데이터로직Datalogic 등이 있다.

아켄스톤이 활용한 기술과 해당 제품은 수많은 시각장애인들의 삶을 변화시켰다. 시각장애인의 정보접근에서 이전과는 비교도 안 되는 혁신이 이루어졌다. 기존 영역에서 없었던 OCR이라는 새로운 기술을 도입하여 시각장애인의 정보접근성이라는 사회문제를 해결하는 동시에 기술혁신을 통해 제품의 가격을 낮추면서 더 많은 시각장애인이 사용할 수 있게 하였다. 이 과정에서도 충분히 이윤을 만들어 냈다. 전 세계의 시각장애인에게 더 좋은 솔루션을 제공하고자 하는 핵심가치를 만들어 내기 위해서 연구개발을 계속하였고, 그 결과 12개가 넘는 언어의 문자를 인식시킬 수 있게 하였으며 정밀도 또한 함께 향상되었다. 결국 자신의 사회적 가치를 강화하는 과정에서 기술력이 축적되고 이것은 경쟁력과 차별성으로 이어졌다. 물론 이에 따른 경제적 가치 또한 함께 커졌다. 이러한 새로운 기술의 도입과 확장을 기반으로 한 기술혁신은 시각장애인 영역에만 머무는 것은 아니었다. 해당 기술은 다른 산업 영역에서 지속적으로 혁신을 만들어 냈고 우편 서비스와 같은 영역에도 적용되었다.

아켄스톤은 창업가가 해당 기술에 대한 전문성이 있는 동시에 시각장애인의 정보접근성이라는 사회문제에 대한 열정이 깊었다. 앞서 살펴본 것처럼 그는 투자자가 수익성 때문에 제품의 개발을 거부했을 당시 소셜벤처인 아켄스톤을 창업하며 "최첨단의 기술은 해당 기술이 필요 하지만 기술을 지불할 여력이 없는 사람들에게 적용되어야 한다. 나는 그것이 기술기반 소셜벤처의 본질 중에 하나라고 생각한다"고 말했다. 사회적 가치는 소셜벤처 경쟁력의 근원이 되며 기술혁신은 이를 만드는 핵심역량이다. 이 두 가지를 모두 내포하고 있던 아켄스톤은 시각장애인의 정보접근성 문제도 해결하는 동시에 경제적 규모화를 동시에 이루었다.

② 기술혁신 2: 오파테크

기술혁신의 두 번째 유형으로, 사회문제를 해결하기 위해 기존에 있던 기술을 단순화하고 가격을 낮춰 사회문제를 해결하는 사례로 오파테크가 있다. 오파테크는 시각장애인을 위한 스마트 점자학습기 탭틸로를 개발하여 시각장애인의 점자 문맹률을 낮춰 시각장애인의 생활 개선을 목표로 하는 소셜벤처이다. 시각장애인이 점자를 읽고 쓸 수 있게 되면 교육의 기회가 확대되고 전문성이 높아져 취업률이 두 배 정도 높아진다. 최근 음성인식 기술과 같은 새로운 기술들이 나오게 되면서 "더 이상 점자를 배울 필요가 없지 않은가?" 하는 질문을 하는 사람들도 많이 있다. 물론 이러한 새로운 음성기반의 기술들이 시각장애인의 생활에 도움을 주는 것은 사실이다. 하지만 학습을 하거나 자신의 생각을 글로 명확하게 전달하기 위해서 대체할 수 없는 영역이 존재한다. 우리가 생각이나 여러 정보를 글로 기록하고 필요할 때 읽을 수 없다면 기억력에만 의존해야 할 것이고 이것은 우리의 삶을 크게 제한할 것이다. 이러한 중요성에도 불구하고 전 세계 시각장애인의 점자 문맹률은 90% 정도로 많은 시각장애인이 점자를 읽고 쓸 줄 모른다. 이 문제의 주요 원인은 전문적인 교사가 부족하다는 것과 효과적인 점자 교육 교구가 없다는 것이다. 결과적으로 이러한 원인들로 인해 점자를 가르치는 것도, 배우는 것도 어렵다.

오파테크는 이러한 원인을 분석하고 해결하기 위해 새로운 개념의 스마트 점자학습기(탭틸로)를 개발하였는데, 이 제품은 자체 내장된 프로그램으로 혼자서 학습도 가능하고 앱을 탭틸로와 연결하여 점자를 몰라도 점자를 가르칠 수 있도록 하였다. 여기에 자체 개발한 점자 액추에이터actuator 기술과 점자 블록을 이용하여 점자의 읽기와 쓰기 학습을 모두 가능하게 하였다. 오파테크의 점자 액추에이터의 기술은 소형 모터를 사용하여, 기존의 점자 액추에이터 기술에 비해 저렴하고 다양한 사이즈의 점자 액추에이터를 만드는 것이 가능하다. 이 기술을 이용하여 큰 사이즈의 점자 액추에이터를 구현하는 것이 가능하게 되어 한글을 처음 배울 때 큰 글씨로 배우는 것처럼 처음 점자를 배울 때 쉽게 읽을 수 있도록 하였다. 또한, 점자 블록은 손으로 직접 점을 눌러서 점자를 쓰는 연습을 할 수 있는데 이를 통해 점자 학습의 재미를 더욱 크게 만들었다. 탭틸로 이전에는 ICT 기술이 적용되어 점자 학습에 초점이 맞춰졌던 제품이 없었다. 점자를 처음 가르치기 위해 테니스 공이나 점자 블록 자체를 교구로 사용했다. 아니면, 점자를 배운 이후에 사용하는 600만 원 상당의 시각장애인 노트북인 점자 정보 단말기를 이용해야만 했다. 탭틸로는 정체되었던 점자 교육에 새로운 대안을 제시한 것이다.

탭틸로에는 최첨단의 기술이 적용되어 있지는 않다. 우리가 생활에서 사용하는 가전제품 또는 스마트 기기에 들어가는 기술이 사용되었다. 해당 제품에 적용된 핵심 기술이라고 할 수 있는 점자 액추에이터의 경우에도 기존에 없던 새로운 기술이기는 하지만 그 안에 들어가는 핵심 요소 기술은 이미 상용화되어 쉽게 구할 수 있는 기술로, 여기에 새로운 방식의 메커니즘을 적용한 것이다. 그렇다면 그동안 이러한 제품은 왜 나오지 않았을까? 오파테크는 어떻게 탭틸로라는 기존에 없던 새로운 제품을 시장에 내놓을 수 있었을까?

탭틸로와 같이 신체의 불편함으로 제한을 받는 장애인, 노인과 같은 사회적 약자들에게 제공하는 특수한 형태의 기술을 '보조공학 기술 assistive technology'이라고 한다. 우리가 흔히 알고 있는 휠체어, 보청기, 의수, 의족 등도 여기에 해당한다. 이 영역의 공통적인 특징이 몇 가지 있는데 그 중 하나는 시장규모 자체가 크지 않다는 것이다. 국내의 시각장애인은 27만 명이며, 모든 장애 영역을 고려해도 251만 명으로 전체 인구의 5%밖에 되지 않는다. 시장규모가 크지 않다는 것은 그만큼 투자와 관심이 적다는 것이다. 이로 인해, 기술의 변화 속도가 느리고 정체되어 있다.

또 하나의 특징은 앞의 시장규모의 문제와 함께 맞춤형으로 기술과 서비스가 제공되어야 하는 경우가 많아 대량 생산을 통한 원가절감이 어려워 제품가격 자체가 높다는 것이다. 일례로 시각장애인의 점자 정보 단말기의 경우 600만 원 정도 하며, 독서 확대경의 경우 300만 원 정도 한다. 의수족은 수백만 원에서 천만 원 가까이 한다. 정부에서 보조금이 지원되지만 한계가 있어 모두가 혜택을 받지 못하며, 보조금에 의해 시장의 가격이 결정되다 보니 충분히 가격을 낮출 수 있는 상황에도 가격이 낮아지지 않는 악순환으로 이어진다.

오파테크의 기술혁신은 기존의 점자 액추에이터라는 기술을 더 저렴하게 만드는 데 초점이 맞춰져 있었다. 새로운 소재를 개발하거나 반도체 제작, MEMS 공정과 같은 설비투자가 크게 필요한 기술로 접근하기보다는 이미 상용화되어 있는 저렴한 기술로 접근했다. 이 과정에서 모터와 기계 요소인 캠의 메커니즘을 응용하여 새로운 방식의 액추에이터 아이디어를 도출하게 되었다. 그리고 해당 기술 검증 과정에서 점자 교육 솔루션에 대한 아이디어 또한 얻게 되었다. 그 두 가지에 대해서 좀 더 자세하게 살펴보자.

ㄱ. 보조공학 기술 점자 액추에이터 개발

시각장애인은 '점자'라는 문자를 이용하여 손끝으로 글을 읽는다. 점자는 지면에 작고 둥근 6개의 점을 볼록하게 돌출되도록 만든다. 6개의 점이 모여 한 칸(셀)을 만들게 되는데 세로로 3점, 가로로 2점으로 구성된다. 이 6개의 점 중에 어떤 점을 돌출시키는지에 따라 63개의 서로 다른 점형이 생긴다. 각 점형에 대해 의미를 부여하여 문자를 정의하게 되

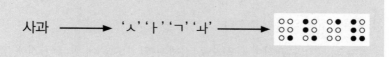

그림 18. 점자 작성 예시

는데 한글의 경우 각 초성과 중성, 종성에 따라 다른 점형을 정의한다. 한글을 점자로 쓰기 위해서는 초성(자음), 중성(모음), 종성(자음)을 풀어서 써야 한다. 예를 들어, 사과를 쓰기 위해서는 'ㅅ', 'ㅏ', 'ㄱ', 'ㅘ'와 같이 풀어 쓴다([그림18] 참조).

언어에 따라 점형의 규칙은 다르지만 [그림19]와 같이 점과 점의 중심 거리는 2.5mm, 점의 직경은 1.5mm, 높이는 0.6-0.7mm, 셀 간의 간격

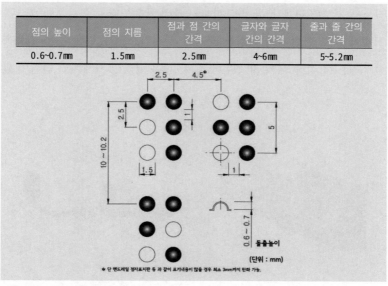

점의 높이	점의 지름	점과 점 간의 간격	글자와 글자 간의 간격	줄과 줄 간의 간격
0.6~0.7mm	1.5mm	2.5mm	4~6mm	5~5.2mm

그림 19. 한국시각장애인연합회 점자 규격

4-5mm 간격과 및 점의 높이 사이즈는 전 세계가 0.2mm의 편차 내에서 동일한 규격을 가지고 있다.

점자의 크기와 간격이 규정으로 정해져 있기 때문에 한 페이지에 점자로 들어갈 수 있는 내용은 훨씬 제한적이다. 300쪽 정도의 책 한 권을 점자책으로 변환할 경우 4-6권 정도가 나온다. 시각장애인은 이렇게 점자책으로만 글을 읽을 수 있을까? 비시각장애인이 컴퓨터의 모니터를 통해 다양한 전자 정보들을 읽는 것처럼 시각장애인이 종이에 인쇄된 점자를 읽는 것이 아니라 컴퓨터의 문자들을 읽을 수는 없을까? 이를 위해 개발된 제품이 '점자 정보 단말기'이다. 시각장애인의 노트북이라고 할 수 있는 점자 정보 단말기는 전자 문서의 텍스트를 점자로 변환하여 컴퓨터 점자 셀을 통해 실시간으로 점자를 표시할 수 있다. 보통 32-40개의 점자 셀이 한 줄로 구성되어 있기 때문에 한 줄을 읽은 후에 커서를 누르면 다음 문장이 다시 처음부터 표현된다.

점자 정보 단말기의 핵심은 점자를 실시간으로 표현해 주는 컴퓨터 점자 셀이다. 컴퓨터 점자 셀은 높은 전압이 걸리면 기계적인 변형이 발

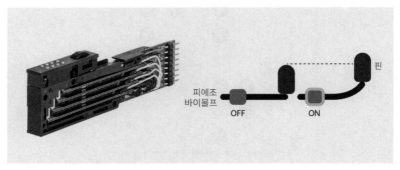

그림 20. 피에조 컴퓨터 점자 셀과 그 작동원리

생하는 압전소자Piezoelectric(피에조)를 이용한다([그림20] 참조). 이 기술이 적용되어 처음 제품이 나온 것은 약 30여 년 전이며, 현재까지 대부분의 제품이 이 방식의 점자 셀을 사용한다.

30여 년 동안 큰 변화가 없었던 것은 이 기술이 완벽하기 때문일까? 단점과 한계도 분명하게 있다. 먼저 압전소자라는 원리를 사용하기 위해서는 부피가 커질 수밖에 없어서 여러 줄의 점자를 표현하거나 소형화된 디바이스를 만드는 것이 매우 어렵다. 소재 자체의 가격과 제조 공정에서의 가격을 낮추는 것이 한계가 있어 가격이 매우 높다. 한 셀 당 가격이 2만 5천 원에서 3만 원 정도 하기 때문에, 점자 정보 단말기의 일반 규격인 32셀로 제작할 경우 셀의 원가만 80-96만 원 정도 한다. 여기에 시장이 크지 않은 보조공학의 특성까지 더해져서 현재 판매되고 있는 점자 정보 단말기의 가격은 600만 원 정도 한다. 개인이 600만 원 상당의 노트북을 구매한다는 것은 쉽지 않은 일이다.

이러한 높은 가격 때문에 대부분의 시각장애인들은 점자 정보 단말기를 사용하지 못하고 있다. 전 세계 시각장애인의 점자 정보 단말기 보급률이 0.05%라는 수치가 이를 설명해 준다. 그만큼 시각장애인의 정보 접근성과 전문성은 비시각장애인에 비해 낮을 수밖에 없다. 이러한 이유로 저렴한 점자 정보 단말기를 구매할 수 있게 되는 것은 오랫동안 시각장애인의 염원이었다. 이와 함께 한 줄씩 점자가 표시되는 것은 불편함이 많기 때문에 여러 줄의 점자가 동시에 표시되는 멀티라인 점자 디스플레이가 개발되어 사용할 수 있게 되는 것을 바라고 있었다. 이러한 기존의 한계를 해결하는 핵심 요소는 컴퓨터 점자 셀이다.

오파테크는 점자 핀을 올리기 위한 액추에이터로 가장 산업계에서

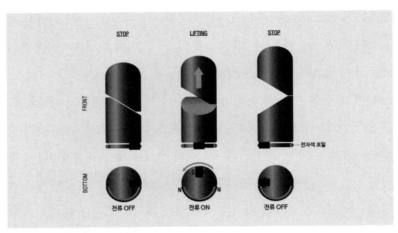

그림 21. 캠-액추에이터의 기본 원리

많이 사용하고 있는 모터에 집중했다. 여기에 멀티라인 점자 디스플레이가 가능하도록 좁은 공간에서 구현이 가능한 구조를 찾아보게 되었다. 기구학에는 회전운동을 직선운동으로 바꿔 주는 다양한 캠 메커니즘이 있는데 이러한 메커니즘 중 빗면을 이용해서 직선운동을 하는 웨지 캠 구조에 착안했다. 이 구조를 응용하여 여러 가지 개선을 거쳐 오파테크의 캠-액추에이터가 나오게 되었다.

작동원리는 핀의 중심이 빗면으로 나눠져 있고 아래의 캠이 회전하면서 빗면을 따라 핀을 위로 올리는 방식이다. 기존의 압전소자 방식의 점자 셀에 비해 부피를 혁신적으로 줄일 수 있었고 점자 핀을 올린 후에는 추가적인 전력 소모가 없다. 무엇보다 셀당 가격을 1만 원 이하로 낮추는 것이 가능하다.

아이디어가 도출되고 실제 크기의 점자 셀을 제작하기까지 어려움이 많았다. 점자규격을 만족시키는 점자 셀을 제작하기 위해서는 직경

2.5mm의 초소형 모터가 필요한데 이러한 초소형의 모터를 양산하는 업체가 없었다. 개발을 위한 비용 또한 마련하기가 쉽지 않았다. 아이디어가 실제 구현된다는 것을 확인하기 위해 먼저 큰 사이즈의 액추에이터를 만들어서 테스트를 했다. 가능성을 확인한 후 초소형 모터를 생산할 수 있는 업체를 찾아다녔다. 그렇게 1년여의 기간 만에 초소형 모터를 생산하는 전문업체를 찾았고 개발에 성공했다. 현재 신뢰성과 양산성을 확보하기 위한 구체적인 작업을 진행하고 있으며, 조만간 제품의 판매가 가능할 것으로 예상하고 있다.

오파테크는 이 기술을 통해 기존의 점자 정보단말기의 가격을 1/3 정도로 낮추는 것이 가능하다. 또한, 여러 시각장애인의 염원이었던 멀티라인 점자 디스플레이를 구현하는 것도 가능하다. 이것은 시각장애인의 정보접근성과 전문성을 크게 향상시킬 것으로 기대된다. 국내의 시장규모만 보면 작지만 전 세계 시각장애인을 대상으로 고려했을 때 충분히 의미 있는 시장이다. 여기에 일반 산업 액추에이터 시장에까지 확장시키는 것을 목표로 하여 규모화와 가격저감을 지속적으로 만들어 낼 수 있도록 하고 있다.

ㄴ. 스마트 점자 학습기 '탭틸로'는 그 시작점

오파테크가 처음 시장에 출시한 제품은 앞에서 설명한 점자 셀을 이용한 제품들이 아니라 스마트 점자 학습기 '탭틸로' 이다. 처음부터 점자 학습기에 대한 아이디어가 있었던 것은 아니다. 새로운 점자 액추에이터에 대한 기술을 검증하기 위해 실제 점자 사이즈보다 큰 사이즈로 만들어 테스트를 하던 중 "우리가 처음 한글을 배울 때 큰 글씨로 배우다가 점점 작은 사이즈의 글씨를 읽게 되는 것처럼 이렇게 크게 만든 점자 액추에이터가 점자를 처음 배우는 데 도움이 되지 않을까?" 하는 질문을 가지게 되었고. 이 질문이 현재의 스마트 점자 학습기 탭틸로 개발의 계기가 되었다.

이 질문이 시발점이 되어 시각장애인의 높은 점자 문맹률의 문제와 그 원인들을 거꾸로 분석하게 되었다. 그 과정에서 "왜 그동안 점자 교육을 위한 전문제품은 개발이 되지 않았을까?", "지금 나와 있는 제품들은 모두 점자를 배운 이후에 사용하는 제품들인데, 점자 문맹률을 낮출수 있는 제품이 먼저 나와야 하는 것 아닌가"라고 생각하게 되었다. 미국 시각장애인연합회는 10여 년 전 10%밖에 되지 않는 시각장애인의 점자 문해율을 '점자 문맹위기braille literacy crisis'라고 정의하며 그 원인을 분석하였는데, 여전히 이에 대한 구체적인 솔루션은 나와 있지 않았다 (Jernigan Institute, 2009).

이 같은 고민은 매출이 없던 시기를 버티기 위해 진행했던, 블록을 이용한 영어 학습 교구 외주 설계를 하면서 "점자를 블록으로 배우면 어떨까?" 하는 아이디어로 연결되었다. 다양한 IoT, 스마트 기기들에 대한 관심이 많아진 상황에서 이러한 기기들을 활용하여 "점자를 몰라도 앱으로 점자를 알려 줄 수 있으면 어떨까?" 등의 아이디어들이 모여서 현재 제품의 초기 콘셉트가 나오게 되었다. 문제의 원인에 대해서 더 정확하게 알게 된 이후 제품의 콘셉트는 더 구체화되었다. 무엇보다 재미있어야 하고, 배우기 쉬워야 하고, 혼자서도 할 수 있어야 하고, 누구나 쉽게 교사가 되어 점자를 가르칠 수 있어야 했다. 동시에 여러 명을 가르칠 수 있어야 한다든지, 시각장애인이 쉽게 사용할 수 있도록 자석으로 블록의 위치를 쉽게 알 수 있게 한다든지, 탭틸로가 가지고 있는 다양한 기능과 콘셉트들은 이러한 원인을 분석하고 실제 시각장애인의 의견을 반영하면서 완성되어 갔다. 2016년 첫 국제 전시회에서 시제품을 시연하면서 그 반응 확인하고 2017년 하반기 미국 시장을 첫 타깃으로 하여 제품을 출시하였다.

탭틸로는 자체 내장된 프로그램으로 혼자서도 점자의 읽기와 쓰기 학습이 가능하다. 또한, 탭틸로 앱과 기기를 연결하면 점자를 몰라도 점자를 가르치는 것이 가능하다. 자체 개발한 셀 기술을 이용하여 실제 점자 규격보다 큰 사이즈로 점자를 배울 수 있다는 점과 점자 블록을 이용하여 점자 쓰는 방법을 학습한다는 점은 어려운 점자를 쉽고 재미있게 배울 수 있도록 한다. 전문교사가 아니어도 해당 앱을 이용해서 점자를 가르칠 수 있어 교사의 부족 문제를 해결하였다. 또한, 기존 6-12개월 걸리는 점자학습 시간을 1-3개월 정도로 단축시켰으며, 학습을 중도 포기하는 비율도 기존 70%에서 20%로 낮췄다.

오파테크는 보조공학 시장이 가지는 제한된 시장규모, 기존 기술의 높은 원가 문제들을 해결하는 것이 필요했다. 제품의 출시를 미국 시장에서부터 시작했는데 가장 큰 이유는 한국의 시장만으로는 경제성을 확보하기 어렵기 때문이었다. 처음부터 글로벌 시장을 타깃으로 하여 국제 전시회를 통해 미국을 포함한 다양한 국가의 디스트리뷰터로부터 관심을 받는 것이 가능했다. 처음에는 많은 시행착오와 어려움이 있었지만 빠른 시간 안에 글로벌 시장에 제품을 알리고 공급망을 확보하는 것이 가능했다. 이 모든 과정은 오파테크의 캠-액추에이터 점자 셀 기술이 있었기 때문에 가능했다. 제품의 가격도 낮출 수 있었고 큰 사이즈의

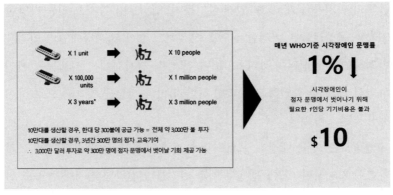

그림 22. 오파테크의 비전

점자 셀을 이용한 새로운 방식 또한 제안할 수 있었다.

탭틸로의 가격은 150만 원으로, 시각장애인용 보조공학 제품의 가격들보다는 상대적으로 낮지만 여전히 개인이 구매하기에는 높은 가격이며, 소득수준이 높지 않은 국가에서는 구매하기 높은 가격이다. 오파테크는 스마트 점자 학습기의 가격을 30만 원대까지 가격을 낮추는 것을 목표로 하고 있다. 이를 통해 개발도상국을 포함한 전 세계의 시각장애인이 쉽게 점자를 배울 수 있도록 하여 WHO 기준으로 점자 문맹률을 1%씩 낮추는 것을 비전으로 하고 있다([그림22] 참조).

③ **기술혁신 3: 노을**Noul [3]

기술혁신의 세 번째 유형으로, 말라리아 진단키트를 만든 '노을'이라

---

3   이동영 박사가 한국에 돌아와 사업을 준비할 때 다양한 경험과 아이디어들에 대해서 이야기 나누고 타당성 평가(feasibility test)를 함께 진행하며 논의하였던 내용과 추가 인터뷰 내용을 토대로 작성되었다.

는 소셜벤처이다. 노을은 일리노이 주립대에서 바이오 엔지니어링 박사학위를 취득한 이동영 박사가 박사과정을 마치자마자 전 세계에서 가장 소득수준이 낮은 말라위로 떠나면서 시작되었다.

그는 거기서 피츠버그 대학의 제리 더글라스Jerry Douglas(바오밥 헬스 트러스트 설립자) 교수를 만나게 된다. 그 당시 제리 더글라스는 말라위 보건부와 함께 국립병원 및 보건센터에서 보건 자료들을 수집하고 통계분석 하는 일을 맡고 있었다. 그러나 이러한 방법들은 매우 낙후되어 있어 여전히 종이 조사지를 이용해서 수기로 작성이 되고 있었다. 각종 헬스센터 및 지방 병원으로부터 종이에 작성된 자료를 받아와 다시 컴퓨터에 옮기고 있었는데 각 과정에서 수많은 부정확한 자료들이 만들어지고 있었다. 오히려, 제대로 정리도 되지 않아 엄청난 쓰레기를 만들어 내는 것은 아닌가에 대한 의문을 품었다. 그 후, 제리 더글라스 교수는 낙후되어 있는 의료 정보를 전산화하는 시스템을 구축하게 된다. 이 작업을 위해 말라위의 현지 개발자들을 교육시켜서 시스템을 완성하게 되는데, 초기에는 시간이 많이 걸렸지만 이후에는 IT 개발 역량을 내부에 축적함으로써 독립적이고 효율적으로 결과물을 내게 된다. 이렇게 만들어진 NPO 단체가 '바오밥 헬스 트러스트Baobab Health Trust'이다. 해당 NPO는 모두 현지인 개발자 및 관리자로 구성되어 있었고, 미국의 CDC질병관리본부로부터 펀드도 받게 된다. 이동영 박사는 제리 더글라스 교수의 성과를 통해 기술의 혁신이 얼마나 큰 변화를 가져올 수 있는가에 대해서 감명을 받게 된다.

또한, 말라위의 대양누가Daeyang Luke4 병원에서 프로젝트 매니징과 리서치를 하는 동안 여러 가지 문제들을 보게 된다. 의료 서비스를 제공하기 위해 지원을 받아 고가의 장비들이 설치되지만 대부분 활용할 전문 인력이 부족하거나 유지보수 문제로 금세 창고에 박혀 있게 되는 것이다. 그리고 말라리아 문제에 대해서 직접 보게 된다. 얼마나 많은 사람들이 말라리아로 고통받고 있는지, 치료제는 있다고 하는데 왜 해결되지는 않는 것인지 의문을 가지게 된다.

매년 2억 명 이상의 사람들에게 발병되는 말라리아는 92% 이상이 아프리카에서 발병된다. 말라리아는 심한 열과 빈혈을 동반하고 제때 치료를 받으면 회복되지만, 진단과 치료가 늦어질 경우 사망에까지 이르게 되는 병이다. 말라리아는 박테리아 또는 바이러스와는 달리 모기의 원충을 통해 전염되는 기생충이다. 따라서 백신을 통해 예방할 수 없다. 약을 계속 먹으면 부작용이나 기생충의 내성이 생길 수 있어 정확한 진단을 통해 치료약을 먹어야 한다. 조기에 약을 먹으면 대부분 치료가 되지만 말라리아인지 정확하게 인지하지 못하다가 악화되어 치료 시기를 놓치고 목숨을 잃는 경우가 많다.

ㄱ. 기존 신속진단키트RDT와 현미경 판독의 한계

기존 말라리아 진단 시 사용해 왔던 방법으로는 신속진단키트RDT와 현미경 판독이 대표적이다. 우선, 신속진단키트는 진단의 정확도와 민감도가 낮고 현미경 판독은 시간이 많이 소요되며 실험실과 숙련된 테크니션의 인건비 등 큰 비용의 문제가 있어 아프리카에서는 진단이 잘

---

4   한국인 선교사(백영심)가 대양상선의 지원으로 아프리카 말라위 릴롱궤에 세운 말라위 내 최대 규모의 민간 종합병원이다. 2008년 3월 완공되었다.

시행되고 있지 않는 실정이다. 그리고 초기에 신속진단키트로 검사를 했을 때 문제가 없어 단순한 감기 몸살 정도로 생각하고 지내다가 갑자기 악화되어 정밀검사를 진행하고 나서야 말라리아로 확인되는 경우도 자주 발생한다. 정밀검사로 확인했을 때는 이미 증상이 너무 심해서 치료가 거의 어렵게 된다. 특히, 말라리아로 인한 사망자의 70%가 5세 미만의 어린이기에 조기 치료는 이러한 사망률을 줄이기 위해 필수적이다. 따라서, 가능한 이른 시기에 정확한 진단을 내리는 것이 매우 중요하다.

그럼 현미경 판독 방법은 어떠할까? 현미경 판독 방법은 신속진단키트를 이용한 방법보다는 정확한 방법이다. 혈액을 채취하여 현미경으로 직접 적혈구에 있는 말라리아를 확인하는 것이다. 형태의 특징을 관찰하여 말라리아의 종류를 알아내기도 하고 숫자를 세서 어느 정도 감염이 되었는지 확인하기도 한다. 이러한 혈액 검사를 하기 위해서는 피를 얇게 펴고, 염색하고, 고정하는 혈구도말염색 프로세스를 거쳐야 한다. 능숙한 기술이 필요하고, 잘못하면 여러 번 검사해야 하는 어려움이 있으며, 숙련도에 따라 검사 결과 간 차이가 많이 발생한다. 또한 직접 감염된 적혈구의 수를 세는 것 역시 오류가 빈번하고 시간도 오래 걸리는 일이다. 많은 양의 현미경을 보급하더라도 그것을 활용할 수 있는 전문적인 인력이 절대적으로 부족하다.

기존의 방법으로 이 문제를 해결하기 위해서는 전문인력과 고가의 현미경 및 혈액 전처리 작업을 안정적으로 운용할 수 있는 의료 인프라가 전체적으로 발전되어야 한다. 현재 말라리아가 퍼져 있는 아프리카 지역 및 개발도상국 환경에서 이러한 시스템을 전반적으로 단기간 안에 발전시키는 것은 천문학적인 비용과 시간이 들어 불가능하다.

ㄴ. 새로운 기술혁신으로 문제를 해결하다

한국에 돌아온 그는 이 문제를 해결하기 위해 새로운 팀을 만들게 된다. 누구나 쉽고 정확하게 저렴한 비용으로 말라리아를 진단해야 한다는 문제를 가지고 솔루션을 찾기 시작한다. 여기서 자신이 전공했던 의공학 분야가 빛을 발하게 된다. 누구나 쉽고, 저렴한 비용에 정확하게 진단하기 위하여 Lab-on-a-chip 기술을 이용해서 기존 진단 문제의 주요 원인이라고 분석했던 혈구도말염색을 자동화하는 프로세스를 개발했다([그림23] 참조).

Lab-on-a-chip 기술은 [그림24]와 같이 손톱만 한 크기의 칩 하나로 실험실에서 할 수 있는 연구를 수행할 수 있도록 만든 장치이다. 특히, 이 분야의 기술은 의료 진단 분야에서 연구개발이 활발하게 진행되고 있다. 일반적으로 혈액 검사를 하기 위해서는 최종 결과를 얻기까지 다양한 처리 과정이 필요하다. 원하는 정보를 얻기 위해 혈액을 특정한 화학물질과 혼합하거나 염색, 농도의 조절 등을 하게 된다. 기존의 기술들은 각 프로세스마다 고가의 대형 장비들을 이용하여 하나의 프로세스를 사람이 직접 진행하거나 자동화를 위해서는 별도의 투자비가 필요하다. 최종 검사 결과를 도출하기 위해 사용되는 혈액의 양은 피 한 방울 정도밖에 되지 않지만 각 공정마다 버려지는 양들이 의외로 많기 때문에 우리가 피 검사를 하게 되면 상당한 양을 주사기로 뽑게 된다.

Lab-on-a-chip기술은 이러한 모든 공정을 손톱만 한 크기의 작은 공간에서 한 번에 처리하는 것이 목표다. 반도체 제작에 많이 사용되는

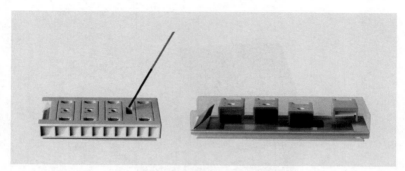

그림 23. Lab-on-a-chip 기술이 적용된 노을의 NGS. 혈구도말염색을 자동화함

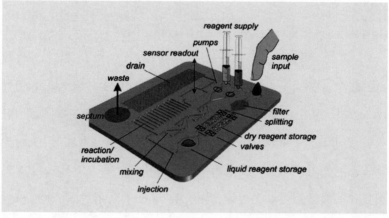

그림 24. Lab-on-a-chip 기술의 개념도(Jaime Castilllo-Leon, 2015)

미세가공 기술과 미세유체제어 기술 등의 MEMS(Micro Electro Mechanical Systems), 화학 기술, 전자 기술 등 다양한 기술 분야가 융합된다.

또한, 사람이 일일이 감염된 적혈구를 세는 것이 아니라, 이미지 프로세싱과 AI를 통해 자동으로 말라리아 감염 여부를 확인하고 말라리아의 종류, 진행 상태 등을 확인할 수 있게 하여 전문인력이 부족한 상황에서도 쉽게 진단이 가능하도록 했다. 결국, 기존의 검사 방법으로는 말

그림 25. 노을의 말라리아 진단 장비 MiLab™ (©Noul co., Ltd.)

라리아가 발생하는 수많은 지역에 정확한 진단이 확장, 적용될 수 없었다. 이 끊어진 고리를 새로운 공정 기술과 AI 기술로 혁신적으로 이어 붙인 것이다([그림25] 참조).

노을은 초기 아이디어에서 최종 제품까지 개발해 오면서 초기에 인식했던 문제의 핵심과 본질을 놓치지 않고 지켜 왔다. 이로 인해, 예상치 못했던 추가 개발 노력과 기간이 소요되었지만 이것이 차별성을 만들어 내기도 했다. 그런 사례 중에 하나가 메탄올을 사용하는 공정을 에탄올을 사용하도록 바꾼 것이다. 메탄올은 공업용 알코올로 시력을 잃게 할 수 있으며, 독성을 가진 물질이다. 유사한 프로세스를 사용하는 상용화된 기존 제품의 경우 메탄올을 사용하며, 독성물질을 가지고 장비를 사용하기 위해서는 집진장치를 설치하도록 한다. 개발도상국의 대부분의 환경에서 맞지 않다. 노을은 이 공정을 에탄올 공정으로 바꾸기로 한다. 쉽지 않은 개발이고 많은 비용과 시간이 드는 문제였지만 결

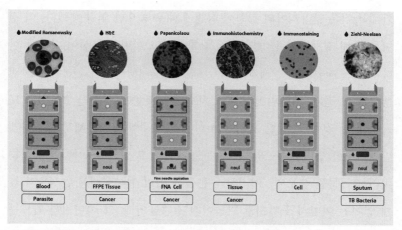

그림 26. 혈액을 이용한 다양한 질병의 진단 프로세스(ⓒNoul co., Ltd.)

국 성공했고 이것은 결국 또 하나의 경쟁력으로 자리 잡게 되었다.

그리고 이러한 연구 과정에서 축적된 기술을 응용하여 말라리아만 진단하는 것이 아니라 [그림26]과 같이 여러 혈액질환, 감염질환, 면역 질환, 암 등 다양한 질병의 진단과 실시간 데이터 관리를 가능한 솔루션 까지 가능하도록 연구를 확장하고 있다.

노을이 추구하는 사회적 가치는 큰 틀에서 봤을 때 의료의 접근성 제 고이고, 이것을 강화하는 과정에서 진단 기술에 차별성과 경쟁력을 가 지게 되었다. 노을의 솔루션은 앞으로 말라리아 이외의 질병까지도 쉽 고 빠르게 진단할 수 있는 혁신적인 진단기기로 확장해 나가는 것을 목 표로 하고 있다.

이동영 박사가 아켄스톤의 사례처럼 다른 분야의 기술을 새롭게 개 발한 것은 아니다. 의공학을 전공했고 Lab-on-a-chip 기술과 같이 혈 액을 이용한 진단 관련 분야에 전문성을 가지고 있었다. 여기에 아프리카에서 겪은 말라리아의 경험이 혁신에 매우 중요한 역할을 했다. 이 경험을 통해 실제적인 문제의 핵심을 찾아내고 어떤 솔루션이 나와야 한다는 것을 정확하게 알게 되었다. 이후, 많은 시행착오와 연구개발을 진행했고 그 결과, 기존의 방법과는 차별성을 갖는 혁신적인 솔루션을 도출하게 된 것이다. 개발 초기에 이미지 프로세싱을 이용해서 저렴하게 말라리아를 진단할 수 있다는 논문들이 나오고 있었다. 이동영 박사는 이러한 논문들을 보며, "이러한 논문들은 이미 연구실에서 완성도가 높게 얻어진 이미지를 가지고 만들어진 결과들인데, 그 이미지를 만드는 게 핵심이다. 아프리카 대부분의 진료소에서는 이런 이미지를 빠르게 안정적으로 만들기가 어렵다. 이 프로세스를 자동화하는 게 핵심이다"라고 설명했다. 개발 초기에 이 부분에 집중했고 이 공정을 자동화할 수 있다는 가능성을 확인한 후 개발이 가속화되었다. 어쩌면 그에게 아프리카 현장의 경험이 없었다면 현재의 솔루션을 얻을 수 없었을지 모른다. 현재, 노을은 전 세계 64개 특허를 출원하고 11회의 글로벌 임상을 진행하였으며, 누적임상 샘플 수는 이제 4,000건이 넘었다. 2020년 7월 국제보건 연구기금 라이트펀드RIGHT Fund로부터 기술개발 가속 연구비 지원받는 게 되어 연구에 더욱 속도를 내게 되었다. 아직 제품이 상용화되어 매출이 발생하기 전이지만 현재까지의 누적 투자금액은 400억 원에 이르는데, 그만큼 말라리아 진단과 관련된 연구성과와 실적들이 전 세계적으로 주목을 받고 있기 때문이다.

3. 기술혁신, 소셜벤처의 중심에 서다

위의 사례에서 살펴보았듯이, 아켄스톤, 오파테크 및 노을은 기술혁신을 통해 사회문제를 해결하고 있다. [표5]는 이 세 가지 기술혁신이 보여 주는 과정을 요약 및 정리한 것이다.

기술로 말라리아 진단키트를 세상에 선보였다. 아켄스톤, 오파테크 및 노을의 세 가지 사례는 기술혁신과 관련하여 다음과 같은 교훈을 준다.

표 5. 아켄스톤, 오파테크 및 노을의 기술혁신

	유형 1: 아켄스톤	유형 2: 오파테크	유형 3: 노을
기술 유형	로켓 개발 이미지 프로세싱 기술을 시각장애 영역에 적용	기존 보조공학 기술 사용	신속진단키트(RDT)와 현미경의 단점 보완하는 진단키트 개발
사회문제	시각장애인의 독서 및 관련 문자로 된 정보에 대한 낮은 접근성	시각장애인의 점자 문맹률 90%, 비싸고 비효율적인 점자 학습 기계로 시각장애인들의 점자 학습능력 감소	매년 2억 명 이상 발병되는 말라리아로 인한 질병 및 사망, 기존에는 전문인력과 고가의 현미경 및 혈액 전처리 작업들을 안정적으로 할 수 있는 의료 인프라 필요
사회문제 유형	시각장애인을 위한 제품 및 시장 형성 필요	시각장애인을 위한 제품 및 시장 형성 필요	개발도상국(아프리카) 사회문제
개발 과정	알고리즘을 개발해 전자 문자로 변환	점자 액추에이터 기술과 점자 블록을 이용	Lab-on-a-chip 기술과 AI 기술 이용
수혜자가치	시각장애인이 다양한 문서에 쉽게 접근	상대적으로 저렴한 학습 제품, 이로 인해 시각장애인의 취업률 증가	말라리아 발생 장소인 아프리카에서 말라리아의 정확한 조기 진단
문제 해결 방식	기존에는 존재하지 않았던 문제 해결 방식으로 접근	다양한 기술들을 모아, 수혜자의 니즈에 맞는 기술 단순화 과정 중요	사회문제를 해결하는 기존의 방식에 문제점 개선, 지역을 넘어 다양하게 적용 가능

첫째, 아켄스톤의 사례에서 특정한 기술혁신이 해당 분야를 넘어 전혀 새로운 사회문제에 적용될 수 있음을 알 수 있다. 로켓공학자가 바라본 사회문제는 전혀 새로운 해결 방식을 제공해 주었다. 나아가 로켓 이미지 프로세싱 기술은 우체국 물류 분류 작업에도 적용되어, 새로운 분야에서 기술의 확장 가능성도 열어 주었다.

둘째, 사회문제를 해결할 적정기술은 한 가지 기술로 탄생되는 것이 아니다. 오파테크는 기존의 기술을 개량하여 점차 액추에이터를 만들고 점자 블록이라는 형태를 추가함으로써 제품을 완성할 수 있었다. 사실, 점자 블록은 사업이 어려워져 외주 설계를 맡아 진행했던 영어 학습도구 사업이었다. 오파테크에서 서로 다른 기술들이 하나의 제품으로 완성된 것은 기술에 대한 집념과 사용자의 편의를 고려한 배려 때문이다.

셋째, 노을은 창업자의 의학 지식을 배경으로 Lab-on-a-chip 기술 및 AI 기술을 이용, 말라리아 발생 장소인 아프리카에서 말라리아의 감염 여부를 진단할 수 있는 진단키트를 개발하였다. 이 진단키트는 기존에 전문인력과 고가의 현미경 및 혈액 전처리 작업들을 안정적으로 할 수 있는 의료 인프라를 필요로 하는 과정을 넘어 새로운 기술혁신을 제공하였다.

이 세 가지 사회문제 해결 과정에는 '기술혁신'이 중심에 있었다. 사회구조적으로 고착되어 해결되지 않는 사회문제들은 기술혁신을 통해 해결책이 나오면 한 지역을 넘어 다양한 지역의 많은 수혜자들에게 혜택을 줄 수 있다.

4. 결론을 대신하여

●

　일반 벤처에서 기술혁신은 성공의 가장 핵심적인 요소로 꼽힌다. 소셜벤처도 예외일 수 없다. 소셜벤처도 사회문제를 해결하고 경제적 이윤을 창출해야 함으로 기술혁신의 중요성은 절대적이다. 소셜벤처에서 '소셜'과 '벤처' 모두 잘하기 위해서는 더 이상 '소셜벤처는 기술혁신 없이 가능하다', '없어도 된다'는 식의 자기만족적인 접근 방식은 지양되어야 한다. 소셜벤처를 꿈꾸는 대학생들 중에서 기술적 이해도가 낮은 문과생 5인이 모여 창업을 하는 경우도 있다. 의욕은 좋지만 사회문제를 해결할 기술력에 대한 이해가 부족한 경우일 가능성이 높다. 기술을 외부에서 가져다 쓰면 되는 소모품이나 일회용 부품으로 생각해서는 안 된다. 기술혁신 없는 소셜벤처는 기존의 낡은 방식으로 사회문제를 해결하는 데 그칠 가능성이 높고 성공적인 비즈니스 모델로 전환될 가능성이 낮기 때문이다. 소셜벤처는 고객가치의 차별화를 사회문제를 해결하는 과정에서 찾는다. 따라서 사회문제를 해결하는 과정부터 기술혁신이 가장 중요한 사업기반이 되어야 한다. 사회적 가치는 소셜벤처 경쟁력의 근원이 되며 기술혁신은 이를 만드는 핵심역량이다. 이 글은 이런 기술혁신의 중요성을 개념적으로 정리하고 아켄스톤, 오파테크 및 노을 사례를 통해 소개하는 데 의의를 두었다.

　우리가 알고 있는 많은 성공적인 소셜벤처들은 기존의 제도와 방법으로는 해결하지 못한 사회문제를 정확하게 파악하고 이를 해결하기 위해 집중했으며 그 과정 속에서 혁신적인 기술을 중심에 놓았다. 그 과정에서 기존 기술로는 해결이 되지 않는 경우도 있고 처음에 보이지 않았던 더 큰 기술적인 난제들이 나타나기도 한다. 때로는 문제를 해결하기 위한 투자비용이 그 시장규모나 이윤이 낮아 보여 외면을 받기도 한다. 이 과정에서 비용이 많이 소요되고 시간도 예상보다 오래 걸리기도 한다. 일반 벤처의 관점에서 보면 투자가 쉽지 않은 경우도 있다. 또한 정부 과제의 경우 대부분 기존에 없던 새로운 기술을 개발하는 것을 요구하는 경우가 많기 때문에 선정이 어려운 경우도 있다. 따라서 기술 자체 대한 평가와 현재 보이는 경제적 가치에만 초점을 맞추는 것이 아니라 사회적 가치를 함께 평가하는 것이 필요하다. 이러한 측면에서 소셜벤처가 성장하는 것은 일반 벤처보다 더 어려울 수 있을 것이다. 하지만, 성공한 소셜벤처는 기술혁신을 통해 해결책을 내서 문제를 해결해 가며, 경쟁력을 확보한다.

아켄스톤, 오파테크 및 노을 사례들은 소셜벤처에서 차지하는 기술혁신의 중요성을 알려 준다. 사회문제를 해결하는 기술혁신은 다양한 모습을 띤다. 전혀 새로운 기술이 유입되기도 하고(아켄스톤), 복잡한 기술을 단순화할 수도 있으며(오파테크), 그리고 기존의 기술을 업그레이드할 수 있다(노을). 소셜벤처의 모습은 다양하지만, 기술혁신을 통해 사회문제를 해결하고 이를 통해 수익구조를 만드는 비즈니스 모델을 구축해야 한다. 오파테크의 이경황 대표는 인터뷰에서 다음과 같이 기술의 중요성을 언급했다.

'기술'을 통한 사회문제 해결이 저의 가장 기초가 되는 소셜미션입니다. 예전엔 개도국 적정기술 개발에 투자했는데 재정적으로 열악한 환경으로 인해 기술적인 R&D라는 쪽으로 사업을 전환하게 되었습니다. 시각장애인을 포함한 장애인들은 사회적 약자입니다. 이들에게 도움을 줄 수 있는 다양한 기술이 필요하지만 많이 개발이 되지 않고 있습니다. 그런 측면에서 소외되고 있는 이들을 위한 기술혁신이 큰 도움을 줄 수 있다고 생각합니다. 사회문제를 해결하는 데 있어서 기술은, 문제해결의 임팩트가 빠르게 퍼질 뿐만 아니라 [그 임팩트가] 크다고 생각합니다(아름다운 가게, 2017).

사회적 기업 육성법이 제정이 된 지 14년이 되었다. 이제 기술기반의 소셜벤처를 육성하기 위한 지원사업들도 많아지고 평가 요소에 사회적 가치를 고려하거나 가점을 주는 부분들이 더 많아지고 있어 이전보다는 소셜벤처가 성장할 수 있는 기회는 더욱 많아졌다. 이러한 다양한 지원과 접근 방법을 통해 사회문제를 혁신적으로 해결할 수 있는 기술기반의 소셜벤처가 더욱 많아질 수 있기를 기대한다.

김기완, 『벤처기업의 성장 요인에 관한 연구』(서울: KDI, 2011).

김태영·도현명, 『넥스트 챔피언』(서울: 흐름출판, 2019).

도현명, 「사회적기업의 위기와 기회」, 『환경논총』 55(서울: 서울대학교 환경대학
원, 2015), 20-25쪽.

아름다운가게, "펠로우를 알고싶다! - 이경황 펠로우편"(2017.12.29). http://
blog.naver.com/b_fellow/221173722376

Bookshare Communications, "Remember Arkenstone, before Bookshare?",
Bookshare Blog (23 Jan. 2012). https://blog.bookshare.org/2012/01/
remember-arkenstone-before-bookshare/

Castilllo-León, Jaime, *Lab-on-a-Chip Devices and Micro-Total Analysis
Systems* (Berlin: Springer, 2015).

Darni, Sylvain & Le Roux, Mathieu, *80 hommes pour changer le monde* (Paris:
JC Lattès, 2005) [『세상을 바꾸는 대안기업가 80인』, 민병숙 역(서울: 마고북스, 2006)].

Desa, Geoff & Kotha, Suresh, "Ownership, Mission and Environment:
An Exploratory Analysis into the Evolution of a Technology Social
Venture", *Social Entrepreneurship* (London: Palgrave Macmillan, 2006),
pp.155-179.

Fruchterman, Jim, "Pattern recognition technology helps disabled people
access books", The International Society for Optics and Photonics

(14 May. 2007). https://spie.org/news/0732-pattern-recognition-technology-helps-disabled-people-access-books?SSO=1

Fruchterman, Jim, "Developing Information Technology to Meet social Needs", *Innovations*, vol. 3(3) (Massachusetts: MIT Press, 2008).

Fruchterman, Jim, "For Love or Lucre", *Stanford Social Innovation Review* (Spring, 2011). https://ssir.org/articles/entry/for_love_or_lucre

Himowitz, Michael J., "Innovative computer reads to the blind" (Baltimore: The Baltimore Sun, 1 Feb. 1993).

Jernigan Institute, "The Braille Literacy Crisis in America" (Baltimore: National Federation of the Blind, 26 Mar. 2009).

소셜벤처와 ESG 투자

류영재

서스틴베스트 대표

머리말

　소셜벤처란, 기업이란 도구vehicle를 통해 환경·사회적 임팩트를 창출하면서 동시에 영리를 추구하는 행위로 정의 내릴 수 있다. 이른바, '임팩트'와 '수익'이라는 두 마리 토끼를 잡으려는 경영 행위인 것이다. 그러나 일반적으로 국내에서는 소셜벤처의 창업 동기에 있어서 임팩트와 수익의 양자 간 밸런스보다는, 취약계층에 대한 구제 및 자선 활동, 온실가스 배출 등 환경 부하를 저감시키려는 친환경 활동, 그 밖의 다양한 사회문제 해결과 같은 '임팩트' 측면에 상대적으로 방점을 찍는 경향이 강하다. 즉 두 마리 토끼 중에서 지속 가능한 수익창출을 위한 사업 모델의 유연한 진화, 성장단계별 재무계획 및 자금조달 활동, 그리고 이를 위한 창발적 경쟁 우위 전략 설정 등을 위한 치열한 고민과 담론 전개보다는, 이른바 착한 기업이라는 사회적 대의명분에 더욱 초점을 맞추고 있다는 느낌을 지울 수 없다.

그러나 이러한 선한 행위 및 사회문제 해결의 도구로 한정하여 소셜벤처를 논의하는 것은 오히려 소셜벤처의 기업가 정신entrepreneurship을 약화시키고, 결과적으로 해당 기업의 지속 가능성 수준도 하향시킬 수 있다. 소셜벤처든 일반 벤처이든 기업이 활동하는 시장 생태계는 선한 의지와 명분만으로는 성장은 고사하고 생존을 지속해 나가기도 쉽지 않은 공간이다. 시장의 경쟁 환경은 복잡다단하고 변화무쌍할 뿐만 아니라 회색 코뿔소와 블랙스완의 등장이라는 잠재적 위험요소가 항시 잠복해 있는 정글과도 같은 속성이 내재하는 까닭이다.

한편 대다수 기업들은 넓은 의미에서 소셜벤처적 속성을 갖고 있다고 본다. 앞서 언급했듯이 사회에 내재하는 다양한 문제들을 비즈니스라는 수단을 통해 해결하는 것을 광의의 소셜벤처라고 정의한다면, 한국사회에 있어서 5, 60년대 가장 긴급했던 사회적 이슈인 '의식주' 문제를 기업 행위를 통해 해결코자 했었던 삼성의 이병철, 현대의 정주영, 포항제철의 박태준 회장 등은 귀감이 될 만한 광의의 소셜벤처 창업가라고 볼 수 있다. 그렇다면 21세기에 접어든 오늘날, 우리 사회의 긴급한 문제와 현안을 비즈니스라는 수단을 통해 해결코자 하는 기업가들도 넓은 의미의 소셜벤처로 정의 내릴 수도 있다. 더욱이 포스트 코로나 시대, 팬데믹으로 인한 보건 안전의 위협요인 증대, 기후변화와 지구 생태환경의 악화, 전통적인 주주이익 관점shareholdersim에서 이해관계자 자본주의stakeholderism으로의 패러다임 전환, 미증유의 경제적 불확실성과 위기로부터 기업의 회복 탄력성 제고 문제, 업무 연속성 계획BCP(Business Continuity Plan) 등과 같은 새롭게 대두되는 과제들과 마주한 상황 속에서 기업과 사회문제 간 연계성 및 통합성 추세는 그 어느 때보다 강화되고 있다. 이러한 배경으로 인해 요즘은 과거 그 어느 때보다도 사회문제 해결의 유용한 도구로서의 기업, 혁신과 창발의 효율적 엔진이라 할 수 있는 기업, 그중에서도 소셜벤처에 우리가 보다 더 주목하게 되는 것이다.

따라서 포스트 코로나 시대 소셜벤처의 사회적·경제적 함의는 그 어느 때보다 중대하다. 이러한 전대미문의 불확실한 시대 상황 속에서 소셜벤처를 어떻게 스케일 업scale up 하고 그 지속 가능성 수준을 제고할 것인가에 대한 해답을 ESG 투자에서 찾고자 한다. 즉 길게는 지난 2008년 금융위기 이후부터, 짧게는 이번 코로나 팬데믹 이후 ESG 투자가 자본시장의 핵심적 분야로 부상하고 있는 까닭이다. GSIR(Global Sustainable Investment Review)에 따르면 2018년 기준 전 세계 투자자산의 약 50%가량이 ESG를 고려하여 투자되고 있다.[1] 한편 사회적·환경적 문제 해결을 도모하려는 소셜벤처와 환경, 사회, 지배구조를 고려하는 ESG 투자는 의미 있는 교집합을 갖고 있으므로, 소셜벤처 입장에서 ESG 투자자들을 겨냥한 ESG 경영을 확립하고 경영에 내재화할 경우 기업 이미지 제고는 물론이고, 재무 활동 측면에서도 유리할 것이라고 판단된다. 기업이라는 도구로 환경·사회문제 해결을 추구하는 소셜벤처가 자신들의 지속 가능성 수준을 확보하면서 규모를 키우고 더 나아가 성공적인 기업공개IPO를 달성하기 위해서는 그 설립 초기단계에서부터 ESG 유전인자DNA를 자신들의 기업경영 속에 내재화시키려는 노력이 필요하다.

---

1   GSIA, 2018 Global Sustainable Investment Review (2018).

1. ESG 투자의 개괄

●

ESG(Environmental, Social, Governance)란 투자자들이 투자대상기업을 선정하고 자금을 투입할 경우, 해당 투자자산의 재무적 측면뿐만이 아니라 비재무적 측면인 환경성과, 사회성과 및 기업 거버넌스 수준을 평가해서 투자하는 투자 방식을 말한다. 전통적 투자의 경우, 투자 대상 기업의 재무적 요소들에 주목했다면 ESG 투자의 경우에는 재무적 측면뿐만 아니라 해당 투자 대상 기업의 ESG 성과까지 통합 고려하여 이를 투자에 반영하는 것이다. 여기서 ESG와 전통적인 기업의 사회적 책임CSR (Corporate Social Responsibility)은 완전히 다른 개념이라는 점을 유념해야 한다. 예컨대, CSR을 기업 스스로 자신들의 사회공헌 활동이나 그들을 둘러싼 이해관계자들과의 관계 관리를 통해 회사의 브랜드 이미지나 명성reputation을 제고하기 위한 노력이라고 본다면, ESG 투자란 투자자들이 기업가치를 평가할 때 전통적인 기업가치 평가 모형 속에 ESG라는 정량적·정성적 요소들을 통합하여 재평가re-valuation하여 포트폴리오를 구축하는 방식이다. 결론적으로 CSR은 다양한 이해관계자 모두를 고려한 기업경영 프로그램이라면, ESG는 기본적으로 투자자들에 초점을 맞추고 그들과 소통하기 위한 목적으로 만들어진 개념이다.

한편 코로나 위기로 인해 기업가치에 대한 평가 관점과 투자에 대한 의사결정에 있어서 더욱 철저하게 공급망 관리 수준과 기후위기, 인권 및 안전, 지구 환경과 연계된 리스크 및 기회가 더욱 중대한 이슈로 부각되고 있다. 따라서 최근 들어 기업들은 현재 투자, 비용 및 매출 등의 재무적 요소와 함께 투자자들로부터 요구되는 ESG 관련 리스크 관리

및 ESG 경영에 대한 인식 재확립이 불가피한 상황이다.[2]

ESG 투자에서도 넓은 스펙트럼이 존재한다. ESG 투자의 출발점이라고 할 수 있는 사회책임투자의 경우에는 상대적으로 규범적인 측면을 강조한다. 예컨대 그들은 담배, 술, 포르노그래피, 도박, 군수산업 등을 이른바 죄악산업sinful business으로 규정하고 이와 연관된 기업들을 투자에서 배제하는 방식을 주로 취해 왔다. 그러나 사회책임투자가 주류화되면서, 죄악산업을 투자에서 배제하기보다는 그들 산업도 투자 포트폴리오에 편입하였다. 하지만, 해당 섹터 내에서 상대적으로 ESG 성과가 우수기업best in class들을 투자하되, 투자 이후에 적극적 주주권 등을 활용한 인게이지먼트engagement 전략을 통해 해당 기업의 ESG 성과를 높이면서 관련 위험을 선제적으로 관리한다.

최근 들어 주류 투자기관들인 공적 연기금, 국부펀드, 보험회사, 뮤추얼 펀드 등도 수탁자 책임Fiduciary Duty라는 큰 틀 내에서 ESG 요소와 재무성과 간의 상관관계 등을 고려하여 장기적 투자성과를 제고하기 위해 노력하고 있다.[3] 따라서 이들 주류 투자기관들은 규범적 뉘앙스가 강한 '사회책임투자'라는 용어보다는 'ESG 투자' 혹은 '책임투자responsible investment'라는 용어를 더욱 선호한다. 아래 [표6]에서도 설명하듯이 전통적인 사회책임투자에 비해 주류 투자기관들이 도입한 현대적 의미의 ESG 투자는 '사회에 대한 책임'이란 다소 추상적이고 모호한 개념보다,

---

2 이준희, 「한국기업들의 ESG 경영을 위한 변화 – ESG 경영의 개념과 접근방법」(2020).

3 기업의 ESG 성과와 투자성과 간의 상관관계에 대한 메타분석으로서 다음의 연구를 참고할 수 있음. Gunnar Friede, Timo Busch & Alexander Bassen, "ESG and financial performance: aggregated evidence from more than 2000 empirical studies" (2015).

표 6. 현대적 의미의 ESG 투자 범주(류영재·노희진 외, 2006)

구분	포함	불포함
본질 측면	• 수탁자 책무에 보다 충실하고 책임 있는, 즉 기업의 ESG 위험과 기회를 고려하는 투자 활동 • 그 이유는 ESG가 투자성과에 직간접적 영향을 미치기 때문임	• 금융기관의 사회공헌 • 금융기관의 자선 활동
목적 측면	• 궁극적 목적: 투자기관의 수익 극대화 • 파생적 목적: 이를 통한 사회 변화	• 투자를 통한 사회 변화 목적
주체 측면	• 수익 극대화를 위해 투자자가 주체적으로 ESG 고려	• NGOs 등에 의한 금융과 사회의 연계

그들에게 자금을 위탁한 '투자자에 대한 책임', 즉 타인의 자산을 관리 운용하는 수탁자의 책임fiduciary duty과 스튜어드십stewardship 측면을 강조하고 있다.

한편, 투자 자산군asset class에 있어서도 사회책임투자는 주로 상장 기업에 대한 주식 투자equity investment로 제한되는 경우가 많았으나, ESG 투자는 상장 주식 투자뿐만 아니라, 상장·비상장 채권투자, 벤처캐피털 venture capital의 스타트업 투자와 상장 전 투자Pre-IPO investment, 사모펀드PEF 투자 및 그밖에 부동산 인프라 투자 등 거의 모든 자산군asset classes으로 폭넓게 확산되고 있다. 특히 지난 2008년 금융위기 이후에는 급속도로 주류 투자기관들의 ESG 투자가 확대되면서 비상장 기업에 대한 사모펀드 및 벤처캐피털 투자에도 ESG 투자가 적용되고 있는 추세이다. 이러한 트렌드에 맞춰 여러 형태의 기관 투자자들 역시 ESG 요소를 그들의 투자 전략의 전면에 내세우면서 이를 하우스의 핵심적인 투자 전략으로 발전시켜 나가고 있다.

임팩트 금융에 있어서도, 국내에서는 모태펀드나 성장금융과 같은 정책금융기관들이 중심이 되어 소셜벤처에 자금을 배분하는 임팩트 투자를 지원 육성하고 있지만, 해외에서는 ESG 투자를 놓고 임팩트 투자와 주류 벤처캐피털이나 사모펀드 간에 상호 경계가 흐려지면서 양자가 동일한 투자 대상에 자금을 배분하는 등 양자 간 수렴convergence 현상이 일어나고 있다. 향후 국내에서도 이러한 흐름이 전개될 것으로 판단하고 있다.

2. 벤처캐피털과 ESG 요소

현재 벤처캐피털산업도 포스트 코로나 시대에 있어서, 이른바 디지털 전환으로 상징되는 4차 산업혁명, 기후 변화로 대표되는 녹색혁명이라는 두 가지 시대적 화두를 그들 투자에 반영하는 등, 전환기적 상황에 놓여 있다. 종래에는 일반적으로 벤처캐피털과 ESG 요소 간에 관련성이 크지 않은 것으로 인식되어 왔다. 즉 벤처캐피털들이 주로 관심을 갖는 테크기업들의 경우, 일반적으로 온실가스 배출량도 작고, 여타 배출 물질 등 환경 부하environmental impact도 크지 않기 때문이다. 그러나 앞서 언급했듯이 글로벌 금융위기 이후 글로벌 자금보유자들인 연기금이나 국부펀드들이 벤처캐피털 투자를 위시한 모든 자산군들에 ESG를 통합하는 전략을 확대해 나감에 따라 자연스럽게 벤처캐피털의 경우에도 ESG 위탁자금mandates의 규모가 크게 늘어났다.[4]

한 예로, 공유 오피스 업체인 위워크WeWork의 거버넌스 문제라든가,

이른바 긱 이코노미Gig Economy에 있어서 배달 앱 업체들의 근로자 권리 침해 및 열악한 처우로 인한 사회문제 등을 경험하면서, 뉴패러다임 기업들의 재무 외적 이슈인 ESG 이슈의 상대적 중요성이 더욱 부각되고 투자 업계의 광범위한 공감대를 형성하게 된 것이다.

일반적으로 벤처캐피털은 파괴적disruptive 비즈니스 모델을 보유한 테크 스타트업들을 주로 투자 대상으로 삼는다. 그러나 ESG 이슈에 비교적 둔감했던 테크 스타트업들의 경우에도 ESG 관련 규제 강도가 높아짐에 따라 향후 관련 규제 위험에 직면할 가능성이 매우 높다. 예컨대, 올해 전 세계적으로 테크 기업들의 개인정보 보호에 대한 윤리적 이슈가 더욱 중요한 이슈로 부각되고 있고, 아울러 AI 관련 테크 기업들로 인해 계층 간 양극화가 심화될 것이라는 우려 역시 점증하고 있다. 따라서 이러한 이슈들에 대한 규제가 등장하면 할수록, 관련된 테크 기업들의 리스크가 더욱 증대될 것이기에 이에 대한 선제적 대비가 필요한데 그것이 바로 ESG 요소에 대한 선제적 관리가 아닐까 생각한다.

글로벌 유수의 벤처캐피털도 환경 위험 노출도exposure가 낮은 테크 기업들에게 환경 이슈 대신, 사회적 위험 관리 강화나 기업 거버넌스의 투명성을 보다 적극적으로 요청하고 있다. 따라서 이러한 벤처캐피털 투자 업계의 변화 추세를 잘 파악하고 선제적으로 대비하는 소셜벤처를 포함한 스타트업들은 자본 유치에 있어서 유리한 위치를 확보할 수

---

4   European Investment Fund의 최근 조사에 따르면, 벤처캐피탈리스트 응답자들 중 70% 가 ESG의 주류화 추세에 따라 그들 투자에 ESG를 통합하고 있다고 응답하였다. Antonia Botsari & Frank Lang, "ESG Considerations in Venture Capital and Business Angel investment decisions: Evidence from two pan-European surveys" (2020) 참조.

있다.

또한 벤처캐피털들은 투자의사결정 과정에서 보다 체계적으로 ESG 위험요소들을 고려하기 위해 노력하고 있다. 일반적으로 사모펀드보다 숫자상 더 많은 포트폴리오 기업들을 투자하는 데 비해 인력 규모가 상대적으로 작은 벤처캐피탈의 특성상 이러한 체계적 접근법은 유용한 방법론이라고 할 수 있다. 따라서 상당수 해외 벤처캐피털들은 평가의 용이성을 높이기 위하여 하우스 내의 ESG 프레임워크를 개발하여 이를 투자 이전 단계인 실사due diligence에서부터 활용하기도 하고, 투자 이후에는 해당 기업의 경영진들에게 대한 인게이지의 참고자료로 활용하고 있다.

더군다나 벤처캐피털들은 기업공개 이전 단계에서부터 스타트업들에게 ESG 경영을 내재화시킴으로써 상장 심사에서나 상장 이후 자본시장에서의 보다 광범위한 ESG 경영 요구에 선제적으로 대응하게 하는 효과도 기대하고 있다. 즉 어차피 상장 이후 ESG 경영을 추진해야 한다면 비상장 시기에서부터 ESG 유전인자를 주입하려고 노력하는 것이 더욱 효과적일 것이라는 판단 때문이기도 하다.

기업들의 ESG에 대한 관심과 열정은 또 다른 부수적인 효과를 얻을수 있다. 즉 지속 가능한 경제에 대한 인식 수준이 높은 밀레니얼 세대 소비자 및 직원들에게 어필하는 효과도 얻을 수 있다는 점이다. 2019년 MSCI의 투자자 대상의 지속 가능 투자 조사에 따르면, 밀레니얼 세대의 95%가 ESG 투자 및 펀드를 선호한다고 밝히고 있다.

한편 스타트업들마다의 그들이 속한 산업 특성이 존재하기에 섹터 고유의 특수한 중대 ESG 이슈들을 파악하고, 동시에 상장 기업들을 기준으로 마련된 일반적인 ESG 평가 프레임워크를 스타트업 눈높이에 맞게 보정할 필요성도 존재한다. 따라서 스타트업들에 대한 투자자들의 ESG 실사 역시 섹터별 고유성 및 스타트업들의 자원 제약 측면들이 충분히 고려되어 실행될 필요가 있다.

3. 소셜벤처와 ESG 경영

●

먼저 일반적으로 논의되는 ESG 요소는 무엇을 뜻하는지 간략히 정리해 보자.

- **환경(E) 요소**: 환경 항목은 기업이 사용하는 에너지와 각종 배출물, 그들이 필요로 하는 자연자원, 그리고 그 결과적으로 인간 및 지구 환경에 미치는 영향 등을 포괄한다. 탄소 배출 및 기후변화가 대표적이다. 모든 기업들은 그 규모와 무관하게 에너지와 자원을 사용하고, 동시에 자연환경과 영향을 주고받는다.
- **사회(S) 요소**: 사회 항목은 기업들을 둘러싼 다양한 이해관계자들과의 관계 관리 수준, 사업을 영위하는 지역사회로부터의 명성 위험 등 다양한 위험요소들을 포함한다. 사회 이슈에는 공정성, 다양성 및 포용성 원칙이 중시된다.
- **거버넌스(G) 요소**: 거버넌스 항목은 기업의 지속 가능한 성장을 위하여 효과적으로 의사결정이 이루어지는 메커니즘을 말한다. 즉 좋은 거버넌스란 법을 준수하고, 내 외부 이해관계자들의 필요와 요구

에 부응하면서 효과적인 의사결정을 내리는 절차와 시스템을 포괄한다. 최근 들어 ESG가 중시되면서 전통적인 주주가치 관점의 거버넌스에서 이해관계자 이익까지 아우르는 거버넌스 논의로 이행되고 있다.

한편 최근 들어 더욱 주목받고 있는 ESG 경영은 일반 기업보다 사회·환경적 임팩트 창출을 목적으로 영리를 추구하는 소셜벤처에게 있어서 그 중요성이 더욱더 크다고 볼 수 있다. 크게 두 가지 측면에서 소셜벤처의 ESG 경영이 갖는 의의를 생각해 볼 수 있다.

① 소셜벤처의 기업경영은 그 설립 목적과 부합하여야 한다

즉 친환경 제품 생산을 통해 지역사회의 환경 부하량 저감을 목적으로 설립된 소셜벤처는 일반 기업들보다 더욱 엄격한 친환경 기준을 세우고 이를 철저히 준수하며 생산 활동을 할 수 있도록 노력해야 한다. 소셜벤처의 여건상 ISO14001 등과 같은 관련 인증을 받고, 환경경영 시스템EMS을 도입하는 것까지는 어렵더라도, 기본적으로 제품 생산 과정에서 자연자원에 대한 3R(Reduce, Reuse, Recycle) 원칙이나 오염자 부담 polluter pay 원칙하에서 이를 최대한 준용하고 실천하려는 노력을 해야 할 것이다. 아울러 소외계층이나 저소득층을 고용하는 소셜벤처의 경우에도 그들을 고용한 이후 최소한의 노사 규범을 준수하고 근로기준법 등에서 정하는 노동 3권 등을 철저히 보장해야 한다. 강제노동이나 과잉 노동 등을 철저히 배제하고 작업장의 안전에 만전을 기하는 등 인권경영에도 큰 관심을 가져야 한다. 또한 남녀고용 평등법, 최근 도입된 직장 내 괴롭힘 방지법 등의 준수에 있어서도 일반 기업들보다 더 엄격한 잣대를 스스로에게 적용해야 할 것이다. 동시에 소비자 정보 보호, 제품에 대한 소비자 알 권리 보장의 문제에 있어서도 철저한 관심과 주의를 기울일 필요가 있다. 이러한 환경 및 사회요소 관리는 기업의 규모나 자원의 동원 능력과 무관하게 경영자들이 조금만 관심을 기울이면 실천할 수 있는 내용들이다.

필자는 소셜벤처에 있어서 앞서 언급했던 환경(E)이나 사회(S)보다 기업 거버넌스(G) 이슈가 가장 중요하고도 긴급하지만, 상대적으로 간과되기 쉬운 항목이라고 생각한다. 흔히들 기업 거버넌스는 대기업 위주의 상장 기업들에게만 주로 해당되는 이슈로 착각하는 경향이 있는데 그것은 기업 거버넌스의 본질에 대한 몰이해에서 비롯된 것이다. 오히려 스타트업 단계에서부터 창업자들은 ESG 관점의 기업 거버넌스에 대한 관심과 노력을 기울여야, 기업의 매 성장단계마다 필요한 내외부 이해관계자들로부터의 적절한 지원과 협력을 얻는 데 유리하다. 예컨대 외부 투자자들인 엔젤이나 벤처캐피털 등으로부터 자금을 유치할 경우 기업 거버넌스에 대한 경영진의 인식 수준이나 열린 태도는 긍정적으로 작용할 것이고, 동시에 그들과의 원만한 관계를 유지하면서 후속 투자를 이끌어내는 데 있어서도 도움이 될 것이다.

한편 국내에서는 IMF 외환위기 이후 기업 거버넌스에 대한 논의가 오랫동안 이루어졌으나, 여전히 그 논의의 초점은 주주 대 이사회 혹은 경영진 간의 대리인 위험agency problem을 견제와 균형을 통해 최소화하려는 데 주로 모아졌다. 즉 우리나라의 거버넌스 논의는 기업의 지속 가능한 발전을 도모하기 위한 효과성 제고의 측면보다는 대리인 문제agency problem 최소화, 즉 견제와 균형 측면에 더욱 방점이 찍혀 있었다고 보인다. 그러나 2008년 금융위기 이후, 해외를 중심으로 기업 거버넌스의 새로운 관점이 모색되는 것은 주목할 만하다. 기존의 '견제와 균형' 측면에 더하여, 기업의 혁신과 가치 창출을 위한 경쟁 전략의 일환으로서 기업 거버넌스의 의사결정체계collaborate model에 대한 모색이 그것이다. 지난 2015년 개정된 G20/OECD 기업 거버넌스 원칙에서도 [그림27]과 같이 전통적인 주주 중심의 거버넌스가 아닌, 다양한 이해관계자들과의 소통과 협력 제고를 통한 의사결정 메커니즘을 강조하고 있다.

② ESG 성과는 기업의 중장기적인 기업가치 상승과 밀접하게 관련된다

오랜 기간 ESG 성과와 기업가치 제고 간의 상관관계 존재 여부를 둘러싸고 격렬한 논쟁들이 있었다. 그러나 금융위기 이후, 위 가설을 증명하는 다양한 연구물들이 발표되면서 이제는 하나의 가설에서 통설 내지 이론으로 자리 잡고 있다. 대표적으로 ESG 경영이 재무성과 제고에 긍정적인 영향을 미친다는, 메타 분석에 근거한 세 명의 학자들의 경험적 연구물을 들 수 있다.[5] 그밖에도 ESG 성과는 상대적으로 우수한 주식 수익률을 가져온다는 연구 등 다양한 리서치 결과들이 존재한다.[6]

---

5   Gunnar Friede et al, "ESG and financial performance: Aggregated evidence from more than 2000 empirical studies" (2015).

6   Mozaffar Khan, George Serafeim & Aaron Yoon, "Corporate sustainability: First evidence on materiality" (2016).

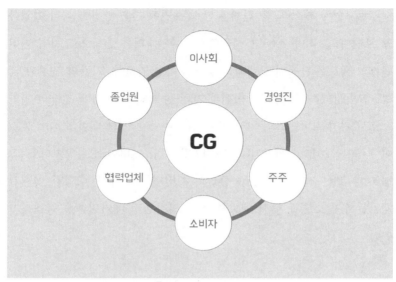

그림 27. G20/OECD 기업 거버넌스[7]

그러나 ESG 성과와 재무성과 간 상관관계를 입증하려는 연구와 논의들은 비교적 많이 존재하는 반면, 어떻게 ESG가 기업가치 창출과 연결되는지에 대한 논의는 상대적으로 부족한 편이다. 부연하자면 어떻게 ESG 성과가 기업의 현금 흐름 창출에 긍정적인 영향을 미치는가에 대한 논의가 부족하다는 뜻이다. 그런 면에서 맥킨지의 다음 다섯 가지 근거와 설명들은 음미할 만한 가치가 있다(Witold Henisz, Tim Koller & Robin Nuttall, 2019).

---

7   OECD, G20/OECD Principles of Corporate Governance (2015).

ㄱ. 매출 증대top-line growth

• 우수한 ESG 성과는 신시장 개척과 기존 시장을 확장하는 데 긍정적 기여를 한다. 특히 규제자들이 기업을 신뢰하게 되면, 신규 사업 인허가, 신시장 접근권 등에 관대한 조치를 내리는 경향이 있다. 이것은 기업에 있어서 사회적 자본을 축적하는 것과 다름없다.

• 동시에 ESG 성과는 소비자 선호도를 제고할 수 있다. 맥킨지 조사에 따르면, 소비자들은 그린 제품(친환경 제품)을 소비하는 경향성이 더욱 높아지고 있다. 조사 대상 소비자의 약 70%는 자동차, 건물, 전자 제품 등 다양한 섹터에서 해당 제품의 성능이 일반 제품과 동일하다면 그린 제품에 대해 5% 이상의 가격을 추가 지불할 용의가 있다고 답했다.

ㄴ. 비용 감소cost reduction

• ESG 경영은 실질적 비용 감소 효과를 나타낸다. 특히 에너지 과소비 섹터의 경우 일반적으로 ESG 성과는 온실가스 저감을 통한 에너지 절감 효과를 가져다줌으로써 비용을 낮추고 결과적으로 영업이익률을 제고시키는 효과를 가져다준다.

ㄷ. 규제 및 법적 개입regulatory and legal interventions

• ESG 경영을 통해 외부 이해관계자들로부터 좋은 이미지와 명성을 축적하면 규제 압력을 낮추면서 경영 전략적 자유도를 제고할 수 있다. 경험적 연구에 따르면 우수한 ESG 성과는 정부 조치로 인한 불이익 및 위험을 낮춰 주며 오히려 정부의 지원을 받는 데 유리하다.

ㄹ. 생산성 개선productivity uplift

- 회사의 ESG 경영은 우수인재를 채용하는 데 있어서도 유리하다. 또한 종업원들에게 긍정적인 동기를 부여함으로써 목적의식을 고취시키고 전반적인 생산성을 향상시키는 데 영향을 미칠 수 있다. 최근의 연구결과에 따르면, 기업의 긍정적인 사회적 영향은 종업원들로 하여금 높은 근무 만족도를 갖게 한다.

ㅁ. 투자와 자산 최적화investment and asset optimization

- 우수한 ESG 성과는 기업의 자산을 더욱 미래 지향적이고 지속 가능한 측면에서의 기회(e.g. 재생에너지, 폐기물 저감 등)에 배분케 할 수 있다. 이것은 환경규제 등으로 인해 장기적으로 가치가 떨어지는 좌초자산stranded assets에 대한 기업의 투자와 배분을 미연에 방지할 수 있다.

위 두 가지 측면을 고려할 때, 소셜벤처에 있어서 ESG 경영은 두 마리 토끼를 동시에 잡는 일거양득의 경영이 아닌가 싶다. ESG 경영이야말로 기본적으로 사회적·환경적 가치를 추구하는 소셜벤처 설립 목적에도 정확히 부합할뿐더러, 기업행위를 통해 영리를 추구하는 또 다른 소셜벤처의 목적에도 긍정적인 기여를 할 수 있는 까닭이다. 따라서 소셜벤처가 명실상부하게 ESG 경영을 내재화할 때, 이른바 '착한 기업' 이미지에 더해 경쟁력 있는 기업으로 우뚝 서 나갈 수 있을 것이다.

4. ESG 평가 방법론

●

일반적으로 ESG 평가는 기업 평가에 있어서 전통적인 주주의 관점만이 아니라 기업을 둘러싸고 있는 다양한 이해관계자의 관점에서 이루어진다. 환경Environmental 영역에서는 기업이 그 생산, 공정 과정에서의 외부효과externality 수준은 어떠한지, 동시에 그 기업이 생산하는 제품이나 제공하는 서비스의 지구환경에 미치는 친환경성 수준을 평가한다. 사회Social 영역에서는 종업원, 협력업체, 소비자, 지역사회의 관점에서 기업의 지속 가능 경영 수준을 평가한다. 기업이 관련 이해관계자들과 적절한 관계를 형성하고 있는지 여부도 파악한다. 기업 거버넌스 영역에서는 의사결정 과정에서 각 이해관계자들의 이해 및 의견을 수렴하고 그에 적절히 대응하고 있는지, 경영에 있어서의 내부 통제 및 외부 통제 수준이 어떠한지, 기업 경영의 성과를 이해관계자들에게 합리적으로 배분하고 있는지를 중점적으로 평가한다.

여기에서는 국내의 대표적인 ESG 평가 기관인 서스틴베스트Sustinvest의 ESGValue™를 중심으로 ESG 평가에 대해 대략적으로 살펴보고자 한다(표기 참조).[8] 우선 그 체계도는 아래와 같다. ESGValue™ 평가모형의 최상위 단계는 환경, 사회, 지배구조라는 세 가지 영역으로 구성되어 있다. 각 영역에는 다시 카테고리와 평가지표, 그리고 최하단에 데이터 포인트data points들이 위치하고 있다. 서스틴베스트의 ESGValue™ 중 환경 영역(E)에는 총 4개의 카테고리, 8개의 평가지표, 20개의 데이

8　서스틴베스트 기관자문팀, 「2019 상장 기업 ESG 분석보고서」(서울: 서스틴베스트, 2019) 참조.

터 포인트가 있고, 사회 영역(S)에는 총 4개의 카테고리, 13개의 평가 지표, 34개의 데이터 포인트로, 지배구조 영역(G)은 각각 6개의 카테고리, 19개의 평가지표, 41개의 데이터 포인트로 이루어져 있다. 종합하면 ESGValue™는 3개의 영역, 14개의 카테고리, 95개의 데이터 포인트로 구성되어 있다.

ESGValue™는 기업의 ESG 관리 수준을 평가하기 위한 평가모형이다. 전술했듯이 이해관계자 관점에서 각 기업들이 ESG 리스크 관리를 통해 지속 가능 경영을 적절히 수행하고 있는지를 평가하는 것이다. 이를 평가하기 위하여 서스틴베스트에서는 다음과 같은 근본적인 질문들을 제기하면서 평가를 진행하고 있다.

- 기업 CEO나 경영진들이 지속 가능 경영에 대한 의지와 목표를 갖고 있는가?
- 목표 실현 의지를 뒷받침할 수 있는 기업 거버넌스 체계를 갖추고 있는가?
- 지속 가능 경영의 효과적인 이행을 위한 시스템 및 프로그램들이 존재하며 적절히 작동되고 있는가?
- 그 의지를 객관적으로 판별할 수 있는 관련 인증 등을 보유하고 있는가?
- 비교 및 측정 가능한 구체적인 성과가 존재하는가?
- 지속 가능 경영의 업그레이드를 위해 지속적으로 이해관계자들과 소통하며 ESG 리스크를 효과적으로 관리하고 있는가?

물론 ESGValue™는 상장 기업 평가를 전제로 만들어진 것이기에, 상장기업에 비해 상대적으로 데이터 관리 및 공개가 미흡한 소셜벤처를 비롯한 비상장 기업 평가에 그대로 적용하기에는 일정한 한계가 있다. 따라서 비상장 벤처의 ESG 평가를 적절히 수행하기 위해서는 그들 기업에 맞는 평가 프레임워크에 대한 추가적 검토가 필요하다고 생각된다. 이러한 점들을 감안하면서 아래 ESGValue™가 포함하고 있는 평가 내용 및 기준을 파악할 필요가 있다.

표 7. 서스틴베스트 ESGValue™

(E) Category	KPI	평가 내용 및 기준
혁신 활동	친환경 혁신 역량	친환경 제품개발을 위한 연구개발을 진행하고 있으며, 관련 성과(특허, 인증 등)를 시현하고 있는가?
	환경성 개선 성과	제품의 생애주기에 걸쳐 환경성 개선을 위해 노력하고 있는가?
생산공정	환경경영시스템 인증	환경경영시스템 인증을 보유하고 있는가?
	환경사고 예방 및 대응	환경사고 예방 및 대응을 위한 활동을 실행하면서 관련 시스템을 구축하였는가?
	공정관리	생산공정 내 투입물 절감 및 배출물 저감을 위한 활동을 진행하고 있는가? 실제 성과가 있는가? (에너지 사용량, 용수 사용량, 화학물질 사용 및 배출량, 대기오염물질 배출량, 폐기물 배출량 검토)
	온실가스	기후변화 리스트 대응 차원에서 CDP(탄소 정보공개 프로젝트)에 대응하고 있는가? 목표관리제 및 배출권 거래제 대상 기업인가? 녹색경영시스템 인증이 있는가? 온실가스 배출 저감 활동을 진행하고 있는가? 실제 성과가 존재하는가?
공급망 관리	친환경 공급망 관리	협력업체의 선정과 운영, 협력업체의 제품 관리에 있어서 환경성을 고려하고 있는가?
고객관리	그린마케팅	제품 환경성에 대한 소비자 인지도를 향상시키고 나아가 소비자의 친환경적 행동을 촉진하기 위해 노력하고 있는가?

(S) Category	KPI	평가 내용 및 기준
인적자원 관리	근로조건	근로자의 생산성과 만족도를 동시에 향상시킬 수 있는 업무환경 및 조건들을 제공하고 있는가?
	고용평등 및 다양성	고용평등 및 다양성 제고를 위해 노력하고 있는가? 사회적 약자의 고용 수준이 어떠한가?
	노사관계 관리	협력적인 노사관계 구축을 위해 노력하고 있는가?
	근로자 보건 및 안전	근로자 보건 및 안전을 보장하기 위해 노력하고 있는가? 당사의 근로자뿐 아니라 협력업체 근로자들의 보건 및 안전까지 관리하고 있는가? 실제 산업재해 발생 빈도는 어떠한가?
공급망 관리	공정거래	협력업체와의 거래에 있어서 법규를 충실히 준수하고 있는가? 우월한 지위를 오남용하고 있지는 않은가?
	상생협력	상대적으로 영세한 하도급 업체의 성장 지원 등 상생협력을 위해 노력하고 있는가?
	공급사슬 관리	공급사슬 전반을 관리함에 있어서 사회적 책임을 이행하기 위해 노력하고 있는가?
고객관리	고객정보 보호	고객의 정보 보호를 위한 전담 조직(혹은 전담 인력) 및 시스템을 구축하고 있는가?
	소비자 만족 경영	소비자의 불만을 수용하고 그에 대응할 수 있는 시스템을 구축하고 있는가?
	품질 관리	제품 및 서비스의 품질 관리를 위한 시스템을 구축하고 있는가? 협력업체에 대해서도 품질 관리를 실시하고 있는가?
사회공헌 및 지역사회	국제 이니셔티브 가입 및 활동	지속 가능 경영 관련 협약이나 이니셔티브에 가입해 활동하고 있는가?
	사회공헌 활동	기업의 자원을 활용한 사회공헌 활동을 하고 있는가?
	지역사회관계	지역사회와의 신뢰관계 구축을 위해 노력하고 있는가?

(G) Category	KPI	평가 내용 및 기준
주주의 권리	경영권 보호장치	정관상 경영권 보호장치가 존재하는가?
	주주총회	주주총회 소집공고 공시가 충분한 시간적 여유를 두고 이루어졌는가? 주주 친화적인 의결권 행사 제도가 마련되어 있는가?
	주주가치 환원	배당, 자사주 소각 등 주주가치 제고를 위한 노력을 충분히 이행하고 있는가?
정보의 투명성	공정 공시	기업의 정보 공시 의무를 충실히 이행하고 있는가?
	공시 위반	공시 규정을 위반한 사례는 없는가?
	회계 투명성	회계기준을 위반한 사례나 회계 감사의 독립성이 훼손될 가능성은 없는가?
이사회의 구성과 활동	이사의 선임	이사 선임 방식과 이사 후보 선정 과정이 투명하고 객관적인가?
	이사회의 구성	이사회의 구성에 있어서 독립성과 적정성을 갖추고 있는가?
	이사회의 활동	이사회가 직무를 충실히 이행하고 실질적인 기능을 다하고 있는가?
	감사 및 감사위원회	감사위원회가 마련되어 있는가? 감사위원회의 독립성은 확보되었는가?
이사의 보수	이사 보수의 적정성	이사의 보수가 경영 성과와 이해관계자(주주 및 근로자)에 대한 이익배분 수준과 비교해 적정한 수준으로 지급되었는가?
	보상위원회	보수 및 보상체계의 적정성 관리를 위한 보상위원회가 설치되어 있는가? 위원회 구성 상 독립성은 확보되었는가?
관계사 위험	관계사 우발채무	특정 계열회사에 대한 부당 지원을 통해 기업가치 훼손이 일어날 가능성이 있는가?
	관계사 거래	관계사에 대한 재무적 의존도(우발채무 및 매출/매입 비중)가 지나치게 높지 않은가?
	내부거래 위반	실제로 부당 내부거래를 행하거나 내부거래 공시를 위반한 사례가 있는가?
지속 가능 경영 인프라	지속 가능 경영 거버넌스	지속 가능 경영의 이행을 위한 조직을 구축하였는가?
	지속 가능 경영 보고	지속 가능 경영 관련 공시 의무를 투명하게, 충실히 이행하고 있는가?
	윤리 경영	윤리 문제 예방을 위해 전사적인 윤리 규범 및 프로그램을 수립하였는가?

5. 사례 소개: B바이오

●

　필자는 기업공개를 목표로 하는 소셜벤처 기업가들에게 ESG 평가에 대한 이해를 돕기 위해 앞서 언급했던 서스틴베스트의 ESGValue™를 활용한 특정 상장 기업 ESG 평가 내용을 하나의 사례로 소개하고자 한다.[9] 여기서 B바이오를 사례로 채택한 이유는 다음과 같다. 즉 이 기업은 최근 1년 이내에 상장되었고 업력도 비교적 짧은 신생 기업에 속한다. 따라서, 이번 평가에 사용된 B바이오의 ESG 관련 데이터들은 대부분이 비상장 시점에서 생산된 것이기에 비상장 기업의 ESG 수준을 가늠해 보는 데 있어서 유의미한 시사점을 제공할 수 있다고 판단했다. 아울러 B바이오는 전체 종업원 숫자도 20명 내외로서 그 인적 규모에 있어서도 상장 기업이지만 비상장 기업과 거의 유사한 수준이란 점도 고려되었다.

　또한 필자는 B바이오의 창업자와 여러 차례 만나 인터뷰한 결과, 이 기업은 표면적으로 소셜벤처를 표방하지 않았을 뿐, 기업의 설립 목적과 사명에 있어서 소셜벤처라고 할 수 있었다. 창업자는 기업과 바이오 테크놀로지를 활용하여 인류의 가장 중대한 관심사이자 과제인 난치병 문제를 풀고자 하는 강력한 소명의식을 갖고 있었다. 또한 그가 여러 차례의 창업과 실패 경험을 통해 기업 성장에 있어서 기업 거버넌스의 중요성을 깊이 인식하고 있었던 점은 매우 인상적이었다. 더군다나 그는

9　해당 피평가사의 내부 정보 등이 포함되어 있으므로, 실명을 사용하지 않고 대신 이니셜로 표기한다.

기업의 성장단계마다 외부 투자자들을 유치하면서 그들과 효과적으로 소통하며 생산적인 관계를 형성하고, 그것을 발판으로 중장기적 기업가 치를 제고해 나가는 방법들을 잘 알고 있었으며 그것이 바로 기업 거버 넌스 이슈라는 점도 간파하고 있었다. 이러한 점에서 B바이오의 ESG 성과를 간략히 살펴보는 것을 의미가 있다고 생각한다.

① ESG 종합 성과

B바이오의 총점은 100점 만점에 62점이며 종합 등급은 서스틴베스 트 총 7개 등급 중 상위에서 3번째인 BB등급을 받았다. 이는 전체 분석 대상 996개 상장 기업들 중 487위(상위 48.9%)에 해당되며, 제약/생명공 학/생명과학 섹터 88개 기업 중 47위(상위 53%)를 차지했다. 이 점수는 최 근 상장 기업 수준에서는 매우 높은 평가를 받은 것이다. 한편 기업 거 버넌스 수준은 우수한 편이나 환경과 사회 영역에서 부진한 성과를 나 타냈다. 그러나 전반적으로 ESG 데이터의 결측치가 많아 평가에 부정 적인 영향을 미쳤다. 다만 환경(E)이나 사회(S) 데이터에 비해 이 기업의 사업보고서를 통해 공시된 기업 거버넌스(G) 데이터들은 상대적으로 풍 부하고 잘 정리되어 있었다.

② 환경 성과

B바이오가 속한 제약/생명공학/생명과학 섹터 내의 핵심적인 환경 이슈들은 화학물질 관리 수준, 실험 대상인 동물 복지 고려 수준 및 동 물실험 회피, 생물다양성 보장, 친환경 포장 이슈들이 대표적이다. 이러 한 점들을 고려한 전반적인 환경 영역 평가에서 이 기업은 다소 저조한

표 8. ESG 종합성과(서스틴베스트 ESG Compass, 2020)

		FY 2017	FY 2018	FY 2019
총점	총점	비상장	비상장	62.68
	등급	비상장	비상장	BB
	섹터 순위	비상장 (-)	비상장 (-)	47/88 (53.41%)
	전체 순위	비상장 (-)	비상장 (-)	487/996 (48.90%)
환경	점수	비상장	비상장	0.88
	등급	비상장	비상장	E
	섹터 순위	비상장 (-)	비상장 (-)	34/88 (38.64%)
	전체 순위	비상장 (-)	비상장 (-)	804/996 (80.72%)
사회	점수	비상장	비상장	16.88
	등급	비상장	비상장	D
	섹터 순위	비상장 (-)	비상장 (-)	76/88 (86.36%)
	전체 순위	비상장 (-)	비상장 (-)	791/996 (79.42%)
지배구조	점수	비상장	비상장	61.94
	등급	비상장	비상장	B
	섹터 순위	비상장 (-)	비상장 (-)	19/88 (21.59%)
	전체 순위	비상장 (-)	비상장 (-)	127/996 (12.75%)

성과를 나타냈다. 특히 혁신 활동 측면에서 친환경 연구개발에 대한 정보 공개 수준이 미흡해 낮은 평가를 받았고, 생산공정 부문의 친환경 경영 성과 역시도 섹터 평균 대비 저조한 수준이었다. 광고나 홍보 활동을 통해 일반 소비자들에게 자사의 친환경성을 알리고, 녹색 구매를 통해

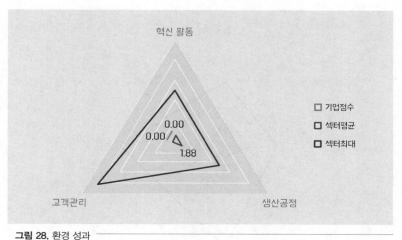

그림 28. 환경 성과

협력사들에게 친환경 경영 수준을 제고시키는 협력사 환경 관리 측면에서도 낮은 수준을 나타냈다(표8) 참조).

③ 사회 성과

B바이오의 사회 영역 성과를 보면 전반적으로 개선이 필요해 보인다. 특히 인적자원 관리 부문의 성과가 섹터 평균 대비 저조하다. 특히 기업의 내부 이해관계자인 임직원들에 대한 고용 다양성 측면에서 비교적 우수한 성과를 나타냈으나 근로조건, 노사관계 관리, 근로자 보건 및 안전 이슈 부문에서는 낮은 성과를 기록했다. 공급망 관리 측면에서 동사는 공정거래 이슈와 협력사를 위한 상생협력 지원 등에서 낮은 성과를 나타냈다. 고객관리 수준에 있어서도 품질관리 시스템 인증을 받았으나 이를 외부 이해관계자들에게 공개하지 않음으로 평가에서 좋은 점수를 얻지 못했다. 사회공헌 활동에 있어서 B바이오는 매출액 대비 기

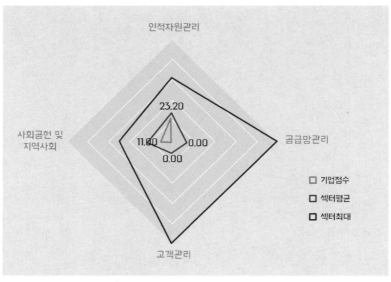

그림 29. B바이오의 사회성과

부금 수준이 우수하나, 사회공헌 활동과 지역사회에의 기여, 다양한 관련 이니셔티브 가입 및 활동에서 저조한 성과를 나타냈다(I그림29I 참조).

④ 기업 거버넌스 성과

B바이오는 거버넌스 영역에서 전반적으로 섹터 평균 대비 우수한 성과를 나타냈다. 우선 주주의 권리 부문에서 정관상 서면투표와 전자투표를 도입하였으나 경영권 보호 조항을 포함하고 있음으로 인해 평가의 하락 요인이 되었다. IR 등 정보 공개의 빈도수 측면에서 매우 우수하여 섹터 최상위 수준을 나타냈다. 이사회의 구성 및 활동 측면에서도 장기 재직, 과다 겸임, 기타 결격 사유가 있는 이사들이 없었으므로 좋은 평가를 받았다. 다만 이사회 개최 건수가 적고, 사외이사들의 모든 안건에

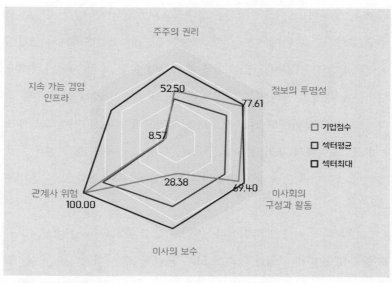

주주의 권리

지속 가능 경영
인프라

52.50

정보의 투명성

77.61

8.57

□ 기업점수
□ 섹터평균
□ 섹터최대

관계사 위험
100.00

28.38

69.40

이사회의
구성과 활동

이사의 보수

그림 30. B바이오의 거버넌스 성과

찬성을 표명한 점은 다소 성과 하락 요인으로 작용했다. 이 기업의 경우 관계사가 없으므로 이 부문의 위험은 존재하지 않는다. 반면 지속 가능 경영 인프라 측면에서 섹터 평균을 하회하는 수준을 나타냈다. 이것은 최근 상장된 기업으로서 지속 가능 경영에 대한 상대적 인식의 부족을 반영한 결과가 아닌가 생각된다(그림30) 참조).

맺음말

●

이 장은 최근 자본시장의 키워드 중 하나인 ESG 투자가 소셜벤처와 어떻게 연결되고 어떠한 함의들이 존재하는지 검토하기 위해 준비되었다. 일반적으로 ESG 경영은 상대적으로 규모가 큰 상장 기업들 위주로 도입되는 까닭에, 대다수가 비상장 기업인 소셜벤처와의 연관성이 잘 파악되지 않는다. 또한 소셜벤처들의 설립 목적 자체가 환경·사회문제 해결인 까닭에, 일반적으로 소셜벤처들의 ESG 경영 성과 역시 당연히 잘 관리되고 있을 것으로 인식되고 있었다. 막연히 그들에게는 ESG 측면에서 후한 점수를 주거나, 혹여 그들에게 ESG 성과상 문제가 발생하더라도 애써 외면하거나 면죄부를 주는 경향 또한 존재해 왔다.

그러나 이제 시대가 바뀌었다. 기업의 설립 목적과 사업 내용, 그 규모 등과 무관하게 기업을 둘러싼 ESG 관련 규제, 사회적 인식 수준, 투자자들을 비롯한 다양한 이해관계자들의 요구 강도 등에 있어서 과거와 비교할 수 없을 정도로 높아지고 강해졌다. 기후변화 이슈가 가장 대표적이며, SNS가 발달한 요즘 기업 투명성과 관련된 기업 거버넌스 이슈도 마찬가지이다. 이제는 기업 ESG 성과에 중대한 문제가 발생하면 클릭 몇 번으로 모든 이해관계자들이 해당 정보를 빠르게 공유하는 시대인 까닭이다.

한편 소셜벤처는 내외부 이해관계자들로부터 ESG 측면에서 더욱더 엄격한 자기점검을 요청받고 있다는 점을 인식해야 한다. 따라서 그들에게 가점을 주기보다는 부적절한 ESG 성과를 나타냈거나 대응을 했을 경우 엄격한 벌점을 줘야 한다는 주장이 객관적 설득력을 얻고 있다. 자칫 소셜벤처가 그 경영 및 생산 과정에서 ESG 관련 문제들을 일으킨다면 그 이율배반성으로 인해 더욱더 심각한 사회적 지탄을 받을 수 있고, 이것은 그들 기업경영에 있어서 중대한 위험요소가 될 수 있기 때문이다.

한편 앞서 여러 차례 언급했듯이 포스트 코로나 시대에 전 세계적 자본의 흐름은 ESG를 확대, 강화하는 방향으로 진행되고 있다. 따라서 소셜벤처들 역시 이러한 자본 흐름의 변화를 읽고 그에 적절히 대응한다면 자본 유치에 있어서 매우 유리할 수 있다.

끝으로 B바이오 사례분석을 통해 판단해 볼 때, 여전히 한국의 비상장 기업 대다수들은 ESG 요소들 중 E와 S의 데이터 관리가 상대적으로 취약한 것으로 파악된다. 관련 데이터 관리가 충분하지 못하면 결국 평가상 결측치가 늘어남으로써 실제 기업의 경영 수준에 부합하는 적절한 평가 점수를 얻지 못하게 된다. 따라서 어느정도 규모를 갖추고 있고 향후 수년 내에, 기업 공개를 목표로 하는 소셜벤처들의 경우에는 자발적으로 자신들과 유사 섹터에 있는 상장 기업 지속 가능 보고서 등을 벤치마크 할 필요가 있다. 그러한 작업을 통해 자체 ESG 데이터 관리를 시작한다면 향후 벤처캐피털 등으로부터 자본 유치 시에 긍정적인 효과를 얻을 것이다. 또한 국내 ESG 평가 업체들 역시 해당 기관들의 평가모형들을 홈페이지 등을 통해 공개하고 있는 만큼, 그 내용들을 면밀히 분석하여 자사에 적용해 보는 것도 ESG 경영을 개선하는 데 유용할 것이다.

소셜벤처와 임팩트 측정

― IMP를 중심으로 ―

윤남희

임팩트스퀘어 이사

1. 사회적 가치 측정의 개념

●

① 들어가며

2020년 요즘 소셜벤처 영역에서 자주 등장하는 단어 하나를 꼽아 보라고 하면 단연코 '임팩트'라고 할 수 있다. 이번 정부 들어 많이 회자되는 임팩트 투자부터 소셜 임팩트, 임팩트 금융, 소셜 임팩트 본드SIB (Social Impact Bond), 임팩트 이코노미, 임팩트 스타트업, 임팩트 측정 등 매우 다양한 단어와 결합해서 임팩트라는 개념이 활용되고 있다. 이와 같이 임팩트라는 단어가 폭넓게 사용되고 있는데도 불구하고 임팩트의 개념을 명확하게 이해하고 적용하는 사람은 많지 않다. 이는 임팩트라는 개념이 넓은 의미로 활용되고 있기 때문이기도 하며, 동시에 소셜벤처 생태계에 해당 단어가 사용된 지 얼마 안 돼서이기도 하다.

이에 먼저 우리는 '임팩트란 무엇인가?'라는 질문을 던질 필요가 있다. 생태계 내에서 충분히 해당 단어의 의미가 공유되지 않는다면, 서로

가 다른 임팩트를 말하는 경우가 발생할 수 있고, 이는 결국 혼돈을 야기할 수 있기 때문이다.

이 글에서 먼저 임팩트에 대해 기존에 논의되고 있는 개념을 정리해 보고자 한다. 임팩트에 대한 정의를 논의해 보는 것은 시작점에 가까울 것이다. 관련 학문이 이제야 조금씩 발전 중이고, 임팩트라는 단어를 마구잡이로 쓰는 데 대한 반성과 의구심이 서서히 쌓이고 있다. 이런 상황에서 소셜벤처 영역에서 활용되는 데 가장 적절하게 사용할 수 있는 임팩트의 조작적 정의를 정리하는 것은 의미가 있을 것이다. 임팩트에 대한 조작적 정의는 최근 글로벌에서 임팩트와 관련된 합의점을 찾고자 하는 이니셔티브인 IMP(Impact Management Project)를 기반으로 시작하고자 한다. 이러한 시도가 소셜벤처 생태계에서 포괄적으로 활용되고 있는 임팩트에 대한 어느 정도 합의된 개념을 도출하는 데 기여할 수 있을 것이다.

임팩트라는 단어가 다양하게 쓰이고 있는 상황에서 소셜벤처 생태계에서는 최근 몇 년 동안 임팩트를 측정하고자 하는 다양한 시도가 있었다. 임팩트 측정에 반감을 가지는 조직도 있었고, 이러한 측정과 평가가 줄 세우기 방식이라는 비판도 있었다. 동시에 어떠한 방식으로 임팩트를 측정해야 하는지에 대한 논쟁도 있었다. 특정 방법론을 선호하여 모든 임팩트를 하나의 방식으로만 설명하고자 하는 경우도 있었고, 이에 대한 반감으로 질적인 인터뷰를 임팩트에 포함시켜야 한다는 논의도 있었다. 이는 우리 생태계가 임팩트 측정과 평가에 대한 궁극적인 의도를 충분히 공감하지 못해서 발생하는 현상일 것이다. 본 내용에서 설명하겠지만 임팩트는 우리가 행하는 활동이 가지는 궁극적인 목적이 무엇인지와 직접적으로 연결되어 있다. 따라서 오히려 어떤 방법론이 우월하다기보다는 어떤 목적으로 활동을 수행하고 있는지, 활동의 궁극적인 목적이 달성되었는지를 확인하고 좀 더 잘하기 위해서 무엇을 해야 하는지의 내용이 임팩트 측정과 평가에 포함되어야 할 것이다.

이에 본 글에서는 특정 방법론을 설명하는 것이 아니라 임팩트를 관리하는 방식과 보고할 수 있는 프레임워크를 설명하고 이를 기반으로 임팩트 측정과 평가의 요소를 설명하고자 한다. 이를 통해서 한국 소셜벤처 생태계의 임팩트 측정과 평가에 대한 새로운 논의를 이끌어내고자 한다.

② 임팩트란 무엇인가?

소셜벤처 영역에서 주로 논의되는 임팩트는 소셜 임팩트social impact로 표현하는 것이 좀 더 정확할 것이다. 해당 영역에서 소셜 임팩트 외에 경제적이거나 정치적인 가치에 대한 임팩트를 의미하는 경우가 없기 때문에 큰 혼선이 없을 것이다. 가치value의 경우에는 사회적 가치와 경제적 가치를 나누어서 매번 명료하게 서술하지 않으면 혼동을 일으킬 수 있다. 그래서 임팩트와 가치를 세심하게 살펴볼 필요가 있을 것이다. 이 생태계 안에서 임팩트라고 말한다면 이는 당연히 소셜 임팩트를 의미한다고 생각해도 문제가 없다. 본 글에서도 그런 맥락에서 임팩트라는 단어를 사용하고 있으며 반드시 구분하여야 하는 경우에만 예외를 밝혀 사용하도록 하였다.

현재 글로벌에서 사회적 가치 측정 및 보고와 관련하여 가장 주목받는 흐름은 IMP이다. IMP는 임팩트를 서술하고 보고하는 방식에 대한

소셜 임팩트와 사회적 가치는 같은가?

소셜 임팩트는 사회적 가치와 거의 같은 뜻으로 쓰이고 있지만, 세부적으로
살펴보면 약간의 차이가 있다. 이에 대해 사회적 가치 측정 전문가들의 글로
벌 최대 네트워크인 소셜 밸류 인터내셔널SVI(Social Value International)에서
는 다음과 같이 비교 정의한다. 소셜 임팩트는 사회문제를 해결한 크기를 의
미하고, 사회적 가치는 수혜받는 사람이 느끼는 가치에 해당한다. 따라서 사
회적 가치는 수혜자(또는 해당 이해관계자가)가 느끼는 효용에 보다 중점을
두고 있다고 생각하면 좀 더 이해하기 쉽다. 물론 이 두 가지의 크기는 같을
수도 있다. 본질적으로 다른 대상을 지칭한다기보다는 어떤 관점에서 바라보
는지에서 기인하는 차이이기 때문이다. 중점을 두는 최종적인 결과가 다를
뿐, 실제로 측정 영역에서는 같은 의미로 통용된다. 전반적으로 생태계 내 활
동하는 주체들은 이 차이는 크지 않다고 가정하고 거의 동일한 뜻으로 혼용하
여 사용한다.

표준 프레임워크를 제공하는 이니셔티브이다. 이름에서 알 수 있듯이
해당 이니셔티브는 측정 자체에 초점이 있다기보다는 임팩트를 관리하
고 보고하기 위하여 어떻게 소통할 것인지를 목표로 한다. 이미 2천 개
가 넘는 조직 및 네트워크가 참여하여 사실상의 글로벌 표준으로 자리
잡기 시작했다. 임팩트 투자자들의 글로벌 양대 네트워크인 진GIIN[1]과
토닉Toniic[2]이 모두 참여하는 것은 물론, IFC[3], OECD[4], UNDP[5] 같은 국

---

1   글로벌 임팩트 투자 네트워크(GIIN: Global Impact Investing Network)는 세계적인 임팩트 투자의
       규모와 효율성을 증가시키는 데 기여하는 영향력 있는 조직이다.

제기구도 해당 이니셔티브에 참여를 결정했다. 이때 IMP는 기존에 논의되었던 측정 방법과 배치되는 것이 아니라 그 방식을 포괄하고 합의consensus를 도출하여 표준화를 위한 작업에 중점을 두고 있다. 이 작업 가운데 임팩트에 대한 정의도 하나의 합의로 제시되고 있는데 그 내용은 다음과 같다.

임팩트는 한 조직에 의하여 야기된 성과의 변화량이다. 임팩트는 긍정적positive, 부정적negative일 수도 있고 의도적intended일 수도 있고 비의도적unintended일 수도 있다.[6]

임팩트에 대한 정의를 깊게 이해하기 위해서는 이를 설명하고 요소를 각각 구체적으로 살펴볼 필요가 있다.

ㄱ. 구성요소 1: 임팩트는 조직이 창출한 성과의 변화량이다

임팩트가 있다는 표현은 우리가 또는 우리 조직이 수행한 일이 어떤

---

2   글로벌 임팩트 투자사로서, 400개가 넘은 투자사(개인 포함)가 25개 이상의 국가에서 임팩트 투자를 시행하고 있다.

3   국제금융공사(IFC: International Finance Corporation)는 개발도상국과 저개발국에 투자하는 유엔 산하 금융기관이다.

4   경제협력개발기구(OECD: Organization for Economic Cooperation and Development)는 회원국 간 상호 정책조정 및 협력을 통해 경제 문제에 공동으로 대처하기 위한 정부 간 정책연구 및 협력기구이다.

5   국제연합개발계획(UNDP: United Nations Development Programme)은 개발도상국에 대한 유엔의 개발원조계획을 조정하기 위한 기관이다.

6   https://impactmanagementproject.com/impact-management/impact-management-norms/

성과를 만들어 냈다는 것이다. 성과를 설명하기에 앞서 성과outcome와 활동으로 인해 직접적으로 도출된 결과output를 이해하는 것이 필요하다. 결과output는 조직이 만들어 낸 산출물에 가깝다. 예를 들어 학교에 출석한 횟수, 공부한 시간, 회사에서 미팅한 횟수와 같이 어떠한 활동으로 인해 직접적으로 발생된 지표로 측정할 수 있다. 따라서 활동이 발생했다면 결과는 산출되는 것은 당연하다고 볼 수 있다. 이러한 관계는 훨씬 직접적이고 선형적이라고 볼 수 있다. 반면 성과는 실전적인 변화를 의미한다. 성과는 보다 복합적이고 다양한 변수가 개입되어 있다. 우리가 성과의 변화량에 더 중점을 두어야 하는 이유는 해당 활동의 궁극적인 목적이 그 안에 담겨 있기 때문이다. 우리의 활동은 단순한 결과지표 이면에 해결하고 싶은 문제 또는 달성하고 싶은 목표가 있다. 성과지표는 우리의 활동이 이러한 목적을 달성하는지를 확인할 수 있는 것이다. 그러하기 때문이 훨씬 복잡하고 다양한 변수를 고려해야 한다. 성과의 변화량을 측정하는 것은 우리가 측정을 시도하는 궁극적인 목적에 가깝다.

우리에게 익숙한 공부 시간과 성적을 예를 들어 설명해 보고자 한다. 부모님께 20만 원을 받아서 15만 원은 독서실 등록에 사용하고 5만 원으로 수학책 두 권을 샀다고 가정해 보자. 코로나19로 등교하지 않는 1개월 동안 독서실에서 열심히 수학문제집을 풀었다. 그 결과 문제집 두 권을 다 풀 수 있었다. 나는 왜 문제집을 사고 문제를 풀었을까? 1개월이라는 시간을 보람차게 보내기 위해서? 아니면 20만 원을 잘 사용하려고? 모두 아니다. 궁극적인 목적은 중간고사에서 수학점수를 올리고, 이를 통해 성적의 올리는 데 있을 것이다. 임팩트는 우리가 변화시킨 등

수나 점수가 되어야 한다.[7] 물론 그것으로 끝나는 것만은 아닐 것이다. 성적의 향상은 대학 진학의 가능성 및 선택의 폭을 확장하고, 나아가 원하는 직업을 얻거나 본인이 생각하는 행복한 삶을 살기 위한 선택이자 활동으로 볼 수 있다. 하지만 사회적 변화와 혁신을 만들어 내는 현장에 있다 보면 놀랍게도 점수나 등수의 변화라는, 내가 목표한 성과보다 다 푼 문제집 두 권, 혹은 투입한 시간 및 비용에 매몰되는 경우가 생각보다 많다.

앞에서 언급한 것처럼 투입한 1개월 및 20만 원은 엄밀하게 말하면 우리가 만든 성과의 변화량, 즉 임팩트라고 하기 어렵다. 사실 임팩트의 정의에서 가장 분명하게 제시하고 있는 것은 그저 좋아 보이는 어떤 것 something good을 곧 임팩트로 여겨 버리는 오류에 대한 경고일 것이다. 이는 구체적으로 어떤 사회문제를 해결해서 성과를 창출하고 있는지를 설명하고 있지 않은 채, 그저 '좋은 느낌이 나는 것'을 임팩트로 설명하는 것에 대한 경각심을 일깨워 준다.

태도나 임팩트를 내기에 준비된 정도(예를 들어 조직의 거버넌스 등)를 임팩트와 동일시하는 경우도 있다. 예를 들어 우리가 달리기를 하기 위해서 근력량이나 체중 조절이 중요한 요소일 수 있으나 이 요소 자체가 궁극적인 임팩트라고 보기에는 어렵다. 투입이나 활동 그 자체, 또는 어떤 태도와 건강성이 우리가 변화시켜야 하는 책임, 즉 임팩트를 대체할 수 없다. 이러한 방식만을 적용하는 것은 임팩트에 대한 이해도가 낮거나

---

7 엄밀하게는 그 성과의 변화에 우리의 개입 없이 생기는 변화(depth counterfactual)를 차감해야 하지만 논의의 편의상 제외한다.

도리어 진정성이 없는 경우에 가깝다.

IMP는 '5가지 차원에서 임팩트를 서술하는 프레임워크'를 통해 조직의 활동으로 창출된 변화량을 논리적으로 서술하도록 하는 데 중점을 두고 있다. 궁극적으로 창출되는 변화를 설명하려고 한다면 해당 프레임워크가 도움을 줄 수 있을 것이다.

ㄴ. 구성요소 2: 임팩트는 긍정적positive, 부정적negative 모두 가능하다

임팩트는 긍정적일 수도, 부정적일 수도 있다. 물론 조직이 처음 상정한 임팩트는 거의 대부분 긍정적일 수밖에 없다. 부정적인 임팩트를 내고자 하는 기업은 거의 없을 것이라고 믿기 때문이다. 문제 해결을 위해서 더 나은 무언가를 창출하기 위한 노력은 긍정적인 성과를 목적으로 하기 때문이다. 그러나 우리의 행동이 항상 좋은 결과만 낳지는 않는다는 것을 간과해서는 안 된다. 다양한 외부효과로 인하여 우리가 의도하지 않은 부정적인 임팩트가 발생될 수 있기 때문이다.

가령 친환경적인 제품을 만드는 회사가 있다고 생각해 보자. 이들이 개발도상국에서 친환경적인 제품을 만들면서 아동을 고용한다면 이들은 부정적인 임팩트를 창출하게 된다. 특히나 다양한 이해관계자와 함께 활동을 영위하는 경우에는 그 과정에서 예상치 못한 부정적 임팩트가 발생할 수 있기 때문에 사전에 이를 세심하게 살펴보는 것이 중요하다. 이러한 측면에서 임팩트 측정 및 관리 시 부정적인 임팩트를 파악하는 것은 필수적이다. 부정적인 임팩트가 발생하는지를 파악해야 이를 줄일 수 있는 전략을 선택할 수 있는 근거를 확보할 수 있기 때문이다. 결과적으로 투입된 자원을 최적화하여 긍정적이고 의도적인 임팩트를 창출하는 데 집중할 수 있도록 하기 때문이다. 또한 부정적인 임팩트를 줄이기 위한 방식을 고안할 수 있다. 예를 들어 투자자의 경우, 투자한 조직이 수행하는 활동에서 부정적인 임팩트가 창출되고 목표한 긍정적 임팩트가 창출되지 않을 때, 투자금을 회수하거나 제공하기로 했던 인센티브를 지급하지 않는 방식을 선택하여 긍정적 임팩트가 창출될 수 있도록 외부 자극을 가할 수도 있을 것이다.

ㄷ. 구성요소 3: 임팩트의 의도성과 비의도성을 구별해야 하는 이유

이 부분은 조금 주의 깊게 살펴보고 명확히 이해할 필요가 있다. 임팩트 자체는 의도하건 의도하지 않건 창출될 수 있다. 의도하지 않은 임팩트 역시 외부효과와 연결될 수 있고, 더불어 긍정적·부정적 임팩트와 연결 지어 해석해야 할 필요가 있다.

라이브스톡Livestock이라고 하는 소셜벤처의 사례를 보자. 라이브스톡은 카자흐스탄의 유목민이 방목한 가축을 잃어버리는 것을 방지하는 위치추적 센서 기술을 제공하고 있다. 해당 소셜벤처는 유목민이 가축을 방목한 후 도난을 당하거나 또는 가축이 돌아오지 않아서 가축을 잃어버리는 경우가 발생하고 있고, 이것이 유목민의 자산 손실로 이어진다는 점에 주목하였다. 이를 해결하기 위해 가축에 부착하는 형태의 위치추적 장치를 개발 및 보급했고, 그 결과 가축의 도난과 손실이 실제적으로 줄어들었다. 이는 의도했던 임팩트의 창출이라고 볼 수 있다. 그러나 해당 성과를 측정하는 과정에서 본래 의도하지 않았던 긍정적인 임팩트도 창출되었다는 사실을 알게 되었다. 가축에 부착한 위치추적 장치를 통해서 가축이 있는 위치를 정확하게 파악할 수 있기 때문에 가축을 찾

아오는 시간이 단축된 것은 의도한 임팩트이지만, 가축 분실을 방지하기 위해 투입되던 아동 노동시간이 감소한 것은 비의도적인 긍정적 임팩트였다.

의도성이라 함은 곧 해당 조직의 활동이 추구하는 목표가 있고 이를 달성하기 위해서 솔루션을 제공한다는 것이다. 그러나 다양한 외부 요인으로 인하여 실제로 의도했던 임팩트가 창출되지 못하는 경우도 있고, 위 라이브스톡의 사례처럼 의도하지 않은 임팩트 역시 창출될 수 있다는 점을 기억해야 한다. 의도하지 않은 임팩트가 창출되는 경우에도 해당 임팩트가 앞에서 언급한 아동 노동시간의 감소처럼 긍정적인 임팩트일 경우에는 그 뒤에라도 의도와 의지가 투영되어 지속적으로 확장되고 지속 가능할 수 있다. 이는 소셜벤처의 새로운 사업 솔루션을 계획하고 확장하는 데 좋은 동기일 수 있다. 긍정적인 임팩트를 창출하기 위해서는 결국 지속적으로 의도성을 부여하고 의도된 임팩트가 창출될 수 있도록 관리할 필요성이 있다.

2. 소셜벤처에 대한 사회적 가치 측정 요구

●

① 소셜벤처에 대한 사회적 가치 측정의 필요성 대두

소셜벤처에 대한 사회적 가치 측정에 대한 요구가 높아지고 있는 이유를 세 가지 차원으로 설명할 수 있다.

첫 번째는 투자자나 지원자의 요구다. 초기의 사회적 가치 측정의 요구는 주로 정부의 정책이나 비영리조직의 프로젝트의 효과성을 증명하고자 하는 동기에서 시작되었다고 볼 수 있다. 최근 국내외를 막론하고 사회적 가치 측정과 관리에 대한 논의가 활발해지고 있는 흐름의 시작점은 임팩트 투자 등 금융에서의 고려가 시작되면서부터라고 할 수 있다. 특히 소셜벤처에 투자를 하는 임팩트 투자자나 소셜벤처를 지원하는 기업의 경우, 각 투자나 지원이 목적하는 사회적 가치를 달성하고 있는지를 확인하고 더 잘 할 수 있는 방법이 없을지 고민할 수밖에 없기 때문에 이러한 흐름은 더욱 빠르고 강하게 일어난다. 그 결과, 정확한 측정 및 평가를 위해 관련된 정보를 만들고 공유할 필요가 생겨나기 시작했고, 이러한 관점에서 사회적 가치 측정이 의미를 가지게 된 것이다. 이제 투자자나 지원 주체가 소셜벤처에게 재무적 투자수익뿐만 아니라, 약속한 사회적 성과 창출을 달성했는지에 대한 정보를 요구하는 것은 그리 낯선 일이 아니다. 더하여 국내에서 특히 두드러지게 나타나는 현상은 사회적 가치 창출을 위해 자원을 투입할 적정 대상이 맞는지를 사전에 확인하고자 소셜벤처의 사회적 가치 측정에 대한 요구가 두드러진다는 점이다. 이때의 측정 지표는 말하자면 재무회계와 같은 역할을 하게 된다.

두 번째는 소셜벤처가 내적인 이유로 사회적 가치 측정의 필요성을 가지는 경우다. 소셜벤처는 사회적 혁신을 일으키려는 정체성을 가진 조직이다. 이러한 내재적 동기의 특징을 고려해 보면 조직의 활동이 사회적 변화를 창출하는지, 더 잘 할 수 있는 방법은 없는지 고안하기 위해 다양한 정보가 필요해진다. 해당 정보는 실제로 소셜벤처의 의사결정에 영향을 미치며 전략의 설계 배경이 되기도 한다. 마치 관리회계 같은 역할을 하게 되는 것이다. 이에 그치지 않고 소셜벤처 구성원은 자신이 실제로 사회 변화에 기여하는지 확인하고자 한다. 이런 요구들을 아우르는 소셜벤처의 내적 요구가 존재하여 사회적 가치 측정이 필요하게 된다.

마지막으로 고객과의 소통에 사회적 가치가 하나의 정보로 작용하는 경우가 있다. 밀레니얼 세대로 대표되는 소비자는 점점 더 자신의 소비가 어떤 가치를 지지하는 행위인지 알고자 하고, 사회적·환경적으로 부정적인 영향을 주는 상품의 소비를 피하려고 한다. 이처럼 사회적 가치에 대한 소비자의 관여도가 점차 높아지면서 해당 구매가 사회적·환경적으로 얼마나 이로운지를 구체적으로 설명하고자 하는 노력이 여러 브랜드에서 일어나고 있다. 구체적인 설명은 곧 데이터를 의미하며, 이를 위해서는 사회적 가치 측정에 연관된 어떤 활동과 그 활동에 따른 결과 지표를 필요로 한다. 말하자면 고객에 대한 정보 공개나 마케팅 요인으로 요구된다는 것이다.

② 소셜벤처를 중심으로 주로 시도된 사회적 가치 측정·평가 방법론

사회적 가치 측정 및 평가 방법론은 1950년대부터 미국을 중심으로 시작되었다고 볼 수 있다.[8] 해당 방법론은 주로 정부가 수행하는 공공사업을 비롯한 대형 재단에서 지원사업의 효과성을 제시하기 위한 목적으로 시작되었다. 2000년대 전후로는 비즈니스의 영역으로 해당 논의가 확대되고 있다. 소셜벤처 생태계에서도 앞서 논의한 사회적 가치 측

---

8   산업통상자원부, 「사회적 성과 평가 방법론의 글로벌 발전 동향 연구」(서울: 임팩트스퀘어, 2013).

정에 대한 필요성과 대내외적 요구를 바탕으로 사회적 가치 측정이 시도되고 있다.

소셜벤처의 사회적 가치 측정은 다양한 방법으로 진행되어 왔다. 그 중 대표적으로 소셜벤처의 사회적 가치 측정에 많이 사용된 것이 사회적 투자수익률SROI(Social Return On Investment)이라는 개념이다. SROI는 엄밀히 말해 사회적 가치 평가 방법이라고 하기에는 구체적인 적용 방법에 대한 명료성이 떨어져 하나의 관점이라고 보는 것이 적합하다. 이러한 의미에서 하나의 완성된 방법론이라기보다는 측정하는 관점에 가깝다. 실제로 SROI를 활용하는 조직들은 측정의 원리를 정하고 그 원리를 바탕으로 측정을 진행할 뿐, 각자의 구체적인 계산식 자체는 각 측정자, 평가자마다 완전히 일치하지는 않는다. 미국의 로버트기업개발재단REDF(Robert Enterprise Development Fund)에서 주로 일자리, 자립과 관련된 사업을 추진하면서 해당 성과를 비교하기 위해 도입한 것으로, 몇 가지 원칙 외에는 별다른 가이드가 없기 때문이다.

이 방식의 주요한 특징은 사회적 가치를 화폐가치로 환산하여 수치화한다는 점과 그 사회적 가치를 만드는 데 들어간 자원을 분모로, 환산가치를 분자로 하는 비율값을 중요하게 생각한다는 것이다. 이렇게 보는 방식은 단위 비용당 얼마나 사회적 가치를 측정하는지를 분석하기 때문에 추상적인 가치를 직관적으로 이해하는 것을 돕는다. 이와 같은 이유로 측정 엄밀도 등 난점이 존재함에도 불구하고 현재도 그 관점과 환산 방안이 널리 활용되는 이유이다.

아래 [그림31]은 경제적 가치와 사회적 가치를 측정하기 위한 새로운 시도가 활발해지면서 이와 관련해서 2004년도까지 주로 활용되었던 방

METHOD	PROCESS (과정)	IMPACT (임팩트)	MONETIZATION (화폐화)	PRIMARY APPLICATION TO DATE	
				NONPROFIT (비영리)	FOR-PROFIT (영리)
Theories of Change	●			●	
Balanced Scorecard (BSc)	●	▪		●	
Acumen Scorecard	●			●	●
Social Return Assessment	●				●
AtKisson Compass Assessment for Investors	●	▪			●
Ongoing Assessment of Social Impacts (OASIS)	●	●		●	
Social Return on Investment (SROI)		●	●	●	●
Benefit-Cost Analysis		●	●	●	
Poverty and Social Impact Analysis (PSIA)		●	●	●	●

그림 31. 대표적인 사회적 가치 방법론 목록의 예시[9]

법론을 정리한 내용이다(Catherine Clark et al., 2004). 해당 방법론이 과정 평가, 임팩트 평가, 화폐화 평가가 가능하고 용이한지에 대해서 제시하고 있다. 현재에도 주로 활용되고 있는 변화이론Theory of Change은 활동의 투입과 성과 과정을 논리적으로 제시하고 있기 때문에 이는 과정 평가에 보다 용이하다. 국내 소셜벤처 생태계에서도 많이 활용되고 있는 사회적 SROI은 화폐화 관점에서 임팩트를 제시할 수 있는 방법론으로 인정받고 있다.

이 외에도 측정이 아닌 평가 방식으로는 대표적으로 미국 비영리단체인 비랩B-Lab이 주관하는 비콥 인증B-Corporation Certification 있다. 이는 크

---

9   Catherine Clark et al., "Double Bottom Line Project Report: Assessing Social Impact in Double Bottom Line Ventures – Methodology Catalog" (2004).

게 조직의 거버넌스, 근로자에 대한 경제적 및 사회적 처우, 환경적 이슈에 대한 적합성, 공급자, 지역, 다양성을 고려한 커뮤니티 형성 수준, 조직의 비즈니스 활동과 관련된 고객들에 대한 평가의 총 다섯 가지 영역을 평가하여 점수를 부여하는 시스템이다. 이러한 방식으로 측정하여 일정 점수가 넘으면 비콥B-Corp임을 인증해 준다. 이 방법은 실질적인 사회적 가치를 직접 측정하고 평가한다기보다는 조직의 활동과 준비 상태가 임팩트 창출에 적합한지를 보는 관점이다. 따라서 조직의 건강성 평가에 가깝다고 볼 수 있다.

측정이 사회적 가치의 변화량 자체를 재는 작업이라면, 평가는 이를 점수나 측정 계급 척도로 나타내는 방식이다. 평가에는 일종의 주관적인 관점이 들어가는 경우가 많아서 어떤 이들은 그 관점에 동의하지 않는 경우도 있다. 그러나 측정은 일종의 약속이기 때문에 더 많은 사람이 쓰게 되면 그 방식이 표준이 되어 자리 잡게 된다는 차이가 있다.

말하자면 재무제표를 작성할 때 필요한 회계기준은 측정과 기록의 영역이고, 이를 통해 각 증권사가 주식을 살 것인가 팔 것인가 의사결정을 하는 과정에서 사용하는 지표들은 평가에 가깝다고 할 수 있다. 물론 방법론에 주관적인 개입이 들어가겠지만 측정은 몸무게처럼 몇 kg, 몇 cm라는 것을 재는 약속에 가깝고, 평가는 그래서 너무 크다, 작다와 같은 주관적인 개입이 포함된다. 평가 역시 좀 더 엄밀하게는 성과 자체에 대한 평가와 건강성에 대한 평가 방법으로 나누어서 생각해 볼 수 있다. 앞에서 언급한 비콥은 주로 건강성에 대한 평가이며 여전히 한국에서는 주로 건강성에 관한 평가가 주를 이루고 있다고 볼 수 있다.

3. IMP로 대표되는 최근의 측정·평가 흐름

●

① 최근의 사회적 가치 측정·평가 흐름 요약

전 세계적으로 소셜벤처에 대한 지원 및 투자가 커지고 있고 사회적 가치에 대한 논의가 깊어지고 있다. 따라서 사회적 가치 측정과 보고에 대한 표준화는 가장 중요한 사안 중에 하나로 자리 잡았다. 사회적 가치 측정과 보고의 표준화는 쉬운 일은 아닐 것이다. 국제 회계기준이 자리 잡는 데 최소 수십 년이 걸렸다는 사실을 볼 때 이는 쉬운 일이 아니다. 하지만 그 과정이 하나의 방향성을 가지고 출발하는 중요한 시점이라는 것만큼은 명확하다. 이에 두드러지는 몇 가지 경향을 소개하려고 한다.

SDGs(Sustainable Development Goals: 지속 가능 개발 목표)는 전 세계적으로 통용되는 사회문제 해결 목표를 설정하는 데 방향성을 제시한다. 물론 개발도상국에 좀 더 적합한 내용들로 구성되어 있는 경향이 있지만, 사회문제를 설정하고 해당 목표 수준을 결정하는 과정에서 충분히 활용할 만하다. 특히 대외적인 커뮤니케이션에서는 "SDGs 4.1에 해당하는 문제 해결에 기여하고 있습니다"라는 표현으로 명료하고 쉽게 소통이 가능해진다.

사회문제는 실업, 고령화, 환경오염과 같이 크게는 몇 개의 카테고리로 구분할 수 있다. 그러나 사회문제 해결 정도를 확인하고 성과를 측정하는 사회적 가치 지표는 훨씬 더 세분화될 수밖에 없다. 그래서 이를 연역적으로 도출하여 관리하는 것은 쉬운 일이 아니다. 오히려 자주 사용되는 지표들을 귀납적으로 모아 두고 활용하는 방식이 훨씬 실제적이고 유용한 방식이다. 이에 글로벌 최대 임팩트 투자자 네트워크인

진GIIN은 임팩트 투자와 관련된 임팩트를 측정하고 투자 의견에 반영할 수 있는 IRIS[10]라는 지표 라이브러리를 만들어 운영하고 있는데, 라이브러리에서 자신이 원하는 것을 충분히 찾을 수 있는 정도로 발전하여 사실상 준용하기에 가장 적합한 지표 목록의 역할을 하고 있다.[11]

사회문제 설정, 합의된 지표를 통해서 창출되는 임팩트에는 전반적인 관리와 경영에 대한 논의를 위한 프레임워크로 IMP가 통용되고 있다. 이미 존재하는 사회적 가치 측정과 평가 방식을 정리하여 해당 이해관계자들이 공통의 언어를 정립하고자 하는 노력이 있고 그 합의의 중심에 IMP가 있다고 봐도 무방하다. IMP는 광범위한 임팩트 측정과 관리에 대한 일반적이고 광범위하게 통용되는 기준을 설정하기 위해서 2,000명 이상의 실무자와 몇 개의 조직들이 활발히 참여하고 있으며, 임팩트를 서술하고 관리하기 위한 프레임워크로서 IMP가 국제표준의 기능을 가지게 될 가능성이 높다는 평가가 주를 이룬다. 이에 대해서는 다음 챕터에서 자세히 다루도록 하겠다.

② IMP 프레임워크 소개

IMP는 Impact Management Project의 약자로, 2016년 설립된 임팩트 관리와 보고에 대한 표준을 만드는 비영리 이니셔티브이다. 세계 최초의 SIB 운용사인 영국 브릿지스 펀드 매니지먼트Bridges Fund Management Ltd.

---

10   https://iris.thegiin.org/
11   해당 논의는 2020년 GSG(The Global Steering Group for Impact Investment)가 주도한 컨퍼런스 섹션인 Mainstreaming impact measurement(https://www.youtube.com/watch?v=0-09mM5s53g&feature=youtu.be)에서 확인할 수 있다.

가 주도하여, 평가 관련 분야의 2,000명 이상의 실무자가 참여하여 임팩트 측정 및 관리를 위한 공통의 규범을 정리하는 노력을 주도하고 있다. 뉴욕 UN 총회에서 시작된 IMP 네트워크는 전문 분야를 갖춘 9개의 글로벌 조직 간의 유례없는 협력이다. IMP의 가속화는 기준을 공개하기 위한 데이터 관리부터 원칙 수립에 이르기까지 임팩트 관리에 전문 지식을 가진 선두 조직에 의해 진행되고 있다.

IMP를 이끌고 있는 클라라 바비C. Barby는 회계가 경영에 미친 영향처럼 임팩트 경영impact management이 모든 기업과 투자자의 규범이 되기를 원한다면, 임팩트에 관한 상호 공유된 원칙, 보고 기준, 벤치마킹 방법이 필요하다며 해당 이니셔티브의 필요성을 역설했다. IMP는 사실 소셜벤처뿐만 아니라 정부, 대기업, 비영리조직, 개발 프로젝트 등 임팩트를 창출하는 모든 조직이나 프로젝트 단위에 적용할 수 있다. 다만 사회적 가치 창출상 좀 더 단순한 구조를 가지는 소셜벤처의 경우에 그 적용 시도와 사례가 빠르게 증가하고 있어 대표적인 발전 영역으로 꼽힌다.

IMP는 임팩트를 설명하고 관리하기 위해 '임팩트의 5가지 차원five dimensions of impact'을 중심으로 정보를 제공해야 한다고 설명한다. 임팩트 경영 규범의 첫 시작점이라고 할 수 있는 이 임팩트의 5가지 차원은 "WHAT, WHO, HOW MUCH, CONTRIBUTION, RISK"로 구성되어 있다. 또 이 차원들은 구체적인 정보를 제공하는 하위 15개의 임팩트 데이터 카테고리impact data category로 세분화되어 있다. 5개의 차원과 15개 카테고리를 간단하게 설명하면 다음과 같다.[12]

"WHAT"은 일정 기간 동안 조직을 통해서 발생된 성과outcome를 설명하는 항목이다. 해당 항목은 4개의 데이터 카테고리를 기반으로 조직의

표 9. IMP의 임팩트의 5가지 차원[13]

IMP의 임팩트의 5가지 차원	
차원	차원별 핵심 질문
WHAT	· 개입 기간 동안 발생한 성과(outcome)는 무엇인가? · 이해관계자에게 해당 성과(outcome)가 얼마나 중요한가?
WHO	· 해당 성과(outcome)를 경험하는 이해관계자는 누구인가? · 이해관계자들은 얼마나 취약한가?
HOW MUCH	· 해당 조직의 활동으로 성과(outcome)가 얼마나 창출되었는가?
CONTRIBUTION	· 해당 조직의 활동 없이도 발생했을 변화는 무엇인가? · 해당 조직이 순수하게 창출한 성과(outcome)는 무엇인가?
RISK	· 해당 조직의 임팩트 창출을 방해하는 리스크는 무엇인가?

활동으로 인한 성과와 주요 이해관계자에게 해당 성과가 왜 중요한지를
제시하고 있다. 4개 데이터 카테고리는 아래와 같이 구성되어 있다.

① 해당 기간 동안 발생한 성과에 대한 기술outcome level in period

② 성과에 대한 임계치outcome threshold

③ 이해관계자에게 성과의 중요도importance of outcome to stakeholder

④ 성과와 지속 가능 개발 목표와의 연결SDG or other global goal

"WHO"는 성과를 경험하는 이해관계자를 설명하는 항목이다. 해당

---

12 15개의 세부 데이터 카테고리는 이 장의 "부록"을 참조할 수 있다.

13 본 내용은 IMP의 정의를 최대한 정확하게 전달하기 위해서 영어를 병기하고자 한다. https://
impactmanagementproject.com/impact-management/impact-management-norms/

항목을 통해서 이해관계자가 조직의 활동 이전에 얼마나 취약한 상태였는지를 파악할 수 있다. 따라서 이해관계자에게 왜 조직의 활동과 성과가 필요한지를 확인할 수 있다. 해당 데이터 카테고리는 아래와 같다.

⑤ 이해관계자stakeholder 설명

⑥ 지리적 위치geographical boundary

⑦ 조직의 활동 이전에 성과와 관련된 이해관계자가 경험하는 기초선outcome level at baseline

⑧ 이해관계자 특성stakeholder characteristics

"HOW MUCH"는 조직의 활동으로 인해 성과가 얼마나 창출되었는지를 정량 데이터를 통해서 제시하는 항목이다. 쉽게 말해서 우리가 일반적으로 말하는 성과에 대한 값이라고 이해할 수 있다. 해당 데이터 카테고리는 아래와 같이 제시하고 있다.

⑨ 해당 성과에 영향을 받는 이해관계자의 수scale

⑩ 실제 성과의 변화량depth

⑪ 해당 조직이 창출한 성과가 얼마나 오랫동안 지속되는지duration로 설명할 수 있도록 제시하고 있다.

"CONTRIBUTION"은 해당 활동이 없이도 발생하는 외부 변화를 확인한 후 순수하게 조직의 활동으로 인해 창출된 성과의 변화량을 설명하는 카테고리다. 각 조직의 활동이 순수하게 창출한 변화량을 파악하기 위해서는 해당 조직의 활동(e.g. 솔루션, 제품, 서비스) 등이 없었더라도 다른 외부 요인으로 인하여 결국 발생했을 일, 즉 반사실 시나리오 counterfactual scenario를 고려해야 한다고 설명한다. 이를 위해서 아래 데이터 카테고리를 포함한다. 성과의 외부 창출량과 지속기간 외부 창출량을 추정하는 방법은 이해관계자 피드백, 시장조사, 증거기반 연구, 무작위 대조실험을 활용할 수 있다.

⑫ 성과의 외부 창출량depth counterfactual

⑬ 성과 지속기간 외부 창출량duration counterfactual

마지막으로 "RISK"는 해당 활동이 목표로 하고 있는 성과가 창출되지 못할 가능성을 고려하여 해당 위험요인을 분석한다. 기업과 투자자가 재무적 성과 전략 및 목표 수립 시에 리스크를 고려하듯, 성과 창출 활동과 관련한 리스크를 파악하고, 관리하도록 하기 위한 것이다. 해당 분석을 기반으로 향후 임팩트 창출을 위한 전략과 의사결정의 방향성을 고려할 수 있으며 아래와 같은 데이터 카테고리로 구성되어 있다.

⑭ 리스크 유형risk type

⑮ 리스크 수준risk level

리스크 유형과 수준은 구체적으로 양질의 데이터 부족evidence risk, 외부 요인에 의한 방해external risk, 이해관계자에 대한 불충분한 이해stakeholder participation risk, 성과 창출의 중단 가능성drop-off risk, 자원의 비효율적 이용

efficiency risk, 계획과 실행의 괴리execution risk, 비즈니스 모델과 괴리alignment risk, 성과 창출에 필요한 최소한의 기간 미충족endurance risk, 예기치 못한 중대한 긍정적·부정적 성과 창출의 가능성unexpected impact risk 등 9가지 가이드를 제시하고 있다.

개별 프로젝트 또는 소셜벤처 같은 조직이 창출한 한두 가지의 임팩트는 위의 15개 데이터 카테고리를 서술함으로써 충분히 소통할 수 있지만 프로젝트 단위나 여러 조직에 투자 혹은 지원하는 조직의 경우에는 다른 종류의 프레임워크가 필요하다. 자신이 제공하고 있는 자금의 결과가 어떻게 포트폴리오로 구성될 수 있는지를 확인하고자 하는 요구에 IMP는 'ABC 프레임워크'를 제시한다. 이는 각 프로젝트나 조직의 임팩트 창출 의도와 방식을 부정 영향을 방지(A 유형: Act to avoid harm), 이해관계자의 혜택 제공(B 유형: Benefit stakeholders), 새로운 솔루션 개발에 공헌(C 유형: Contribute to solutions) 총 세 가지 유형으로 구분한다.

예를 들어 한 펀드가 대기업에 투자하되 부정 영향을 최소화하는 노력이 있는 곳에만 자금을 집행하게 된다면 주로 "부정적 영향 방지"와 관련된 포트폴리오를 가질 것이다. 새로운 솔루션을 제공하는 소셜벤처들에 투자를 하는 펀드라면 "새로운 솔루션 개발에 공헌" 유형에 다수의 포트폴리오가 위치하게 된다. 개별 펀드의 역할이 다르기 때문에 어떤 유형이 더 좋다고 할 수는 없지만, IMP는 장기적으로는 좀 더 능동적인 사회적 가치 창출을 위해 "새로운 솔루션 개발에 공헌" 유형의 비중을 높이는 방향성이 나타나길 기대한다는 포트폴리오적 제언도 가능하다고 이야기한다.

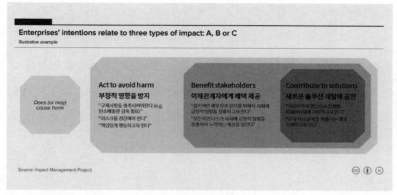

그림 32. ABC 프레임워크, 임팩트와 관련된 기업의 의도와 세 가지 유형

③ IMP 프레임워크 주요 특징

첫째, IMP는 임팩트를 서술하고 보고하기 위한 전 세계 '공통의 언어'이다. IMP는 그 자체가 측정 방법론이라고 말하기는 어렵다. 보고 체계나 정보를 제시하기 위한 프레임워크라고 부르는 것이 맞다. 그럼에도 로직 모델, SROI에서부터 ESG에 이르기까지 기존 임팩트 측정·평가 생태계 각 영역에 산재하던 개념 및 방법론을 모두 포괄하면서 하나의 소통 가능한 체계를 만드는 공통의 언어라는 표현은 틀리지 않다. 소셜벤처의 영역에서도 소셜벤처 기업가, 임팩트 투자자, 고객, 정부의 정책가가 하나의 공통된 방식으로 해당 소셜벤처의 사회적 가치를 설명하고 소통할 수 있다면 소통 비용을 크게 줄이고 훨씬 더 나은 사회적 가치 제고가 가능하리라 기대할 수 있다.

둘째, 해당 프레임워크는 '이해관계자'를 강조하고 있다. 기존의 측정 방식이 점점 지향하게 된 방향이기도 하지만, 전문가가 이론적인 바탕으로 규격화된 잣대를 들이대는 일방적 구조를 탈피하자는 논의가 IMP 에서는 핵심적인 가치로 자리매김하고 있기 때문이다. 측정의 대상이 되는 조직이나 프로젝트가 수행하는 활동으로 직간접적으로 영향을 받는 이해관계자가 누구인지, 본래 어떤 환경에 처해 있는지, 해당 임팩트가 이해관계자에게 어떤 중요성을 가지는지 등에 대하여 구체적으로 서술하게 함으로써 실제적인 변화를 일으키는 것이 맞는지 관리할 수 있게 한다.

실제적인 임팩트가 창출되었다는 말은, 구체적으로 어떤 이해관계자에게 직접적이건 간접적이건 긍정적인 영향을 주고 있다는 것과 다르지 않다. 그러나 기존의 어떤 소셜벤처들은 개념적으로 사회적 가치를 이야기할 뿐 명료하게 그 가치를 경험하는 이해관계자가 존재하지 않는 경우가 있다. 이를 방지하고 분명하게 구분해 내기 위해서라도 이해관계자에 대한 강조는 중요하다.

셋째, 임팩트 포트폴리오 관리를 위한 관점을 제시하고 있다. 임팩트를 창출하는 개별 조직 또는 프로젝트의 임팩트 관리 목적뿐만 아니라, 앞서 설명한 ABC 프레임워크처럼 해당 조직이나 프로젝트에 투자하는 임팩트 투자자 관점에서의 임팩트 보고 및 관리를 위한 관점이 적극적으로 반영되어 있다. 그래서 이미 네덜란드 연기금 PGGM이나 글로벌의 양대 임팩트 투자자 네트워크인 토닉의 좌장 카를 클라이스너K. "Charly" Kleissner가 운영하는 KL 펠리시타스 재단KL Felicitas Foundation은 LP(Limited Partner)로서의 펀드 포트폴리오를 이 프레임워크에 적용하여 발표하고 있다.

4. IMP를 적용한 소셜벤처 임팩트 보고의 예시: 에누마의 킷킷스쿨

① 에누마의 킷킷스쿨[14] 개요

IMP 프레임워크를 적용하여 소셜벤처 사례를 제시하고 한다. 본 사례는 소셜벤처 에누마의 킷킷스쿨Kitkit School이라는 프로젝트에서 대상으로 하며, 기초 문해와 관련된 성과에 한정하여 분석하고 있다. 킷킷스쿨은 에누마가 글로벌 러닝 엑스프라이즈에서 탄자니아 탕가 지역 내 학교 밖 아이들의 문맹 퇴치와 기초 수학 교육을 진행한 프로젝트이다.

표 10. 글로벌 러닝 엑스프라이즈에서 시행된 킷킷스쿨 개요

프로젝트명	• 킷킷스쿨 엑스프라이즈 탄자니아 현장 테스트
지역	• 탄자니아 북동부 탕가 지역 170개 마을
대상자	• 7-10세 문맹 아동 3천명 중 킷킷스쿨 사용 아동 248명
기간	• 2017년 12월부터 15개월간
솔루션	• 약 15개월 동안 문맹 아동 대상으로 킷킷스쿨을 사용하여 기초 문해 및 수학 교육 제공 • 마을 중심부에 충전용 태양광 패널 설치 • 태블릿PC 배분 외에는 선생님, 부모의 어떤 개입도 없이 아동이 자율적으로 사용하도록 환경 조성
임팩트 검증방법	• 킷킷스쿨 사용 아동(실험군) 및 미사용 아동(대조군)의 솔루션 개입 전후 문해·수리력 평가 시험 결과 비교 • 2017년 8월 – Pre-test 실시 • 2019년 3월 – Post test 실시

---

14 에누마는 글로벌 러닝 엑스프라이즈(개발도상국 아동 문맹 퇴치를 목적으로 기획된 국제 학습 소프트웨어 경진 대회)에서 킷킷스쿨이라는 학습 소프트웨어로 우승하였다. 보다 자세한 내용은 "공부 앱에 게임 기법 넣어 재미있게 스스로 글 깨치는 탄자니아의 마법으로", DBR 279호(2019년 8월 Issue 2)를 참조할 수 있다.

분석에 활용된 자료는 에누마와 킷킷스쿨 홈페이지 및 글로벌 러닝 엑스프라이즈 자료실XPRIZE DATA COLLABORATIVES[15]에 공개된 데이터들을 바탕으로 하였다.

② IMP 5개 차원을 적용한 임팩트의 서술[16]

소셜벤처 에누마는 정규 교육을 받기 어려운 탄자니아 탕가 지역 아동들의 글을 읽고 쓸 수 있는 문해력 수준에 긍정적인 변화를 창출하기 위해(WHAT – outcome level in period), 킷킷스쿨 애플리케이션을 활용하여 2017년 12월부터 약 15개월간 기초 문해 교육을 제공하였다.

대상 아동인 탄자니아 탕가 지역(WHO – geographical boundary)에 살고 있는 7-10세 아동(WHO – stakeholder) 들은 절대적 빈곤과 가사 노동 등의 이유로 약 74%가 정규 학교를 다닌 경험이 없을 뿐만 아니라, 책을 단 한 번도 접한 적이 없어 심지어 글자 읽는 방법조차 익숙하지 않은 상태였다. 대상 아동의 90%가 스와힐리어 기초 단어조차 읽지 못했다. 그뿐만 아니라, 해당 지역에는 적절한 교육을 제공할 수 있는 역량을 갖춘 선생님, 학교 시설은 물론이고, 애플리케이션 사용을 위해 필요한 인프라도 열악했다(WHO – stakeholder characteristics). 교육을 받을 권리는 모든 아동이 차별 없이 누려야 할 기본권이며, 교육 불평등은 미래의 경제적 격차 및 아동의 삶과 직결된다(WHAT – importance of outcome to the stakeholder). 「UN아동권리협약」 28조에는 국가의 아동 교육권 보장 의무를 명시하

---

15 https://data.xprize.org/global_learning_xprize/5cc0c16150ddf00be88dc6e1

16 본 내용은 XPRIZE DATA COLLABORATIVES에 공개된 보고서의 정보를 활용하여 작성되었고 에누마와의 사례와 관련된 내용을 협의하였다.

고 있으며, 유네스코UNESCO에 따르면 학교에서 배우는 기간이 1년 늘어날 때마다 미래 소득은 최고 10%씩 증가한다고 한다.

이런 점을 고려했을 때, 에누마의 킷킷스쿨은 'UN 지속 가능 발전 목표'의 제4목표인 '양질의 목표'와 세부 목표target '4.2) 2030년까지 모든 여아와 남아가 초등 교육을 받을 준비가 되도록 양질의 영유아 발달과 보호, 취학 전 교육에의 접근을 보장한다'를 달성하고, 증진하는 데 기여한다고 볼 수 있다(WHAT−SDG).

킷킷스쿨 사업 시행 이전 아동들의 문해 능력을 파악하기 위해, EGRA(Early Grade Reading Assessments: 기초 읽기 평가) 시험을 시행하였다. 그 결과, 분당 1개 이상의 단어를 읽을 수 있는 대상 아동의 비율이 해당 프로젝트에 참여한 아동의 8.06%(WHO−outcome level at baseline)에 불과하였다. 탄자니아 타지역의 경우 동일한 시험에서 분당 1개 이상의 단어를 읽을 수 있는 동 연령대 아동의 비율이 72%에 달하는 것(WHAT−outcome threshold)과 비교하면 극히 낮은 수치라고 할 수 있다.

해당 프로젝트의 성과를 살펴보면 다음과 같다. 총 248명이(HOW MUCH−scale) 킷킷스쿨에 프로젝트에 참여하였다. 해당 프로젝트는 15개월 시행되었고, 프로젝트 종료 후 킷킷스쿨 사용 후 대상 아동 중 47.98%가 분당 1개 이상의 단어를 읽을 수 있게 되었다(WHAT−outcome level in period). 동 연령대 아동의 동일 지표에 대한 값이 72%인 것에 대비하면 여전히 낮은 수치이지만, 선생님이나 기타 교육 인프라 없이 오로지 애플리케이션이 설치된 태블릿PC를 사용한 것만으로 문해력 증진을 경험한 아동 비율이 약 39.92%p가량 증가했다는 점에서 상당히 획기적인 결과였다(HOW MUCH−depth). 기초 문해력은 일단 한번 익히고

나면, 다시 잊어버릴 가능성이 낮기 때문에, 에누마의 킷킷스쿨이 아동들에게 불러온 긍정적 변화는, 평생이라고 해도 무방할 만큼 그 영향이 장기간 지속될 수 있다(HOW MUCH−duration).

한편, 킷킷스쿨이 문해력 증진에 기여한 정도를 정도를 파악하기 위해, 대조군을 설정하여 무작위 대조군 연구RCT로 설계하여 사업 수행 전과 동일한 기간이 지난 후의 시험을 똑같이 시행하였다. 대조군 아동 그룹은 사업 기간 경과 후 약 17.17%의 아동이 분당 1개 이상의 단어를 읽을 수 있게 되었다. 따라서 대조군과 비교하여 킷킷스쿨이 순수하게 문해력 증대에 기여한 비율이 30.81%p로 나타났다(CONTRIBUTION− depth counterfactual).

더불어, 모든 임팩트 창출 사업에는 일반 비즈니스가 그러하듯 목표한 임팩트 창출을 저해하는 다양한 리스크에 노출되어 있기 마련이다. 에누마 킷킷스쿨은 임팩트 창출을 저해하는 리스크의 발생 가능성이 매우 낮다고 볼 수 있다. 특히 양질의 데이터가 불충분하여 데이터의 신뢰성을 저해할 수 있는 위험evidence risk이 매우 낮은 편이다. 킷킷스쿨은 초기부터 무작위 대조군 연구라는 실험 설계 방식을 도입하였기 때문에 신뢰성 있고 양질의 결과를 얻을 수 있게 되었다. 또한 외부 조직이 현장을 방문하여 USB로 학습자 로그 데이터를 취득하고 높은 수준으로 데이터를 수집 및 관리하였기 때문에 데이터가 왜곡될 가능성이 매우 낮다. 또한 프로젝트 지역을 개발도상국 중에서도 내전 발생 가능성 등 거시적인 외부 요인의 발생 가능성이 낮은 지역으로 선정하였기 때문에 외부 요인으로 인해 임팩트 창출이 저해될 위험을 낮출 수 있었다. 마지막으로 대상 지역이 기본적인 인프라가 부족한 지역임을 감안하여 태양

Dimension	Impact data categories	Indicator/Value & Analysis
WHAT	1. outcome level in period (A)	기초 문해력 평가 EGRA에서 분당 1개 이상의 단어를 읽을 수 있는 아동의 비율: 전체 킷킷스쿨 참여자 중 47.98%
	2. outcome threshold	탄자니아 동 연령대 아동 중 EGRA에서 분당 1개 이상의 단어를 읽을 수 있는 아동의 비율: 72%
	3. importance of outcome to the stakeholder	교육받을 권리는 모든 아동이 누려야 할 기본권이며, 교육 불평등과 격차는 미래에 경제적 격차, 빈곤으로 이어지기 때문에 해당 성과는 이해관계자에게 매우 중요함.
	4. SDG or other global goal	4.1) 2030년까지 모든 여아와 남아가 양질의 초등 및 중등 교육을 무료로 동등하게 이수할 수 있도록 하여 유의미하고 효과적인 학습성과 달성으로 이어지도록 한다. 4.2) 2030년까지 모든 여아와 남아가 초등 교육을 받을 준비가 되도록 양질의 영유아 발달과 보호, 취학 전 교육에의 접근을 보장한다.
WHO	5. stakeholder	탄자니아 7-10세 문맹 아동
	6. geographical boundary	탄자니아 탕가 지역 170개 마을
	7. outcome level at baseline (B)	개입 이전 시행한 테스트에서 EGRA 기준 분당 1개 이상의 단어를 읽을 수 있는 대상 아동의 비율: 8.06%
	8. stakeholder characteristics	빈곤, 집안일 등의 이유로 학교에 가지 못하여 대상 아동 중 74%는 단 한번도 학교에 다닌 경험이 없음. 책을 접해 본 적이 없어 글자를 왼쪽에서 오른쪽으로 읽는 방식에도 익숙하지 않고, 90%가 스와힐리어 기초 단어를 하나도 읽지 못함.
HOW MUCH	9. scale	킷킷스쿨 참여 아동: 248명
	10. depth	개입 이후 킷킷스쿨 사용 아동에게 발생한 outcome 변화량 (A) - (B): 39.92%p
	11. duration	킷킷스쿨을 사용한 아동들의 문해력이 유지되는 기간: 비가역적

CONTRIBUTION	12. depth counterfactual (C)	킷킷스쿨을 사용하지 않아도 동 기간 동안 문해력 상승을 경험한 대상 아동의 비율: 17.17% 외부요인을 제외한 킷킷스쿨의 순순한 문해력 상승기여도= (A) - (C): 30.81%p
	13. duration counterfactual	킷킷스쿨을 사용하지 않아도 동 기간 동안 문해력이 유지되는 기간: 비가역적
RISK	14. risk type 15. risk level	실험설계 방식을 적용하여 질적으로 높은 데이터를 확보하였고, 인프라 접근성을 높여서 해당 프로젝트가 외부요인의 방해없이 수행될 수 있도록 관리함. 따라서 evidence risk와 external risk가 낮음.

광 패널 설치 등 사업이 충분히 계획대로 수행될 수 있도록 사전에 대비함으로써, 실행 과정에서 발생할 수 있는 위험도 경감할 수 있었다.

5. 이후의 과제와 제언

●

① IMP가 여는 소셜벤처 사회적 가치 측정의 새로운 챕터

소셜벤처는 사회적 가치 측정을 지속적으로 요청받고 있으나 그동안 이에 적극적으로 대응하고 수행하기가 쉽지 않았다. 무엇보다 소셜벤처가 사회적 가치를 측정할 수 있는 수준으로 측정 체계가 완비되지 못한 상황이기 때문이다. 소셜벤처 스스로 해당 측정 방법을 손쉽게 활용하기가 어려웠고, 따라서 사회적 가치 측정 및 평가와 관련한 전문가의 직접 투입에 상당한 비용과 시간이 소요된다는 점이 큰 장벽이 되었다. IMP가 이 부분에 새로운 희망을 불어넣고 있지만, 이 역시 여전히 논쟁

이 되는 부분이 없지 않다. 일각에서는 너무 다양한 조직과 다양한 종류의 사회적 가치를 반영하려는 노력이 도리어 IMP에 독이 되고 있다는 말을 하기도 한다. 그럼에도 이 과정은 과거보다 진보를 이루고 있는 것이 분명하다.

이제는 이 진보를 발판 삼아 불필요하고 소모적인 논쟁을 뒤로 하고 새로운 챕터를 열어 걸음을 옮길 때이다. 행정학, 경영학, 경제학, 사회복지학 등 기존 방식들의 관점을 각자 고수하기보다는 현재 벌어지고 있는 현상에 적합한 새로운 이론과 통계적인 백업을 만들어 내야 할 때이다. 측정이라는 것은 하나의 약속 체계를 만들고 수행하는 개념이기 때문에 처음부터 완벽한 것을 완성하여 단번에 집행한다기보다는 지속적인 개선과 진보를 통해 약속을 공고히 만들어 간다는 개념이 옳을 수 있다.

임팩트 투자와 소셜벤처에 대한 관심도 가장 높은 이때가 가장 적합한 새로운 시작점이 아닐까 한다. 이런 노력들로 조금씩 소통의 방식이 통합되면 더 쉽게 사회적 가치를 관리하고 제고하는 것이 가능해진다. 이를 통해 소셜벤처의 의사결정, 투자자의 의사결정이 바뀌고 자원이 재배분되면서 사회가 나아질 가능성 역시 훨씬 커질 수 있다. 나아가 동일한 양식으로 전 세계에서 축적되는 데이터들은, 각 사회문제와 주요 솔루션에 대한 벤치마크와 양상을 만들고 교류하는 데 혁혁한 기여를 할 수 있다. IMP가 주장하는 말 그대로의 임팩트 관리를 넘어선 임팩트 경영도 불가능한 일이 아니다.

사회적 가치 창출 활동이 증가함에 따라 '전략적 관점'을 반영한 사회적 가치 측정 및 관리의 필요성 또한 더욱 강조되고 있다. 각 조직은 각자 목표로 한 사회적 가치를 창출하기 위해서 명시한 요소들을 세심하게 점검해 보아야 한다. 예를 들어 '규모를 확장할 것인가', '가장 취약한 계층에게 집중할 것인가, 고객이나 내부 이해관계자들을 더 고려할 것인가', '비용과 위험부담 수준을 어느 수준으로 정할 것인가'와 같은 기준과 의사결정에 따라서 전략이 달라질 수 있다. 먼저 공통된 요소를 통해서 사업을 비교해 보고 조직의 가치와 목적에 적합한 영역에서 사회적 가치를 극대화할 수 있는 전략을 수립하는 것이 필요한 것이다.

마지막으로 우리나라 생태계에서도 사회적 가치 창출을 극대화하기 위한 다양한 노력이 시도되고 있다. 창출하는 사회적 가치에 비례하여 현금으로 인센티브를 제공하는 실험 설계 방식의 시도는 사회적 기업 생태계의 변화를 이끌어내고 있다. 정부도 소셜벤처의 정의, 사회적 가치 평가 방법론 개발을 위한 연구와 지원을 시도하고 있다. 민간 역시 추구하는 사회적 가치를 중심으로 내부 사업을 연결하고 이를 극대화하기 위한 사회적 가치 관리 방안을 도입하고 있다. 이에 사회도, 우리도 합의된 노력이 필요할 것이다.

앞으로 사회적 가치 평가 분야가 보다 통합적이고 완전한 모습을 갖추기 위해서는 부단한 노력과 투자가 이루어져야 한다. 그러나 전 세계적으로 합의된 기준으로 사회문제의 정의와 분류를 도출하고자 하는 노력이 이루어지고 있는 상황이기 때문에 국내 상황에 부합하는 사회적 성과 평가 프레임을 설계하기 위한 시도가 필요하다고 생각한다. 전체 생태계적으로는 국내외에서 논의되고 있는 사회적 가치 평가 관점을 분석하고 현재 국내 상황과 수요에 부합하는 사회문제와 사회적 가치 개념을 조작적으로 정의할 노력이 필요하다. 일반 기업의 경영 성과 측정과 재무가치 평가가 결국 합의된 기업회계기준에 따라 수집하고 구조화한 데이터에 기반하고 있듯이, 사회적 기업도 성과 측정과 평가를 위해서는 체계적으로 데이터를 보유하고 있어야 한다.

소셜벤처는 일반 기업에서 관리하는 사업의 경제적 성과뿐만 아니라, 본연의 특수한 사회적 가치와 관련된 데이터를 관리해야 하는 이중의 과제를 안는 상황에 처한다. 따라서 사회적 가치 평가의 본격적인 도입과 적용에 앞서, 각 조직이 대상으로 하는 사회문제와 그에 따른 사회적 가치를 정의하고 이와 관계된 데이터를 체계적으로 수집하고 축적하는 작업의 필요성에 대해 소셜벤처가 먼저 인식하고 공감하는 것이 선결 과제라고 할 수 있다. 특히 평가자 입장에서 사후 평가 시점부터 과거의 데이터를 다시 확보하고 수집하는 일의 어려움을 감안하면, 사회적 가치 평가와 그 증명은 사업 초기부터 고려되는 것이 더 바람직하며 이는 해당 조직의 성과 창출 능력을 파악하고 개선하는 밑거름이 될 것이다. 이처럼 생태계적 관점에서 사회적 기업들의 인식 변화와 움직임을 독려하고 지원하여 성공적인 사회적 가치를 창출하고 그 평가 기반을 마련하는 것이 본 연구의 목적이다.

② 한국 소셜벤처 생태계의 적용 및 대응 방안

한국의 소셜벤처 생태계는 그 역사가 매우 짧은 편이다. 사회적 기업 전체를 보더라도 2007년 사회적 기업 육성법이 제정되고 나서야 구체적인 육성 정책이 시행되었으니 14년 정도가 되었다. 그동안 소셜벤처 생태계의 양적 · 질적 성장이 진일보하였으나, 여전히 사회적 자본은 충분치 않고, 생태계 구성축 중 하나가 되는 중간 조직들도 세분화 및 전문화가 더 필요하다. 관련 정책 역시 좀 더 생태계의 필요에 맞게 정교화될 필요가 있으며, 시민사회 의식과 시장의 상황 측면에서도 아직 기다려야 할 부분들이 보인다.

이에 비하여 소셜벤처 기업가들의 성장은 최근 몇 년간 비약적이다. 세계에서 주목하는 국내 소셜벤처도 늘어나고 있다. 임팩트 투자 자금도 소셜벤처에 지분투자를 하는 용도의 기금만 생각하면 정부의 주도하에 최근 수년간 3500억 원 이상이 투입되었으니 적지 않다. 더불어 사회적 가치 측정의 논의 수준 역시 높아지고 있다고 볼 수 있다.

다만 SK를 비롯한 몇몇 대기업이나 소수의 임팩트 투자자들만이 소셜벤처를 지원하거나 투자할 때 사회적 가치 측정을 의미 있게 진행할 뿐, 아직 다양한 영역에서 능동적인 측정 흐름이 존재한다고 보기는 어렵다. 더불어 국내의 흐름 중 일부는 글로벌 표준과는 다소 거리가 있는 경우도 있다. 물론 사회적 가치는 그 지역적 특성을 반영하기 때문에 어느 정도 우리 방식의 지역화의 특성을 반영할 필요성이 높다. 그러나 앞서 여러 번 언급되었듯이 측정은 하나의 약속이기 때문에 아무리 우리가 열심히 우리만의 것을 만들어도 결국에는 큰 의미를 부여받기 어렵다. 이 시점에서 우리는 오히려 글로벌 논의에 중요한 의견을 개진하는 플레이어로 참여해야 한다. 필자가 속한 임팩트스퀘어는 IMP의 프랙티셔너 커뮤니티에 참여하고 있는데, 한국에서의 적용과 발전은 그들에게 충분히 영향을 미친다. 그들이 정하는 것을 따르기 싫기 때문에 우리의 것을 만들자가 아니라, 그들이 만들고 있는 판에서 우리의 의견이 반영되도록 적극적이고 능동적인 자세를 가질 필요가 있다는 말이다.

우리나라도 측정에 대한 요구는 계속 늘어나고 있다. GIIN이 매년 시행하는 서베이 리포트[17]를 보면 거의 대부분의 투자자가 어떤 방식인지를 떠나서 사회적 가치 측정이나 평가를 실행하고 있다. 당연히 우리나라도 근시일 내에 그렇게 될 수밖에 없음이 분명하다. 이에 우리는 실천적이고 실용적인 시도를 시작해야 할 때이다. 임팩트스퀘어는 IMP의 검토를 통하여 글로벌 최초로 소셜벤처 자가공시 보고서 양식을 만들고 이를 쉽게 작성하여 발행할 수 있도록 하는 솔루션을 2020년 8월에 발표하였다. 소셜벤처가 사회적 가치를 만들기 위해 설립된 벤처라면 해당 미션을 달성했는지 확인하고, 사회적 가치를 제고하기에 필요한 노력을 해야 한다. 이러한 노력의 일환으로 IMP를 활용한 보고서를 작성하려는 시도를 해야 한다. 이를 IMP라는 트렌드를 활용하여 실천적으로 확산시키려는 움직임이다.

생태계가 지속적인 성장을 하기 위해서는 거품이 낄지라도 크게 확장하는 시기가 필요하다. 체구가 커지는 시기인 것이다. 그 이후에는 올바른 기준을 통하여 생태계 내외부의 자정작용이 진행된다. 사회적 가치 측정은 일시적인 트렌드나 요청이라기보다는 시대적 요구이며, 나아가 임팩트 증진을 위한 소통과 관리라는, 본질을 위한 도구라는 점을 잊어서는 안 되겠다.

---

17   https://thegiin.org/research/publication/impinv-survey-2020

부록. IMP 프레임워크 15개 데이터 카테고리

표 11. IMP 프레임워크의 15개 데이터 카테고리[18]

Impact dimension	Impact Data category	Description
WHAT	1. outcome level in period	・해당 기업이 관여했을 때 이해관계자가 경험하는 outcome의 수준 ・긍정/부정적, 의도된/의도되지 않은 outcome 모두 포함
	2. outcome threshold	・이해관계자가 '긍정적 outcome'이라고 생각하는 outcome의 수준 ・threshold 수준 이하의 것들은 '부정적 outcome'으로 간주 ・국가 또는 국제적으로 인정되는 기준 (standard)이 outcome threshold로 사용 가능한 대표적 예
	3. importance of outcome to the stakeholder	・기업이 창출한 긍정적, 부정적, 의도적, 비의도적 outcome 등 모든 outcome의 우선순위에 대한 이해관계자들의 인식 및 견해 ・가능하면 해당 outcome을 경험한 당사자들이 제공한 데이터를 사용하며, 여의치 않다면 제3자 연구자료도 활용 가능
	4. SDG or other global goal	・지속 가능 발전 목표 또는 outcome과 관련한 글로벌 목표 ・outcome은 복수의 목표와 관련성을 가질 수 있음.
WHO	5. stakeholder	・outcome을 경험하는 이해관계자 유형
	6. geographical boundary	・이해관계자가 사회적·환경적 outcome을 경험하는 지질학적 위치
	7. outcome level at baseline	・개입 이전 또는 해당 기업의 활동에 의한 영향이 없었을 때의 이해관계자가 경험하던 outcome의 수준
	8. stakeholder characteristics	・세분화가 가능한 이해관계자의 사회-인구학적(e.g. 나이, 성별, 민족), 행동적(e.g. 동기와 신념) 특성 또는 생태계 특성

HOW MUCH	9. scale	· outcome을 경험하는 사람의 수
	10. depth	· 이해관계자가 경험한 변화의 정도 · depth는 'WHO'의 outcome level at baseline 과 'WHAT'의 outcome level in period 간에 발생한 변화를 비교 분석하여 산출
	11. duration	· 이해관계자가 outcome을 경험하는 기간
CONTRIBUTION	12. depth counterfactual	· 해당 기업의 개입이 없었을 경우를 가정한 추정 변화 정도(depth) · 개별 기업의 성과, 지역 또는 산업 벤치마크, 이해관계자 피드백 등을 통해 추정 가능
	13. duration counterfactual	· 해당 기업의 개입이 없었을 경우를 가정한 추정 지속기간(duration) · 개별 기업의 성과, 지역 또는 산업 벤치마크, 이해관계자 피드백 등을 통해 추정 가능
RISK	14. risk type	· 기대 임팩트 창출에 내재하는 9가지 리스크 유형
	15. risk level	· 발생가능성(likelihood)과 발생 시 지구 및 사람에 끼치는 영향의 심각성(severity of the consequence)을 고려한 리스크 수준

18 https://impactmanagementproject.com/impact-management/impact-management-norms/

산업통상자원부, 「사회적 성과 평가 방법론의 글로벌 발전 동향 연구」(서울: 임팩트스퀘어, 2013).

Clark, Catherine, et al., "Double Bottom Line Project Report: Assessing Social Impact in Double Bottom Line Ventures—Methodology Catalog" (California: Berkeley, 2004).

IMP 홈페이지. https://impactmanagementproject.com/impact-management/impact-management-norms/

소셜벤처와
대기업 협력 전략

도현명

임팩트스퀘어 대표

1. 대기업과 소셜벤처는 파트너가 될 수 있는가

우리나라 사회적 경제 영역이 구체적으로 확장된 시점은 2007년 「사회적기업육성법」이 생기면서부터라고 할 수 있다. 당시 정책은 고용노동부 중심으로 진행되어 취약계층 일자리를 어떻게 더 만들고 유지할지에 초점이 맞춰져 있었다. 시간이 지나면서 글로벌 흐름에 따라 우리나라에서도 취약계층 고용 외에 다양한 사회문제를 해결하겠다고 하는 기업들이 생겨났다. 그들 중에는 기존의 사회적 기업 인증 체계와 상관없이 벤처와 같은 특징을 보이는 기업도 많았다. 이들은 주로 높은 성장을 기대하는 비즈니스 모델을 가지고 있고, 혁신적인 방안을 추구하면서 이에 상응하는 상당한 위험을 감수한다. 아직 법으로 규정되지는 않았지만 요즘 들어 이들을 소셜벤처라는 말로 구분해서 부르는 것이 매우 익숙한 상황이 되었다.

문재인 정부에 들어서서 소셜벤처를 위한 상당한 지원이 시작되었다.

정부의 모태 펀드들을 통하여 임팩트 펀드가 지금까지 약 4천 억 원 규모로 만들어졌고 중소벤처기업부가 주무부처로 설정되어 육성을 추진하고 있다. 이에 발맞추어 기업과 재단들의 지원사업 또한 급격하게 늘어났다. 지원의 규모가 확대되면서 자연스레 소셜벤처를 시작하려는 창업가들의 도전도 눈에 띄게 많아지고 있다.

이렇게 소셜벤처가 주목을 받고 있음에도 불구하고 여전히 생태계에서는 몇 가지 고민이 있다. 그중 하나가 정부와 대기업의 소셜벤처 지원책이 대부분 시혜적인 관점에 그치고 있다는 것이다. 정부는 공공재를 제공하고 생태계의 기반 조성을 위해 자원을 제공하는 역할을 주로 담당하고 있기 때문에 정부의 지원책이 시혜적인 방식으로 이루어질 수 있다. 그러나 대기업의 지원책마저 시혜적인 관점으로 이루어지는 것은 오히려 소셜벤처 생태계를 왜곡할 수도 있다. 소셜벤처의 시작이 사회적 가치에 기반한다고 하더라도 정체성은 기업이기 때문에, 대기업마저 시혜적 성격의 방식으로 지원을 한다면 이는 소셜벤처의 성장과 해당 생태계의 지속 가능성을 오히려 훼손할 수 있다. 나아가 지원금을 제공하고 일시적인 구매를 지원하는 방식이 소셜벤처의 정체성을 고려했을 때 좋은 방법인가에 대한 질문도 있다. 물론 이러한 지원들이 필요하지 않거나 효과가 없다는 말은 전혀 아니다. 대기업들이 지출하는 기부금은 그 규모면에서 세계 어느 나라의 기업들과 비교하더라도 큰 편이다. 그리고 대기업은 소셜벤처가 필요로 하는 중요한 자원을 많이 가지고 있기 때문에 그들의 지원은 당연히 필요하고 경우에 따라 필연적이다. 다만 그 목표와 방식의 잘못으로 인해 도리어 장기적으로 서로에게 모두 해가 되는 방향으로 나아가고 있는 것은 아닌지 살펴볼 시점이 되었다는 것이다. 본 글에서는 이러한 문제의식을 기반으로 대기업과 소셜벤처의 파트너십 생태계를 고찰해 보고자 한다.

소셜벤처는 사회문제를 혁신적이고 규모 있게 해결하려는 현대사회의 중요한 도구이지만, 스스로 기업으로서의 정체성을 잊어서는 안 된다. 이때 가장 기본적인 원칙은 수익을 창출해 경제적으로 지속 가능한 주체가 되어야 한다는 점이다. 즉 외부 지원에 익숙해져 소셜벤처가 가진 지속 가능한 사회문제 해결 주체의 기능이 훼손된다면, 시혜적 관점의 지원 방식은 장기적이고 생태계적인 관점에서 그리 적합한 방안이 될 수 없다는 의미이다. 이러한 문제의식의 다른 한 축에는, 대기업 역시 홍보 목적 외에 소셜벤처와 본질적인 협력구조를 구축하려 하거나 사회적 가치를 진정성 있게 추구하려는 모습을 보이지 않고 있다는 점을 꼽을 수 있다. 홍보에만 치우쳐서 실제적인 사회적 가치 창출 가능성을 따져 보지도 않고 개념적 수준에서 기업을 선택하고 지원하는 것은 잘못된 지원 정도가 아니라 생태계를 크게 왜곡시키는 일이 되기도 한다.

많은 자원을 들여 시혜적인 지원 방식을 운영하는 상황은 분명히 문제일 것이다. 이러한 상황에 다수의 소셜벤처는 피로감을 점점 느끼고 있고 심지어는 그저 지원금을 받고 끝냈으면 좋겠다는 이야기를 하기도 한다. 이는 분명 소셜벤처 생태계의 건강한 성장을 왜곡시킬 수 있는 요인일 것이다. 시혜적인 형태의 지원과 수혜 구조를 넘어서기 위한 해답은 다수의 기업이 말로만 떠들고 있는 '파트너십'의 복원에 있다. 대기업과 소셜벤처가 서로의 성장과 사회의 긍정적 변화를 꾀한다면 지금보다는 훨씬 밀접하고 전략적이며, 상호 협력적인 파트너십 관계를 필요로 하게 된다. 이는 일방적인 지원-수혜 관계가 아니라 서로가 긍정적인 상호작용을 할 수 있는 협력관계가 되어야 한다. 이러한 관점에서 두 조직은 과연 지속 가능한 파트너가 될 수 있을지, 만약 가능하다면 어떻게 관계를 맺을 수 있을지에 대한 질문을 던져 보고자 한다.

2. 협력의 배경과 필요성

●

① 협력은 왜 필요한가

조직 간의 협력을 설명하는 이론 중 하나로 '자원 의존 이론'이 있다(J. Pfeffer & Salancik, 1978). 이에 따르면 조직은 자급자족적인 존재로 존속할 수 없기 때문에 필요한 자원들을 획득하고 유지하기 위해서 외부 환경과 상호 의존의 관계를 맺게 된다. 자원 의존의 정도는 자원의 중요성, 희소성 및 대체 불가능성에 의해서 결정되며, 이러한 요소를 기반으로 조직은 의존성을 통제하기 위한 전략적 의사결정을 시도하게 된다. 조직 유지와 성장을 위해서 필요한 자원을 획득하는 것이 조직의 중요한 역량인데 이러한 자원들이 조직 내부에 모두 존재하는 경우는 사실상 없기 때문에 조직은 외부로부터 자원을 조달해야 한다. 현실적으로 어떤 조직이라도 모든 역량과 자원을 내재화하는 것은 불가능하다. 소위 말해 잘나가고 규모가 큰 조직이라고 해서 모든 일을 직접 다 할 수 없는 이유가 여기에 있다. 따라서 현대사회에서 조직 간 협력구조가 필연적으로 발생할 수밖에 없게 된다. 해당 이론에 따르면 조직 간의 협력이 발생하기 위해서는 서로 상이한 자원의 보완에 대한 요구가 있어야 하며, 조직 간 자원의 보완을 통한 이익 창출, 이를 통한 새로운 전략의 창출이 가능해야 한다. 이러한 관점에서 대기업과 소셜벤처의 협력이 의미를 지닌다.

대기업과 소셜벤처의 협업이 필요한 이유는 서로 가지고 있는 자원과 사업 구조 등의 차이가 명확하고, 그 차이로 인해 해당 조직이 보유한 강점이 상대방에게 필요한 경우가 발생하기 때문이다. 물론 대부분의 자원 규모나 범위에 대해서는 대기업이 유리하겠으나, 그럼에도 불구하고 소셜벤처가 상대적 우위를 가지는 영역은 분명히 존재하고, 이에 따라 상승작용을 만들어 낼 수 있는 협력이 서로에게 유의미하다. 본 글에서는 더 많은 자원과 사업 역량을 지닌 대기업의 관점에서 왜 소셜벤처와 협업할 필요가 있는지를 살펴보는 데 중점을 두고자 한다. 이때의 전제는 대기업이 어떠한 이유로 갖추지 못한 요소가 있거나, 구조적으로 제약된 특정 자원 및 요소를 소셜벤처가 선점 혹은 유리한 입장에서 확보하여 협업의 필요를 느끼는 경우라고 하겠다. 이러한 전제를 기반으로 대기업과 소셜벤처가 신사업을 검토할 때의 중요한 요인 세 가지는 아래와 같다.

첫째, 시도 가능한 사업의 규모 차이를 고려해 볼 수 있다. 대기업은 새로운 사업 추진에 있어서 명확한 시장의 규모를 고려한다. 성장 가능성이 있는 사업이 본 사업과 연관성이 매우 높을 때에는 좀 더 적극성을 보일 수 있지만, 연계도가 떨어지거나 성장 가능성이 아직 불명확한 상황에서는 규모가 작은 시장으로의 진입은 꺼리게 된다. 말하자면 수십조 원의 매출을 가지고 있는 기업이 현재 국내에서 몇 백 억 단위의 시장에 뛰어들기로 의사결정 하는 경우는 흔치 않다는 것이다. 그러나 점점 시장과 사회의 변화가 가속화되고 있는 요즘, 기존의 기준만으로 판단한다면 경쟁자에게 뒤쳐지거나 적절한 신사업 기회를 놓칠 수 있게 될 위험이 있다는 점에서 소셜벤처와의 협력의 필요성이 대두된다.

소셜벤처는 벤처기업의 속성대로 새로운 영역에 도전하는 경향을 가지며, 성장 가능성에 대한 확신만 있다면 시장규모가 다소 작더라도 타기팅targeting하여 시작할 수 있다. 나아가 사회문제를 해결한다는 소셜벤처의 정체성을 고려할 때, 사회문제에 대한 예측과 이를 통한 미래 수요의 추정은 대기업이 미래를 바라보는 관점과 상당히 다를 수 있다는 점을 주목할 필요가 있다. 예를 들어 지금은 노인들의 투약 관리와 관련된 서비스 시장, 치매를 예방하기 위한 프로그램 시장이 그리 크지 않아서 대기업에게 주요 사업 영역으로 다루어지지 않을 수 있다. 하지만 소셜벤처의 입장에서는 인구 노령화에 대한 심각성을 사전에 인식하여 아직은 시장이 충분히 크지 않아도 선제적으로 솔루션을 마련해 나갈 수 있다.

둘째, 감수할 수 있는 위험의 수준 차이를 살펴보자. 대기업은 매우 넓은 범주에 걸쳐 다수의 이해관계자와 관계를 맺고 있고, 이에 따라 다양한 위험에 노출되어 있다. 그리고 이러한 복잡하고 많은 위험을 관리하고 감당하는 비용 역시 상대적으로 높다. 예를 들어 중소기업 적합 업종 규제처럼 실제로 법적 규제에 의하여 대기업의 사업이 제한된 경우도 있다. 때문에 대기업은 신사업을 추진하더라도 이 사업이 지금, 혹은 추후 규제 대상이 되지 않을지에 대한 가능성도 위험으로 파악한다. 언론과 정부는 물론 시민단체와 고객 등 여러 이해관계자들이 항상 주시하고 있기 때문에 이런 위험에 대한 고려는 필수적이다. 더불어 꼭 그런 사회적 압력에 의한 위험이 아니라, 수익적 측면의 위험에서도 고민이 필요하다. 언제나 자원은 한정되어 있으므로, 추진해야 하는 다양한 일들은 곧 다양한 기회비용을 낳는다. '어떤 사업이 충분한 이익을 낼 것인지'에 대한 판단에서 '충분한'이라는 것은 해당 대기업이 추진할 수 있는 다른 사업의 기회비용과 비교하기 마련이다. 대기업의 기회비용은 소셜벤처와 같은 벤처기업에 비하여 상대적으로 높을 수밖에 없다. 실패하면 투입된 해당 자원만 잃는 것이 아니라 그 자원으로 추진했을 수 있는 다른 사업의 기회도 잃는다는 위험성이 의사결정에 상당한 어려움이 된다는 말이다.

셋째, 내부 자원의 전문성과 적합성이라는 기준이 있다. 기본적으로 대기업은 본래의 규모 있는 비즈니스를 운영하기 위한 조직구조와 그 방향성에 맞춰진 자원을 보유하고 있다. 이에 벗어난 새로운 종류의 전문성이나 자원의 적합성이 확보되어 있지 않을 가능성이 있다. 특히 기존의 산업 영역과 완전히 다른 종류의 범주가 고려되고 있다면 자금이나 조직력 외의 경쟁력이 제대로 확보되지 않는 것은 너무나 당연한 일이다. 그러나 소셜벤처와 같은 초기 기업은 희소한 자원의 효용을 극대화하기 위해서 당연히 중점 영역에 대해서만 집중적으로 발전시키는 양상을 가지고 있다. 자원과 전문성을 아주 좁은 특정 영역에 대해서만 고려하자면 당연히 소셜벤처가 유리한 부분이 있을 수 있다. 심지어 대기업의 의사결정은 상대적으로 복잡하고 긴 프로세스를 가진 경우가 많고 사회문제 등의 영역에 대해서는 그간 다루어 본 경험이 적다. 자원이 아무리 풍부한 대기업이라도 어떤 영역에 대해서는 적합성이 떨어지고, 그 부분에 대한 상대적 경쟁 우위를 지닌 소셜벤처 등과의 협업이 필요할 수 있다.

② 오픈 이노베이션 관점에서 양자 협력의 가치

대기업과 소셜벤처의 협력이 만드는 상호 시너지를 가장 잘 이해할 수 있는 관점은 오픈 이노베이션이다. 오픈 이노베이션은 헨리 체스브로H. W. Chesbrough 교수가 2003년에 제시한 개념으로, 기존의 기업들이 내부 연구소에서 수행하던 '폐쇄형 혁신' 측면의 연구개발과 대비하여 설명한 개념이다(헨리 체스브로, 2009). 이는 주로 벤처기업 등 다른 기업의 지분 매수, 제휴, 합작과 같은 방식으로 외부 경영자원을 활용하여 위험을 낮추고 투자 효율성을 높이는 전략을 의미한다.

이미 이러한 방식은 글로벌의 선진 기업들은 물론 일부에도 수준의 차이는 있겠지만 우리나라 주요 기업들에게도 어느 정도 반영이 되어 있다. 가령 다수의 벤처기업을 인수합병하거나 벤처기업에 투자하며 성장하는 것으로 유명한 구글이나 마이크로소프트 같은 IT 기업들은 이런 일에 익숙하다. 국내에서도 네이버나 카카오는 이와 유사한 방식을 따르고 있다. 이러한 방식은 내부에서 모든 것을 만들기에는 시장의 변화 속도를 따라갈 수 없다는 판단에 근거하며, 특정 영역을 위한 인력과 시장 장악력을 새로 구성하는 것보다, 벤처기업을 인수하는 것이 투자 효용이 높다는 이유에 기반한다. 전통적인 폐쇄형 혁신을 주로 진행하던 IBM의 경우에도 지난 2000년대 초반 인수합병이 아닌 외부 협력을 통한 오픈 이노베이션의 중요한 사례를 만들어 냈는데, 이들은 이노베이션이라는 플랫폼을 통해서 다양한 주제의 아이디어를 모으고 이를 솔루션으로 발전시켜 투자하고 사업화하였다. 실제로 2006년에 모인 아이디어는 IBM의 CSV(Creating Shared Value: 공유가치 창출) 이니셔티브인 스마트 플래닛의 근간이 되었다. 이러한 아이디어를 모으고 사업을 논의하기 위해 만들어진 잼^{zam}이라는 형태에서 신사업 10개를 도출하였고 이 중 5개를 사업화하여 이후 약 11조 원의 매출을 올리게 된다. 내부 임직원뿐만 아니라 외부 연구자, 전문가, 임직원의 가족 등 다양한 외부 인이 참여할 수 있고 어떤 경우에는 한 번의 잼에 40명에 가까운 사람이 참여하며, 보통 수만 개의 아이디어가 도출되었다. 이를 통해 IBM은 전체 신규 프로젝트의 절반 가까이를 외부에서 제시된 아이디어나 도입된 기술을 기반으로 추진하고 있다고 한다.

이렇게 내부의 폐쇄된 시스템에서 단독으로 수행하는 것보다, 대외적인 조직들을 통하여, 혹은 공동으로 수행하는 것이 혁신에 훨씬 유리하다는 관점은 최근 기업 경영에서는 자연스럽게 받아들여지고 있는 추세이다. 물론 아직 실천적으로 정착하여 성과를 내고 있는 기업은 많지 않지만 구조적으로 유리한 접근법이라는 점은 지속적으로 확인되고 있다. 이러한 맥락에서 글로벌 대기업들이 벤처기업에 투자하거나 벤처기업을 육성하고, 때로 적극적인 인수합병을 진행하는 양상이 두드러지게 나타나고 있다. 체스브로 교수가 지적했듯이 20세기 후반을 지나면서 기술혁신의 양상은 과거와 매우 다르게 전개되고 있다. 지식기반 노동자의 절대적인 수와 그 유동성이 급격히 증가하면서 더 이상 대기업이 과거와 같이 지식과 전문성을 독점하고 통제하기가 불가능해졌다. 또한 벤처캐피털 등의 자금공급원이 생태계를 구성하면서, 벤처기업에게도 과거 대기업 내의 연구소가 내부 지원을 받던 방식을 대체할 방안이 외부에 생겼다는 점 역시 유의미한 배경이다.

③ 대기업의 사회적 가치 경영과 소셜벤처를 통한 오픈 이노베이션

무엇보다 사회적 가치 창출 활동을 경영에 통합하려는 조직에게는 소셜벤처가 좋은 오픈 이노베이션 파트너가 될 수 있다.

기업이 사회적 가치를 창출하려는 목적은 여러 가지가 있을 수 있다. 일시적이거나 홍보용으로 소위 '임팩트 워싱'을 하는 경우에는 소셜벤처가 그리 중요한 협력 대상이 아닐 것이다. 그러나 사회적 가치와 경제적 가치를 동시에 고려하는 전략인 CSV 관점이건 환경, 사회, 지배구조 등 기업의 비재무적 성과를 판단하는 기준인 ESG 관점이건 기업 경영에 통합된 사회적 가치 창출을 진정성 있게 목표한다면 소셜벤처를 주요 파트너 후보 중 하나로 고려해야만 한다. 그리고 국내에서도 다수의 대기업들은 글로벌 추세에 발맞추어 사회적 가치를 비즈니스에 접목하는 작업을 지속적으로 고도화하고 있다. 예를 들어 어떤 기업이 CSV를 추진하려고 한다고 가정해 보자. 이 전략의 근간은 어떤 사회문제를 잘 해결하는 것에서 출발하게 된다. 말하자면 사회적 가치의 혁신 없이 비즈니스 혁신을 일으킨다는 것은 논리적으로 설명되기 어렵다. 때문에 대기업은 본인들이 잘 알지 못하는 사회문제라는 영역에 대한 기술, 문화, 네트워크, 브랜드 등을 쌓아 가야 하는 필요성과 피로도를 함께 느낄 수밖에 없다. 이는 사회문제 자체에 대한 전문성과, 해당 사회문제를 해결하기 위해 맞춤형으로 발전한 솔루션을 이루고 있는 기술혁신에 대한 이야기이다. 이런 요소들을 오픈 이노베이션 관점에서 협업하고 도입하는 것이 앞서 언급한 훨씬 더 높은 효율성과 더 낮은 위험성을 확보하게 하는 좋은 전략이 된다.

나아가 오픈 이노베이션의 결과가 성공적으로 나오더라도 각자의 조직이 열매를 나누는 데 갈등이 생길 소지가 있다면 해당 접근법을 지속적으로 활용하기 어려울 수도 있다. 그러나 주요 사례를 미루어 봤을 때, 소셜벤처와 대기업의 오픈 이노베이션은 일반 벤처기업과의 경우와 비교해서도 성과를 배분하는 데 있어 발생하는 갈등이 적다. 가장 큰 이유는 소셜벤처가 당장의 이익 극대화가 아닌 장기적인 관점에서 사회혁신에 우선순위를 두고 이를 활용하고 있는 반면, 대기업은 사회혁신을 통한 비즈니스 가치 극대화에 궁극적인 목적을 두고 있기 때문이다. 다소 단순화한 비유이긴 하지만, 이는 마치 치킨을 좋아하는 두 사람이지만 한 사람은 가슴살 같은 담백한 부위를 좋아하고 다른 한 사람은 가슴살 같은 담백한 부위를 좋아하는 경우와 유사하다. 두 조직 모두 사회혁신을 통한 비즈니스를 추구하지만 최종적으로 원하는 열매의 배분에서는 서로 양보할 수 있어 상호 갈등을 피할 수 있다.

실제로 셸Shell의 사례를 살펴보자. 셸은 세계에서 가장 큰 석유회사 중 하나이다. 그런데 석유계 연료들은 점점 더 설 자리를 잃어 가고 있다. 기술이 발전하면서 생산비용이 줄어 가격을 조정할 수 있게 됨에 따라 여전히 가장 중요한 자원으로서의 자리를 지키고는 있지만, 시간이 지날수록 의존도는 낮아지고 시장이 축소될 것은 너무나 자명한 사실이다. 때문에 셸은 다양한 활동을 통해 미래를 준비하고 있는데 그중에 하나가 신재생 에너지와 관련된 소셜벤처들에 지속적인 투자와 지원을 하는 것이다. 아무리 탄소저감이 중요한 이니셔티브가 됐다고 해도 스스로의 사업을 당장 위축시키는 방안은 적합하지 않기 때문에 장기적 관점에서의 협력 또는 도입을 외부에서부터 시도한다고 볼 수 있다. 예를 들어 영국에서 커피박*을 기반으로 디젤을 만드는 바이오빈Bio-Bean

이라는 소셜벤처는 셀이 주관하는 대회에서 수상을 하였다. 그리고 셀의 지원을 받아서 런던 시내에 있는 커피박을 수거하고 해당 커피박에서 디젤을 생산하여 런던의 관광용 2층 버스에 사용하는 프로젝트를 진행했다. 당시 바이오빈은 1년에 약 5만 톤의 커피박을 수거하여 사용하였고, 1톤당 런던과 중국을 차량으로 왕복할 때 나오는 수준인 약 6.8톤의 이산화탄소를 절감할 수 있었다. 더불어 이 지원은 바이오빈에게 사업을 실증하고 확대할 수 있는 기회를 제공하였고, 셀에게는 혹시 성공할지도 모르는 잠재력 있는 신재생 에너지 후보에게 투자하여 향후 협력 가능한 기반을 마련하고 기술적 경험을 제고하는 효과를 얻었다. 만약 이런 연구개발과 실험을 셀 내부에서 수행했다면 기술개발을 처음부터 해야 한다는 부담은 물론, 내부 전문성도 적합하지 않았을 것이고 나아가 조직적 저항도 있었을 수 있다.

그림 33. 커피 바이오 디젤을 사용한 버스

3. 대기업과 소셜벤처가 관계 맺는 유형과 예시

●

① 세 가지 협업 유형

앞선 논의를 통해 소셜벤처 입장에서는 시장 진입과 대기업의 자원을 활용하기 위한 협업이 당연히 유용하고, 대기업 입장에서도 오픈 이노베이션 관점에서의 분명한 필요성이 있다는 점을 확인하였다. 그렇다면 파트너십을 맺는다고 가정하였을 때, 협업의 적합한 구조는 무엇이며 기대한 성과를 구체적으로 어떻게 낼 수 있을지 생각해 보아야 한다. 이를 분석하기 위해서 먼저 대기업 입장에서 사회적 가치 창출을 어떤 목적으로 추진하며, 소셜벤처와의 협업을 시도하는지에 대해 세 가지 유형으로 정의하고, 각 유형에 해당하는 국내외 사례를 분석하여 실제적인 함의를 정리해 보려 한다. 대기업 관점에서 소셜벤처를 연계한 전략의 목표는 앞서 언급하였듯이 크게 세 가지로 나눠질 수 있다.

첫째, 소셜벤처가 잘 성장할 수 있도록 지원하는 것 자체가 대기업의 사회적 가치를 창출하는 활동으로 정의되는 경우다. 소셜벤처는 아직 생태계적으로 취약하고 그 스스로의 정체성이 사회문제를 해결하는 데 있기 때문에 그들을 육성하고 지지하는 것이 간접적으로 사회의 긍정적 변화에 기여한다는 논리이다. 아래 유형 1인 일방 지원형에서 해당 사례를 보다 자세하게 제시하고자 한다. 둘째, 대기업이 추진해야 하는 사회혁신에 전문 파트너로 소셜벤처와 협업하는 경우이다. 이는 대기업이 사업적으로 직접 연계가 되는 것은 아닐지라도 사회혁신을 추구해야 하는 상황에서 대기업 내부의 자원보다 경쟁 우위가 있는 소셜벤처를 통해 문제 해결에 나선다는 이야기이다. 이는 유형 2에서 다루고자 한다. 셋째, 소셜벤처를 CSV 전략 추진의 파트너로 삼는 경우이다. 유형 3인 CSV 파트너십에서 설명하고자 한다. 앞서 강조하였듯이 대기업이 CSV 전략을 수행하는 데 있어서 사회문제 해결의 혁신성이나, 이를 비즈니스 경쟁력으로 전환하는 과정에 대해 소셜벤처가 상대적으로 우월할 수 있다. 이 경우에는 진정한 파트너십 관계가 맺어진다.

ㄱ. 유형 1: 일방 지원형

단순 지원이 항상 나쁜 것은 아니다. 대기업의 사회공헌으로 사회혁신의 주체인 소셜벤처를 지원하는 일은 충분한 의미가 있다. 다만 지원

표 12. 대기업과 소셜벤처 협력 유형

	유형 1 일방 지원형	유형 2 사회혁신 파트너	유형 3 CSV 파트너십
요약	대기업이 소셜벤처에 자금 등을 일방적으로 지원하는 유형	대기업이 원하는 사회혁신에 소셜벤처가 솔루션이나 특정 자원을 제공하는 유형	대기업이 CSV를 추진할 때에 가치사슬에 파트너로 소셜벤처가 참여하는 유형
대기업의 필요	좋은 사회공헌의 방법으로 사회혁신 주체인 소셜벤처를 지원	특정 사회문제를 혁신적으로 해결하는 데 좋은 솔루션 필요	CSV 추진에 있어서 경쟁력 있는 기술 또는 실행력 등 가치사슬 파트너 필요
소셜벤처의 필요	자금, 인지도 등 자원의 공급	사업의 실천 및 확장에 자금, 기술 등 자원의 공급	사업의 실천 및 확장에 자금, 기술 등 자원의 공급
사회적 가치 측정 및 보고	소셜벤처의 해당 기간 내 사회적 가치 창출을 측정하여 대기업에 보고	해당 사회혁신 프로젝트의 기간 내 사회적 가치 창출 측정하여 대기업에 보고	CSV 사업의 단위 기간 내 사회적 가치 측정하여 CSV 경영에 활용
사례	한화생명 '임팩트 패스', 한국공항공사 '슬기로운 공정 여행'	그라민-바스프, 카붐-홈디포, 오파테크-SKT, 프로젝트 루프-롯데케미칼	그라민-텔레노어, 패트리모니오 호이-세멕스, 포이엔-SK에너지

이 '왜'와 '어떻게'라는 맥락에서 잘 정리되지 않은 채 진행된다면 오히려 적절치 않은 소셜벤처에 생태계 자원이 배분되어 영역의 혼란을 가중시킬 수 있다. 또한 이는 자원의 낭비이고 사회적 가치 창출의 관점에서도 부정적일 수 있다. 때문에 지원을 하더라도 적절한 목적성과 어떻게 관계를 맺을 것인지, 오픈 이노베이션의 외향형 방식을 차용할 방법은 없을지 검토가 필요하다.

한화생명의 'IMPACT PATH(임팩트 제품기반 소셜벤처 글로벌 역량 강화 프로그램)'는 본래 사회적 경제에 있는 임직원들이 해외 박람회에 참여해 해외시장과 잠재 고객의 니즈를 확인할 수 있도록 돕는 해외 탐방 사업이었다. 최근 소셜벤처들의 숫자가 늘어나고, 또 성장하고 있지만 해외 진출에 많은 어려움을 겪고 있다는 점에 착안하여 소셜벤처들의 해외 진출 역량을 제고하는 액셀러레이팅 프로그램의 필요성으로 시작되었다. 그러나 한화생명이 해당 부분에 대한 직접적인 전문성을 내부적으로 보유하고 있지 않았기 때문에 이에 전문성을 지닌 소셜벤처 액셀러레이터와 협업하여 연간 10개의 소셜벤처 지원을 진행하였다.

그런 와중에 코로나로 인한 해외 탐방의 어려움이 발생해 사업이 잠시 어려움을 겪기도 했다. 하지만 다양한 경험을 지닌 소셜벤처 액셀러레이터와의 협업 및 지원에 대한 한화생명의 진정성이 안정적 토대가 되어 예기치 못한 변수에 성공적으로 대응할 수 있었다. 방식은 다르지만 소셜벤처의 글로벌 역량 강화라는 목적을 달성할 수 있도록 제품 개선 비용 지원과 해외 바이어 매칭 지원이라는 두 가지 트랙을 신설, 운영하게 된 것이다. 이 밖에도 공통 교육이라는 형식을 통해 수출, 전시 및 마케팅, 국제상표권 관련 교육 또한 진행되었다.

그 결과, 해당 프로그램에 참여한 소셜벤처들 중 일부는 해외 진출을 위한 실제적인 준비에 성공하였다. 예를 들어 천연 비누를 만드는 한 소셜벤처는 본 사업의 지원금을 통해 그간 비용 부담으로 미뤄 왔던 국제 인증 작업을 진행 중이며, 미국 최대 규모의 크라우드펀딩 플랫폼인 킥스타터Kickstarter에서 목표액의 400%를 초과 달성한 다른 소셜벤처는 지원금을 통해 안정적으로 제품 생산을 진행할 수 있었다. 한화생명이 해당 사업을 통해 직접적인 매출을 올리지는 않았지만, 생태계 성장 차원에서 성과를 제고한 대표적인 사례라고 할 수 있다.

한국공항공사는 코로나로 사업이 크게 위축된 사회적 경제를 지원하기 위한 방안을 고민하였다. 그 결과, '슬기로운 공정 여행'이라는 지원 프로그램을 신설하게 되었다. 코로나로 인한 여행객 감소로 경제적 어려움을 겪는 공항 인근 사회적 경제 조직을 지원하기 위한 캠페인이다. 해당 사업은 제주 지역사회적 경제 조직들이 해피빈 기획전을 통해 제품 및 서비스를 최대 40% 할인된 가격에 판매함으로써 구매를 촉진하고, 그 할인 금액을 한국공항공사의 기금으로 보전하는 구조로 기획되었다. 이를 통해 판매량 상승뿐만 아니라 기업 홍보 및 간접 매출 발생 등 단순한 자금 지원보다 훨씬 많은 성과를 달성할 수 있었고, 총 사업비 대비 2배가 넘는 사회적 경제지원 효과를 창출하여 코로나로 인한 상당한 피해를 상쇄할 수 있었다. 이 프로그램은 코로나라는 위기 상황을 고려했을 때, 시기적으로도 적절했고 여행의 거점이 되는 공항의 특성을 살려 참여 기업과 공항공사를 매우 잘 홍보한 사업으로 평가된다. 무엇보다 예산 대비 효과를 극대화할 수 있는 촘촘한 기획과 해피빈이라는 적절한 사업 파트너와의 협업도 큰 효과를 거두는 데 중요한 기여

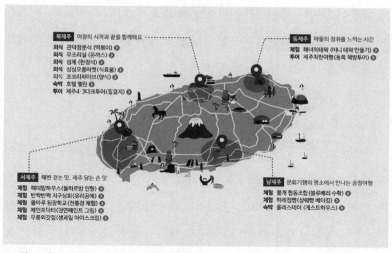

그림 34. 한국공항공사 슬기로운 공정 여행

를 하였다.

　두 가지 사례 모두 일방적으로 소셜벤처에게 지원을 하는 소극적 사례인 듯 보이지만, 각자가 목표하고 있는 바를 조화롭게 반영함으로써 사회적 가치를 제고하는 데 성공한 긍정적 예시라고 볼 수 있다. 즉 목표와 전략 구조가 제대로 수립될 때에 소셜벤처의 지속 가능한 성장과 더 나은 사회혁신의 주체로 발돋움을 지원할 수 있다는 것을 확인할 수 있는 대목이다. 이때 사회적 가치를 측정한다면 대기업은 프로그램을 시작할 때 기대한 만큼 개별 소셜벤처들이 그 지원 기간 혹은 지원 기간 직후에 사회적 가치 창출의 효율성이나 크기를 충분히 키웠는지를 확인할 수 있다. 말하자면 임팩트 패스에 참여한 소셜벤처들은 새로운 판매망을 개척하거나 매출 자체가 늘었는지, 그래서 창출한 사회적 가치가 제고되었는지 확인해야 한다. 슬기로운 공정 여행은 참여 소셜벤처들의 매출이 얼마나 증진되었는지 확인할 필요가 있다. 그리하여 그 각각의 결과가 기업의 지원이 목표한 수준을 달성하였다면 성공적인 사업으로 평가받을 수 있다.

ㄴ. 유형 2: 사회혁신 파트너

체스브로 교수가 제시한 오픈 이노베이션의 유형에는 외부의 기술이나 자원을 기업의 내부로 가져오는 내향형도 있지만, 반대로 기업 내부의 자원이나 기술을 외부로 내보내어 외부의 다른 조직과 그 사업에서 혁신을 촉진하는 방향도 있다. 실제로 대기업은 직접 실행할 수 없는 사회문제를 외부 조직을 통하여 해결하는 경우가 자주 있는데, 다수의 경우에는 보통 자금이나 자원봉사, 또는 공간 등을 내어주고 이를 통해 문제 해결을 시도하게 하는 구조를 가지고 있다. 쉽게 이야기하자면 취약 아동의 영양 불균형 문제를 해소하기 위해서 반찬을 제공하는 비영리조직에 기부금을 제공하는 방식이다. 소셜벤처는 기존의 비영리나 정부가 수행하는 것과 다른 새로운 솔루션을 자주 제시한다. 때문에 이들을 좋은 파트너로 초대하고, 단순히 자금을 지원하는 것에 그치지 않으며 해당 혁신에 직간접적으로 기여하기 위한 오픈 이노베이션 측면에서 접근하는 경우도 많다.

예를 들어 그라민Grameen과 바스프BASF[1]의 협업을 보자. 바스프는 유럽의 최대 화학 회사 중 하나이며, 그라민은 방글라데시의 가장 크고 유명한 사회적 기업 그룹이다. 바스프는 방글라데시를 비롯한 동남아시

---

1   김태영 · 도현명(2019), pp.331-332.

아의 매우 고질적인 문제인 모기로 인한 질병을 막기 위한 노력을 지원하고 싶어 했다. 기부금도 제공했고, 본인들의 영양제를 배포하여 더 나은 영양상태가 해당 질병을 이겨 내는 데 도움이 될 것이라고 생각하기도 했다. 그러나 궁극적으로 그라민과의 협업을 통해서 해당 문제를 해결할 수 있는 솔루션을 도출하였다.

그라민은 바스프와의 협업 이전부터 모기로 인한 질병을 줄이기 위한 고민을 했다. 특히 모기장에 관심을 가지고 있었는데, 대다수의 현지인들은 평상시보다 잠을 잘 때 모기에 많이 물리기 때문이었다. 그런데 당시 방글라데시와 인접한 개발도상국에서 만들어지는 모기장은 품질이 좋지 않았고, 또 관리가 잘 되지 않아 모기장을 소유하고 있더라도 금세 구멍이 생기거나 헐거워지면서 충분한 효과를 보기 어려웠다. 이때 바스프의 한 약품이 이 모기장에 코팅되면서 문제가 획기적으로 해결되기 시작한다. 바스프는 모기가 닿으면 죽는 약품을 가지고 있었다. 물론 모기가 닿으면 죽는 약품이라는 것은 선진국에서는 그리 쓸모가 있지 않았다. 이미 모기를 잡기 위한 다양한 솔루션이 있었고, 가령 전기 모기채 같은 도구에 닿는 순간 그 충격으로 인해서 죽는 기술이 보편화되었기 때문이다. 하지만 개발도상국의 경우 이러한 기술의 보급이 상대적으로 느렸기 때문에 그라민과 바스프는 합작회사를 만들고 새로운 솔루션을 고안해 내기에 이르렀다. 해당 솔루션은 관리가 잘 되지 않은 모기장의 구멍이 헐거워지더라도 약품에 닿으면 모기가 죽기 때문에 개발도상국에 매우 적합한 기능을 가진 솔루션으로서 역할을 하게 되었다. 이는 대기업이 가진 무수한 자원 및 전문성, 그리고 기술이 외향적 오픈 이노베이션을 통해 사회혁신에 크게 기여할 수 있다는 점을 여실히 보여 준 좋은 사례라고 할 수 있다.

홈디포Home Depot와 카붐KaBoom의 협력 사례도 살펴볼 만하다. 카붐의 창업자 대럴 해먼드D. Hammond는 폐차 안에서 놀다 질식사한 두 아이의 기사를 접한 후, 아이들이 놀 수 있는 공간이 부족한 상황에 대해 큰 문제의식을 느꼈다. 동시에 대형 웨어하우스 스토어인 홈디포 역시 상점이 있는 지역의 차량이, 아이들이 뛰노는 거리를 위험하게 만들 수 있다는 점에서 협업 지점을 찾았다. 이후 대럴 해먼드는 홈디포의 지원으로 5일 동안 500명 이상의 자원봉사자들과 함께 놀이터를 만드는 작업에 착수했다. 그리고 이로써 사업의 가능성을 확인한 뒤 '미국 내 모든 아동들이 걸어서 갈 수 있는 거리에 놀이터를 만든다'는 미션으로 비영리법인 카붐을 설립하기에 이르렀다. 이후 '1,000일간 1,000개의 놀이터 1,000 Playgrounds in 1,000 Days'라는 프로젝트를 진행하는 2년 9개월 동안 홈디포는 카붐에게 약 57,000달러의 예산 및 임직원 99,555명의 954,435시간 자원봉사, 그리고 홈디포사의 자재를 제공했다. 그렇게 무수한 놀이터

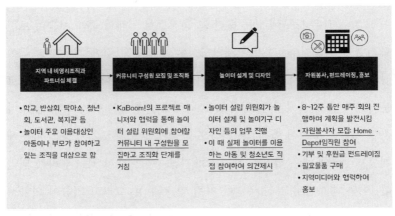

그림 35. 카붐의 놀이터 설립 프로세스

가 지어지고 그 지역에서 교통 및 안전사고로 인한 아이들의 피해가 현저하게 줄어들어 당시 가장 중요한 사회혁신 사례 중 하나로 꼽히게 되었다.

국내에도 유의미한 사례가 있다. 바로 SKT가 시각장애인용 스마트 점자학습기를 개발하고 있는 소셜벤처 오파테크와 협업한 사례다. 국내 시각장애인들을 대상으로 점자 문맹률 감소를 위해서 노력하고 있는 오파테크는 같은 문제의식을 기반으로 SKT와 협업을 시작하게 되었다. 이에 SKT가 인공지능 스피커 누구NUGU와 스마트 점자학습기를 연결하는 파트너십을 제안했고, 계약을 체결하게 됐다.

기존에는 선생님이나 부모가 스마트 점자학습기를 통해 점자를 가르치는 방식으로 교육이 진행되었지만, 이러한 솔루션에서 더 나아가 인공지능 스피커와 시각장애인 학생의 상호작용을 가능케 함으로써 보다 혁신적인 솔루션이 나오게 된 것이다. 이 스마트 점자학습 솔루션은 현

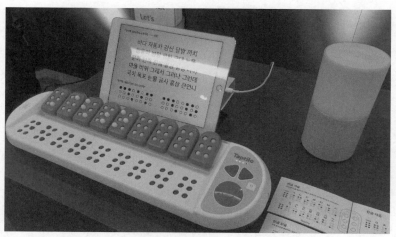

그림 36. 스마트 점자학습기 탭틸로와 인공지능 스피커 NUGU 연계 솔루션 ————

재까지 전국 맹학교와 복지관에 110대가량 보급되었으며, 활발히 활용되고 있다. 최근에는 코로나로 학교 출석이 어려운 시각장애인 학생들에게 문해 교육을 제공할 수 있는 거의 유일한 방안으로 그 가치를 더하고 있다. 이를 통해 낮은 점자 문해율이라는 고질적 사회문제가 빠르게 해결되고 있으며, 동시에 SKT는 인공지능 스피커가 보다 다양한 방식으로 세상을 바꿔 나갈 수 있음을 증명했다.

앞서 살펴본 사례들과 같이 기업과 소셜벤처가 일대일로 대응하는 것뿐만 아니라 다자간 협력구조도 존재한다. 롯데케미칼은 국내에서 가장 많은 페트 원재료를 생산하고 있는 기업이다. 이러한 이유로 롯데케미칼은 페트를 포함한 폐플라스틱 수거 문화 개선, 재활용을 통한 국내 플라스틱 선순환 구조를 만들기 위해 여러모로 노력을 기울여 왔다. 그 과정에서 플라스틱 재생은 누구 한 주체의 노력으로 될 수 있는 것이 아니라 생산과 소비, 폐기와 재생 전 과정에서 다양한 주체가 하나의 방향성을 위해 노력해야 한다는 사실을 주목하게 된다. 그 결과, 다양한 소셜벤처 및 협력사들과 함께 하는 '프로젝트 루프' 사업이 시작되었다.

해당 사업은 폐페트를 수거하는 단계에서는 소셜벤처 수퍼빈이, 양질의 폐원료를 활용한 제품을 제작하고 판매하는 역할은 소셜벤처 LAR, 리벨롭Revelop, 프로젝트 비욘드Project Beyond가 맡는 등 각자의 역량을 살려 협력하는 방식이다. 지금까지 국내에서 생산되는 페트 재생원사는 거의 없었으며 페트 재생원사를 만들기까지는 큰 비용과 물량을 부담해야 하기에 소셜벤처가 시도하기에는 현실적으로 어려운 영역이었다. 또한 롯데케미칼은 고민하던 문제 해결에 대한 단초를 본 사업을 통해 발견하였다. 실제로 이런 접근은 콜렉티브 임팩트, 즉 집합적으로 다양한 자원과 전문성을 통합하여 하나의 어려운 사회문제를 해결하기 위한 전략으로 설명되기도 한다.

사회혁신은 사실 매우 어려운 일이다. 그래서 아직 작고 초기단계인 소셜벤처가 자생적으로 크게 실행하기가 쉽지 않다. 이에 대기업의 자원과 전문성이 외향형으로 영향을 줄 때 혁신의 가능성을 크게 높일 수 있다. 이런 접근이 대기업에서도 관심이 있고 주시하는 사회문제와 잘 일치된다면 상호 뛰어난 성과를 경험할 가능성이 높아진다. 심지어 이런 시도는 향후 대기업 입장에서 CSV를 추구할 수 있는 기반이 되기도 한다. 이때 사회적 가치를 측정하는 경우에는 소셜벤처가 기간 내 창출한 사회적 가치의 크기를 대상으로 하지 않고, 사회혁신 프로젝트 자체에서 만들어진 사회적 가치를 잰다. 해당 사회혁신의 성과가 충분하다면 대기업은 좋은 소셜벤처의 솔루션을 적용한 것이고 효과적으로 자원을 배치했다고 할 수 있다. 그 결과 더 큰 자원을 할당하거나 좀 더 향상된 모델을 확산하는 방향성이 도출된다.

ㄷ. 유형 3: CSV 파트너십

대기업이 CSV 전략을 설계하고 진행하는 것은 대기업 입장에서 아주 익숙한 일은 아니다. 그 과정 중에 사회적 가치 창출 자체를 혁신적으로 해 내야 할 뿐만 아니라 그렇게 창출되는 사회적 가치를 기업의 경쟁력으로 전환하는 난해한 단계가 존재하기 때문이다. 그런데 이 일은 소셜벤처에게는 정체성과도 같은 것이다. 사회적 가치의 혁신, 그리고 그것을 통해 비즈니스를 잘 하기 어렵다면 좋은 소셜벤처라는 개념이 성립하는 것 또한 매우 어렵기 때문이다.

글로벌에서 대기업과 가장 많은 협업을 성공시킨 사회적 경제 조직은 그라민 그룹이다. 그라민 그룹은 방글라데시의 가장 큰 사회적 경제 조직이며, 대표적인 계열사인 그라민 은행과 창업자인 무하마드 유누스 M. Yunus가 노벨 평화상을 받은 것으로 유명하다. 노르웨이 최대 통신사인 텔레노어는 이런 그라민 그룹과 협력하여 그라민폰이라는 합작회사를 꾸리고 방글라데시에서 사업을 진행하였는데, 이는 CSV 파트너십을 살펴보기에 아주 좋은 사례다.

그라민폰은 통신 비용 및 인프라의 부족으로 인해 통신 혜택을 누리지 못하는 비도시권 저소득층에게 휴대폰을 보급한다는 미션을 가지고 있다. 그라민폰은 텔레노어의 우수한 통신 기술과 그라민의 지역 네트워크를 바탕으로 방글라데시 최대 이동통신 사업체로 자리 잡았으며, 방글라데시 저소득층이 통신 서비스를 통해 생계를 유지할 수 있는 기회를 제공했을 뿐만 아니라 정보 격차를 해소하는 사회적 임팩트를 가져왔다. 더불어 비즈니스 관점에서는 2019년 기준, 7천 3백만 명이 사용하는 방글라데시 최대 사업자가 되었다.

대기업이 비영리조직과 협력하여 직접 소셜벤처를 설립하고 운영하여 효과를 극대화한 경우도 있다. 멕시코의 시멘트 기업인 세멕스 CEMEX[2]는 멕시코 금융위기와 건설 경기 악화를 겪으며 위기를 맞이했다. 그때 주목하게 된 것이 서민들이 직접 자기 집을 짓는 '자가 건축 부문'의 경우 경기 영향을 적게 받는다는 것이었다(김태영·도현명, 2019). 그간 세멕스는 자가 건축 부문의 소비자가 대부분 저소득층이라는 이유

---

2   김태영·도현명(2019), pp.329–330.

로 해당 부문을 중요하게 생각하지 않았다. 하지만 위기 상황을 타개하기 위해서는 멕시코 인구의 절반 이상인 저소득층 가구의 시멘트 수요를 현실화하는 것이 중요하다는 생각에 다다랐다. 하지만 그들의 의지와는 별개로 저소득층의 실제적인 요구를 세부적으로 파악하기에는 한계가 있었기 때문에 비영리조직들의 도움을 받아 패트리모니오 호이 Patrimonio Hoy라는 소셜벤처를 조직한다.

이 협력 프로젝트는 저소득층이 집을 제대로 짓지 못하는 근본적인 원인의 해결과 시멘트 수요 증대를 목표로 진행됐다. 이들은 건축 전문성을 더하기도 하고 금융을 사용하지 못하는 서민들이 저축할 수 있도록 저축과 대출 서비스도 제공했다. 그 결과 약 250만 명의 멕시코 저소득층이 1/3의 비용만으로 기존 대비 3배 빠르게 집을 지을 수 있었다. 이와 더불어 매출액 4500만 달러, 순이익 350만 달러를 기록하며 당시의 위기를 극복할 수 있는 방안을 얻게 되었다. 이렇게 위기를 극복하고 새로운 기회를 성취하는 데 사회적 가치를 통한 접근, 그중에서도 소셜벤처와의 파트너십을 통한 혁신이 매우 유용할 수 있다.

국내에도 좋은 사례들이 생겨나고 있다. 정유사인 SK에너지와 소셜벤처 포이엔4EN의 파트너십 사례는 대기업의 필요를 소셜벤처의 역량으로 어떻게 채워 넬 수 있는지를 잘 보여 준다. SK에너지는 포이엔에 투자하고 미얀마에 합작회사를 설립하여 파트너십을 진행 중이다. SK에너지는 대표적인 탄소배출량 의무 감축 대상 기업이며, 셸이 그러하듯이 다른 종류의 신재생 에너지에 대한 가능성에 관심을 가지고 있었다. 포이엔은 바이오매스에서 고형 연료를 만드는 일에 전문성을 보유하고 있었으나 대형 플랜트를 만들기에는 자원이 부족하고, 특히 다른 국가로 진출할 엄두를 내지 못하는 상황이었다. 이런 상황 속에서 SK에너지와 포이엔은 서로의 니즈를 상호 보완할 수 있는 지점을 발견했고, 미얀마 합작회사를 통해서 상호 간의 필요를 충족하면서 그 합작사 스스로도 이익을 낼 수 있는 구조를 만드는 데 성공하였다. 또한 이 파트너십은 두 기업뿐만 아니라 미얀마 현지인들에게 소득 증대와 질 좋은 연료를 사용할 수 있는 기회를 제공하고, 탄소배출량을 저감하여 기후변화에 대응할 수 있는 우수한 솔루션을 만들어 낸 뛰어난 사례라고 할 수 있다.

CSV는 앞선 어떤 유형보다도 소셜벤처와의 협업을 통한 오픈 이노베이션이 매우 절실하다고 할 수 있다. 이는 쉽게 생각했을 때 대기업이 다른 벤처기업을 인수합병하는 것과 크게 다르지 않다. 구글이 뛰어난 인재들을 데리고 있음에도 불구하고 스마트폰 운영체제를 직접 개발하지 않고 안드로이드를 높은 금액에 인수한 이유는 무엇일까? 실제로 당시에 오픈 이노베이션에 익숙하지 않았던 다른 기업들은 안드로이드에 큰 투자를 하거나 기업의 인수에 대해 그리 긍정적으로 고려하지 않았다. 그러나 구글은 내부의 뛰어난 개발자 그룹이 비슷한 작품을 만들 수는 있지만 이를 위한 추가적인 시간 투입과 학습의 과정이 효율적이라고 판단하지 않았던 것이다. 오히려 자신들이 잘 하는 일에 집중하고 이미 안드로이드라는 뛰어난 서비스를 완성해 가는 데 경쟁력 있는 이들을 인수하는 것이 가장 좋은 선택이라는 관점을 가졌던 것이다.

CSV를 추진하는 대기업은 분명히 어떤 일에는 경쟁력을 가지고 있을 것이다. 그런데 굳이 아직 미지의 세계처럼 보이는 사회적 가치와 관련된 모든 활동을 스스로 학습하고 시행착오를 겪으면서 만들어 가려고 노력할 이유는 없다. 어떤 가치사슬은 내재화할 필요가 있지만 경우에 따라서는 과감히 외부의 소셜벤처와 협업 또는 적극적인 인수를 통해 제대로 된 수준의 CSV 전략에 도전할 필요가 있다. 이때 사회적 가치의 측정은 CSV 프로젝트 단위에서 측정된다. 정확하게는 해당 프로젝트를 구성하는 어떤 가치사슬의 범주에서 측정할 수 있다. 이 사회적 가치가 곧 기업의 경쟁력에 인과적 영향력을 끼치기 때문에 이 사회적 가치가 얼마나 혁신적이고 비용 효율적으로 창출되는지에 따라서 이후의 비즈니스 성공 가능성도 크게 좌우된다. 이 사회적 가치 측정은 단순히 그 가치가 얼마만큼 낫고 충분한 가치인지를 따지는 수준을 넘어서 이후의 비즈니스 성과와 어떤 연계를 가지는지에 대한 평가가 필요하다. 네슬레Nestle가 사회적 가치 측정과 관리에 1년에 약 100억 원의 예산을 배정한다는 사실이 그리 놀랍지 않은 이유가 여기에 있다. CSV 파트너십 유형에서는 사회적 가치가 그 정도의 정보적 가치를 지닌다.

4. 성공적인 협력을 위한 제언

●

① 현재의 한계와 기대

국내에서 소셜벤처에 대한 다양한 지원정책과 대기업들의 지원사업이 진행되고 있는 가운데, 글 초반부에 지적하였듯이 대기업과 소셜벤처 간 진정한 의미의 파트너십은 그리 많이 찾아보기 어렵다. 구체적인 사례들도 조금씩 나타나고 있지만 여전히 희소한 것은 마찬가지이다. 물론 우리나라 사회적 경제와 소셜벤처의 생태계가 구축되고 성장한 지

오래되지 않았다는 이유가 가장 크겠으나 구체적인 배경이나 한계의 양상을 다음의 세 가지로 요약할 수 있다.

먼저 대기업의 구성원과 경영자의 인식 부족이다. 대부분의 대기업 구성원과 경영자는 여전히 소셜벤처와 사회적 경제 조직을 일방 지원의 대상으로만 보고 있다. 아예 파트너십을 맺고자 하는 필요성 자체를 인식하지 못하는 한계가 큰 걸림돌이다. 그러나 수년 전만 하더라도 이는 소셜벤처가 아니라 보통의 벤처기업들에게도 마찬가지였는데, 최근 벤처기업들의 성장이 두드러지고, 소위 유니콘이라 불리는 곳들도 탄생을 하자 대기업이 벤처기업을 대하는 태도가 많이 바뀌었다. 결국 시간이 지나고 성공 사례가 더욱 폭넓게 나타나기 시작하면 소셜벤처에 대한 인식 개선 및 협력 기회 확장의 가능성이 점점 높아질 것이다.

다른 한편으로는 소셜벤처의 역량 부족 역시 문제점으로 볼 수 있다. 파트너십이라는 관계를 맺기 위해서는 전략도 중요하고 협력의 구조도 중요하지만, 실제로 소셜벤처가 대기업과 협업할 정도의 전문성과 확장 가능성 등의 역량을 갖추어야 한다. 아직까지 많은 소셜벤처는 적절한 협업 구조를 만들어 내기에 충분한 준비가 되어 있지 않다. 이 준비는 단편적인 어떤 요소만을 의미하거나, 모든 역량이 대기업 수준으로 준비되어야 한다는 의미는 아니다. 다만 소셜벤처가 감당해야 하는 역할 부문에 있어서는 대기업 대비 충분한 경쟁력을 확보하고, 프로젝트를 주도할 수 있는 수준을 갖추어야 한다는 것이다.

그렇다고 해서 이러한 상황을 소셜벤처의 한계로 보아서는 곤란하다. 아직 생태계가 정비되기 시작한 지 오래되지 않았고, 소셜벤처들의 경영적 점검이나 경쟁력 관점이 일반 벤처기업에 비하여 충분히 강조되지 않은 이유가 크기 때문이다. 이 부분은 임팩트 투자가 강화되고 대기업 협업의 사례가 늘어나면서 점점 더 중요한 요소로 부각되어, 철저히 준비해야 할 요소로 당연히 포함될 것이다.

마지막으로 국내 대기업이 적극적인 사회적 가치 경영을 그리 제대로 추구하고 있지 않다는 점을 지적하고자 한다. 국내 대기업이 세계적으로도 찾아보기 힘든 수준의 상당한 예산을 사회적 가치와 관련하여 사용하고 있는 것도 사실이고, 또 점점 더 사정이 나아지고 있는 것도 맞다. 그러나 규모와 성장 흐름을 걷어 내고 현재 단계의 깊이를 보자면 아쉬운 점이 많다. 여전히 지속 가능 경영 보고서는 홍보용 문구로 가득할뿐더러, 어떤 목표를 어떤 이유로 설정했는지와 어떻게 그 어려운 일을 투쟁 속에서 이루어 가고 있는지에 대해 공유하는 개념은 희소하기 때문이다.

지금껏 꽤 많은 대기업을 지켜봐 오면서 그들의 사회적 가치 활동이 사회문제에 대한 깊이 있는 연구로 시작되는 경우는 거의 본 적이 없다. 당시 유행에 편승하거나, 고위 임원의 지시가 반영되거나, 정부 또는 관련 비영리조직의 제안에 국한되어 검토되는 경우가 여전히 허다하다. 정말 경영에 사회적 가치 활동을 통합시켜서 매년 사회적 가치와 비즈니스 가치를 지속적으로 혁신하고 개선하며 한 걸음씩 나가고 있는 진지함을 가진 조직이 많지 않다는 이야기다. 때문에 최적의 파트너로서의 소셜벤처를 찾지도, 키우지도, 나아가 깊이 있게 엮어 내지도 않는 것이다.

아직 국내의 사례는 매우 적지만, 이는 성공률이 낮은 것이 아니라 시도 자체가 매우 희소한 상황이라고 분석하는 것이 맞다. 그런 와중에 낙관적인 것은 상황이 지속적으로 좋아지고 있다는 점이다. 지금이 역사상 최대로 소셜벤처의 성장이 기록되고 있으며 대기업과 소셜벤처의 협력에 대한 고민과 사회적 가치에 대한 도전도 그만큼 가장 높은 때임이 분명하다. 결국 우리에게는 이렇게 당연히 도래할 미래를 크게 가속할 만한 몇 곳의 용감한 대기업과 뛰어난 소셜벤처, 그리고 그들이 협업할 기회가 필요하다. 그들을 통해서 좋은 사례가 한두 개씩 나오기 시작할 때 큰 변화는 시작될 것이다.

② 협력을 가속하기 위한 제언

이제는 국내에서도 조금씩 협력의 성공 사례가 등장하고 있다. 그러나 더 많은 협력이 각 조직과 사회를 바꾸어 나가려면 이 흐름이 가속화될 필요가 있다. 사회문제는 빠르게 증가하고 있고, 국제사회의 경쟁에서 사회적 가치를 다룰 수 있는 능력이 기업적으로나 국가적으로나 중요한 요건이 되어 가고 있기 때문이다. 다만 여전히 한계가 많은 가운데 우리는 언젠가는 이루어질 크고 이상적인 방법보다는 당장 초기에 시도할 수 있는 구체적인 방안에 집중할 필요가 있다. 때문에 이 협력의 물꼬를 견인할 수 있는 가장 중요한 주체인 대기업의 입장에서 현실적으

표 13. 협력을 가속하기 위한 5가지 실천 포인트

1) 작은 협업이라도 시작해 보기
2) 전문조직의 도움을 받아 안전하게 진행하기
3) 적절한 소셜벤처가 없다면 전략적으로 육성하기
4) 강한 테마가 있는 경우 전문펀드를 구성하기
5) 대규모 프로젝트에 연계하여 간접적으로 협업하기

로 도입해 볼 수 있는 몇 가지 제언을 정리해 보고자 한다.

첫째, 어떤 형태로라도 소셜벤처와의 협업을 시작해 보길 강력히 권한다. 앞서 협력 유형을 나누어 살펴보았고 CSV 파트너로서의 협업이 장기적으로 가장 고려해 볼 만하다. 그러나 현실적으로 단숨에 그런 관계가 만들어지는 일은 여러가지 한계로 쉽지 않다. 물론 단순한 수준에서의 일방 지원형은 지양하기를 권하지만, 처음이라면 이 역시 좋은 시작이 될 수 있다. 다만 이미 이런 지원은 많기 때문에 일방 지원형을 선택하더라도 지원조직이 중점으로 추진하는 테마에 접목하는 등 전략성이 필요하다. 이런 시도까지 없는 다수의 지원사업은 좋은 실행이라고 할 수가 없다. 어떤 소셜벤처들은 이런 지원사업을 동시다발적으로 진행하며 지원의 가치를 잊어버리는 경우가 많기 때문이다.

즉 그 형태가 어찌되었든 각종 지원사업 및 협력 체계는 최소한의 전략성을 가지고 있어야 추후 사회혁신이나 CSV에 대한 파트너로 관계가 발전할 가능성이 열린다는 점을 잊어서는 안 되며, 적절한 전략과 실행을 통해 작게라도 만들어지는 시도는 소셜벤처에 대한 이해도를 높이고 협업에 대한 기대감을 만들어 가는 데 가장 중요한 경험을 제공한다.

둘째, 구체적인 협업 모양을 만들 때 협력을 설계하고 필요한 경우 조정자 역할을 하는 전문조직의 도움을 받을 수 있다. 이들은 양쪽의 정보 비대칭을 해결하고, 강점을 이해하여 시너지를 낼 수 있는 전략을 객관적 입장에서 제시한다. 특히 소셜벤처 중에서 어떤 곳이 사회적 가치 창출에 혁신적인지, 실제 성장 가능성을 가지고 있는지, 또는 해당 대기업과 협력구조에 적합한 태도와 자원을 가지고 있는지 등은 외부에서 쉽게 관찰될 수 없다. 소셜벤처를 잘못 고르게 되면 모든 노력은 쉽게 물

거품이 된다. 더불어 아무리 구조적으로 협력의 시너지가 강한 조합인 경우에도, 양자 간의 언어가 다르기 때문에 갈등을 겪는 경우에도 전문 조직의 도움이 적절한 윤활유 역할을 하면서 협력 프로젝트를 초기에 잘 정착시킬 가능성을 높이기도 한다.

셋째, 소셜벤처와 협업해서 도전할 전략이 있는데 적합한 소셜벤처가 잘 보이지 않는다면 능동적으로 소셜벤처를 성장시켜 가장 좋은 우군으로 만들 필요가 있다. 특히 연구개발을 수행하는 소셜벤처는 그 특성상 성장에 상당한 시간과 자원이 필요하다. 만약 해당 테마의 특징이나 기술력의 발달 상황상 대기업이 이를 직접 내재화하기보다는 소셜벤처를 통한 도입이 유리한 상황이라면 그들을 전략적으로 육성하는 것이 유리하다. 특히 최근 환경과 관련된 소셜벤처를 찾는 기업이 많아졌는데, 소셜벤처가 하루아침에 준비되는 것도 아니고 아직은 그 수도 적다는 점을 고려할 때 적극적으로 육성하고 오히려 독점적인 관계를 맺는 방식을 추진해 보는 것도 고려할 만하다.

예를 들어서 환경이나 보건, 주거 등 대기업이 사회문제 관점에서 관심 있는 테마의 소셜벤처 액셀러레이션 프로그램을 전문 액셀러레이터와 심도 있게 추구할 수 있다. 실제로 앞서 언급되었던 셸의 다양한 프로그램은 환경이나 친환경 에너지에 관련한 전 세계 소셜벤처들을 지원하면서 해당 테마에서 나타나는 새로운 변화를 선도하기 위한 좋은 도구의 역할을 하고 있다. 국내에도 테마형 지원프로그램이 있지만 이는 전문적인 육성이라기보다는 지원금을 제공하는 교육지원사업에 가깝기 때문에 그 기간 내 직접적인 연고로 충분한 성장을 이룬 경우는 찾아보기 어렵다.

넷째, 셸의 경우와 같이, 이런 육성의 효과와 상호 간 연계성을 좀 더 강화시킨다면 해당 테마를 위한 별도의 펀드를 구성하는 것도 좋은 전략이다. 대기업의 경우, 지분 취득으로 인한 복잡한 지배구조가 지양될 수 있어서 초기 투자에는 역시 전문적인 액셀러레이터나 운용사를 통한 간접 투자 방식이 자주 활용된다. 물론 규모 있는 투자와 직접적인 사업 연계가 일어나는 단계에서는 유관 계열사나 지주사 또는 투자 전문으로 조성된 자회사를 통하여 투자가 집행되는 경우가 일반이다. 나아가 육성 노력을 추진하다 보면 충분히 협력 가능한 단계로의 발전을 성취하는 소셜벤처가 나오기 마련이다. 이때 간단한 협업으로 가능성을 테스트하고, 이후 제대로 된 협업으로 나아가는 과정이 이어질 수 있다. 말하자면 재무적 투자자라기보다는 일종의 전략적 투자자로서의 역할을 가지게 되는 것이다.

다섯째, 만약 개별 기업 육성이 업종이나 사업 추진 방식과 어울리지 않는다면, 오히려 대규모 프로젝트를 기획하고 이 프로젝트에 다수의 소셜벤처를 참여하도록 해서 일종의 콜렉티브 임팩트를 추진해 볼 수도 있다. 프로젝트의 과정에서 소셜벤처는 간접적으로 성장의 기회를 가지게 될 것이고, 대기업 입장에서는 투자에 대한 위험이 분산되어 파트너십에서 누릴 수 있는 대부분의 유익을 누릴 수 있게 된다. 물론 이런 프로젝트를 유기적으로 설계하고 진행하는 일이 쉽지는 않겠지만 세계적으로는 소재 재생, 친환경 에너지 생산, 부동산 기반의 지역 재생 등에서 자주 시도되고 있다. 특히 최근에는 사회문제 해결을 목적으로 민간이 투자하고 성과목표 달성 시 정부가 예산을 집행하는 방식인 사회혁신채권SIB(Social Impact Bond)[3] 등 다자간 협력을 통한 사회혁신 방식의 접근도 이런 시도에 적합한 구조를 제공한다.

이렇게까지 다양한 방법을 제안하고, 또 실제로 글로벌에서 무수한 사례가 만들어지고 있는 이유는 소셜벤처와 대기업의 협업을 통해 지속 가능한 경쟁력을 강화하는 방식이 시장에서 상당히 유리하며 또 필수적이기 때문이다. 마치 인공지능이나 블록체인이 중요해지면 그런 기업을 합병하여서 관련 사업을 빠르게 추진하듯이, 이제 사회적 가치 창출에 대한 경영 흐름은 소셜벤처와의 협업 또는 인수까지의 적극적 파트너십을 통해 추진되는 경우가 매우 잦아질 것이다. 아직 국내에서는 이를 준비하고 추진하는 대기업이 적은 만큼 선제적으로 준비하고 추진하는 기업이 빠르게 경쟁력을 확보하게 될 일도 자명하다. 아무쪼록 국내에서도 더 많은 대기업과 소셜벤처의 혁신적인 협업이 늘어나서 각 조직은 물론 우리 사회의 지속 가능성을 크게 높이는 날이 오기를 기대해 본다.

---

3   사회혁신채권이란 영국에서 가장 먼저 시도한, 사회문제 해결을 위한 새로운 협력 방식으로 사회혁신과 세출의 감소를 위한 새로운 종류의 계약 구조이다. 미래에 발생할 가능성이 높은 사회문제와 그에 대한 정부의 미래 세출을 추산하여서 사전에 민간이 자금을 투자하고 혁신적인 예방 솔루션을 도입하는 방식이다. 그 결과로 미래 세출이 크게 줄어든다면 줄어든 차액의 일부를 활용하여 민간의 투자금과 이익을 보상한다. 해당 정보는 팬임팩트 코리아(http://panimpact.kr/sibmag_sib_study_201801/)에서 좀 더 참고할 수 있다.

김태영·도현명, 『넥스트 챔피언』(서울: 흐름출판, 2019).

남승표 기자, "文대통령 "2022년까지 임팩트펀드 5천억 확대"(서울: 연합인포맥스, 2019.07.05). https://news.einfomax.co.kr/news/articleView.html?idxno=4037554

박유진 기자, "해외 진출 꿈꾸는 소셜벤처, LA에 전시하러 가자~"(서울: 이로운넷, 2020.02.06). http://www.eroun.net/news/articleView.html?idxno=10005

배수람 기자, "누구 플레이 만들자" …SKT, AI 오픈플랫폼 첫 공개"(서울: 파이낸셜투데이, 2018.10.24). https://www.ftoday.co.kr/news/articleView.html?idxno=103707

이예슬 기자, "롯데, 자원 선순환 체계 구축 나선다"(서울: 뉴시스, 2020.08.26). https://newsis.com/view/?id=NISX20200826_0001143465&cID=13001&pID=13000

임팩트스퀘어, "[SE 파트너십 Case Study Series #2] 그라민과 기업들(Telenor, Danone, BASF 외)-임팩트스퀘어/2014"(2018.01.08). https://wish.welfare.seoul.kr/swflmsfront/board/boardr.do?bno=4879

체스브로, 헨리, 『오픈 이노베이션』, 김기협 역(서울: 은행나무, 2009).

한국공항공사, "한국공항공사, [KAC 슬기로운 공정여행 캠페인] 추진"(2020.06.30). https://www.airport.co.kr/www/cms/frBoardCon/board

View.do?MENU_ID=1060&CONTENTS_NO=1&SITE_NO= 2&BOARD_SEQ=41&BBS_SEQ=3552751

IMPACT BUSINESS REVIEW, "우리는 놀이터만 짓는 것이 아닙니다: 활력 넘치는 건강한 커뮤니티를 만드는 KaBOOM!"(2013.01.30). http:// ibr.kr/632

IMPACT BUSINESS REVIEW, "CSV Case #1. 공유가치로 짓는 집— CEMEX의 Patrimonio Hoy 사례 분석"(2013.09.26). http://ibr.kr/812

Pfeffer, Jeffrey & Salancik, Gerald R., The External Control of Organizations: A Resource Dependence Perspective (New York: Harper & Row, 1978).

Shell in UK, "BRITAIN WAKES UP TO THE ENERGY OF COFFEE" https://www.shell.co.uk/make-the-future/cleaner-mobility/bio-bean.html

포스텍 기업시민연구소 연구총서 시리즈 01